閒情偶亦寄

梅毅（赫连勃勃大王）著

上海人民出版社

序　闲情快史自有人

文　华

南方，几多势利炎凉；深圳，潮涌物质欲望。

梅郎十余载载歌载舞之生涯，以津门贵胄，蹭蹬于岭南蛮荒，竟能施施然安享笔墨荣名，以“我”口写“我”心，怡然红尘俗客，不惧身名两摧，快意恣肆，游戏人生，真天地间潇洒一达人也。

一万年来谁著史，五千里外忘封侯。寥寥数年之间，梅郎凝神静气，安心著史，大有所成。其五百万字之《赫连勃勃大王历史文集》十卷，乃中国断代史泱泱巨著，几年间皆已付梓。锦心绣意，脍炙人口。

梅郎以李贽为师，大有童心。“夫童心者，绝假纯真，最初一念之本心也。若失却童心，便失却真心！”如此，其看似率性纵欲，实则克己复礼。

红衣翠袖之间，回归端重。耳鬓厮磨之余，保持禅心。究梅郎幻化为“赫连勃勃大王”之本原，不过少年不得志于时，壮怀不堪牢落，故援白乐天爱樊素、苏子瞻恋榴花之乐，效史迁著史、柳永填词之苦，借以消遣自解。

明人袁中道曾言：“常居城市，终日醺醺，既醉之后，淫念随作，水竭火炎，岂能久于世哉？”

梅郎，大隐隐于市。不好酒，不好赌，不好财，惟好远游、读书、屠钱购物与“解语花”。故其常居城市，实能修心保气，颐养纯神。

酒色局内，名利场中，往往触处生危。岁月掷人去，流光忽已晚。梅郎乾乾终日，常怀惴惴，以写作为敛抑，以读书为器藏，一等身份，一等人品，做天下一等学问，恰似高踞百尺楼头，笔蓄锋芒，墨聚志气，真有大豪杰气象。

辛卯之秋，梅郎叹息水流花谢，怅惘平路成河，顿然抖擞精神，力图描摹残春音信，展揭奇书底蕴，撩衣拍案，蓄势待发，拟为其廿年闲情做伤心透彻之语。

然大魁大奇之人，往往有痴人之举。著述之前，梅郎抛掷巨万，于广州购得清末酸枝写字台一座；再三悉心搜索，复费数万购紫檀椅靠一具，上有梅花翩翩；继之，又屠钱十数万，搜得匏器数枚。

于兹之后，梅郎始怡然释然，抚之叹曰：“可以落笔矣！”

吾侪多俗人，皆掩口而笑之曰：“杀鸡焉用牛刀，写书岂靠红木。言‘闲情’而奢侈生心，枉有屠钱之名，不知梅郎醉翁之意何在也？”

梅郎哂然：“穷措大安知真名士！往昔宋祁学士成都锦官城内，燃臂烛，侍美姬，濡香墨，展锦笺，大修唐书，真豪士所为也！今日所为，不过踵先贤佳兴，画虎不成，反为俗夫所笑！闲情佳作，岂皆陋巷穷愁所出哉……”

壮浪之语，实饶风韵。

夫《闲情偶尔寄》者，古今未有之大奇之书，如幻海蜃楼，藻绮风云，看似风月怪谈，实则菩提暗喻；看似饮食男女之狐禅，实则天道王章之大道。如此，醍醐缠绕于豪端，须弥彰显恣肆于笔底，真因果大书也！

世人不善读《金瓶梅》，为其导淫坏俗，败坏人心；世人不善读《闲情偶尔寄》，为其夸饰铺张，动人物欲——此所谓吴道子之《地狱变相》妙图，反为酷吏罗织拷掠之借鉴也，真可发一噱。

梅郎此书看似“闲情”，实则层波迭起，妙趣相依，不可穷止。俗夫庸才读之，轩然而笑，潸然而泪，勃然而起，惑惑然不知梅郎之内里乾坤。梅郎纵横捭阖，探析入微，揭开时世花团锦簇，剖析趣人内心纠葛，笔愈敛而文愈危，终能潜入大千世界生生死死之苦海之中，满掬百颗明珠在握，一线贯通，以如椽巨笔消魔扫障，真如天际神龙，令人大发风云不测之慨叹。

梅郎才高神朗，洞鉴细微，故能细针密线，娓娓道来，于粉腻香浓之中洞悉怜悯畏惧，于雪月风花中彻悟哀声呜咽，于酒色财气中觉察冷落萧条。

达人心有大慧，故能悲财，悲色，悲命。

梅郎胸中自有十万卷书，有数十年之阅历，故能写“闲情”于幽深之处，引归于正，抽换板片，援情入性，指点迷津。

吾辈读之，恍然大悟之余，方理会繁华处之晦暗，恍悟热闹处之空濛，体会热火泼油处之寂寞凋零。

潜地雷霆，浮华韶光。梅花独放，莲叶落空。

梅郎真健者，下笔如有神，参悟方学道，谱成几迭清商；吾辈本凡人，读书似参禅，零落始知空，洒落满襟笑泪。

“浮生长恨欢娱少，肯爱千金轻一笑。为君持酒劝斜阳，且向花间留晚照。”

是为序。

壬辰岁首于深圳羊台山下百匏斋

目 录

第一章　最爱酸枝沉郁红

人，到了萨特所谓的“理智之年”，也就是步入中年，肉欲趋低，物欲增生，开始格外对老东西感兴趣。瓷器文玩以外，似我等文学中年，特别是对于紫檀、黄花梨以及大红酸枝这些老红木类的物事，尤其青睐入眼。这些东西呢，说起来，我自幼就不陌生。毕竟，从前天津家里祖上也曾“阔”过，脑海里很是留存了一些童年的记忆。

在这个电视上天天开鉴宝大会的古董热潮年代，编故事，似乎谁都会，而且个个在行，尤其籍贯为上海、北京、天津、武汉、南京等大城市的人，反正跑到深圳这个地方，天高乡亲远，乃编造身世最佳的地点。随便赶上个人多的饭局、茶聚啥的，个个口放厥词，铺垫准确，拿捏得当，故事会一样忙不迭地追忆先辈祖上那些根本不存在的流水华年。

抚摩着日渐发福的中产阶层肚子，反刍着刚刚嚼烂不久的鱼虾，哥们儿、姐们儿无不口吐莲花，数落家珍——桥段，倒没什么特别新鲜的，无外乎家里从前都特拽特阔特无奈，无外乎八国联军、革命党、“柿油党”、日本人、国民党、“文革”造反派或者是“四人帮”——凡此种种，无不被编故事者称为虚拟祖上大屋内各种老古董老古玩丢失残毁的罪魁祸首。

其实，倒不用过多编细节故事，反正几十年中军阀内战、日本入侵，连绵战乱，加上破“四旧”，各类人等抢杀砸烧，结局吗，自然使得诸位故事大王东西南北“大宅院”内各种珍玩全部丧失。

最后呢，看着电视中马未都等鉴宝类古董评点摩挲着那些价值连城、光彩无限的老瓷器、老玉器、老木器，讲故事人肯定会有一声沉重带泪的湿润叹惋：“唉，我们家从前那些珍玩，比电视上的东西好多了，假如留到今天……”

诸如此类，喷薄欲出的泪花都溅湿了词语。那些子虚乌有的祖上“宅院”和无数消失在岁月洪流中的“宝物”，其实背后都是虚拟的吹牛逼和身份焦虑症的碎屑……

我呢，在种种饭局或者茶聚本来应该当仁不让。作为天津人，嘴皮子肯定很溜，很能说很能侃，编故事讲曲艺咱在行啊。说句实话，没点儿卫嘴子的底蕴，还真上不了“百家讲坛”。

而当我本人，梅毅，著名的“赫连勃勃大王”，追忆祖上“荣光”的时候，无须杜撰，还真能言之凿凿，水分很少。毕竟，我们天津梅氏先辈家世，赫赫煌煌，确实还有真的历史依托和编排依据所在。

忆往昔，峥嵘岁月稠

天津梅家，毕竟是个大家族。真要追根溯源，可以往上捯到明朝开国之时，一直可以捯到朱元璋女婿梅殷。

熟悉明史的看官肯定清楚，明太祖朱元璋有 14 个女婿，其中梅殷最为老成忠信，深为老皇帝所喜。故而朱元璋临终托孤，嘱托梅殷好好照顾皇太孙朱允炆，也就是日后的建文帝。朱元璋死后，他那阴险沉猜的第四子朱棣肆行篡夺，发兵攻打侄子建文帝。梅殷作为朱元璋托孤之臣，始终对正统继位的建文帝忠心不贰。朱棣攻入南京后，赶走亲侄朱允炆，大肆屠杀侄子手下诸大臣。他自立为帝之后，暗恨这位一直不合作的妹夫，便瞅个机会派锦衣卫军官把梅殷推入护城河溺死。

梅殷妻子宁国公主恨极，毕竟朱棣是自己亲哥哥，她上朝哭闹不已，很有民间戏曲演义中公主撒泼的戏肉成分。朱棣内疚，杀谁剐谁不好把亲妹夫也弄死，摇身一变就装好人，下令处决害死梅殷的锦衣卫军官，追封追谥这位先前不合作的二妹夫。而后，朱棣颁诏，以梅殷长子梅顺昌为中军都督府佥事，次子梅景福为旗守卫指挥使。

天津梅氏第一世梅满儿，应该就是梅景福后人。不过，我毕竟仔细精研过明朝历史，对于《天津新县志》中有关天津梅氏起源大起疑窦，因为此书所写梅满儿之名由朱元璋所赐，从逻辑上讲对不上号，年代有阙。但无论如何，津门梅家追远到大明驸马梅殷，应该还不属于特出格的乱认祖宗。

在整个大明一朝，我们老梅家十二世均在天津世袭指挥使，可谓“世受国恩”。鉴于先辈梅殷血传正直，天津梅氏一直行止无亏，到了第十二世卫指挥使梅应武，孝悌恭谨，家悬“孝友克全”大匾，很受时人敬重。梅应武有个四弟梅应卜，平生乐善好施，曾捐建“草厂庵”为城内施赈之所，广施赈济，善名四播。入清之后，“草厂庵”被梅家扩建为“观音大士禅林”，一度成为天津城东南有名的寺院，香火极盛。

明亡清兴，作为大明亲裔的老梅家自然也退出政治舞台，由武入文。诗书传家，代有才人。清末有梅宝璐(1816—1891)，字“小树”，号“罗浮梦隐”，我们这位梅家先祖曾组建“梅花诗社”，其诗意境雄浑，凛冽清隽，我最爱他那副脍炙人口的天津鼓楼抱柱联：“高敞快登临，看七十二沽往来帆影；繁华谁唤醒，听一百八杵早晚钟声。”

清末乱局之中，我们老梅家“草厂庵”红红火火，直隶总督袁世凯在此创办直隶工艺总局，“北洋实业”由此策源；辛亥革命枪声阵阵，“草厂庵”成为“北方革命军总司令部”所在地，天津反清之火在此燎原；“五四”运动期间，美男子周恩来和奇女子邓颖超等青年，又在“草厂庵”成立“觉悟社”，李大钊曾受邀到此演讲——可见，我们梅家善地，不仅仅是积善人家庆有余的福善之地，也曾经是让人神飞魂驰的近现代革命精英聚集场所。思前想后，很让我这位天津梅氏后人大起夸耀之心……

而讲起我梅氏本家爷爷呢，似乎生于末世运偏消，运偏消。君子之泽，数世而斩，他没有什么值得夸耀的风光事迹。我爷爷年青时，乃天津本地一风流浪子，南市一带销金窟的常客。据我奶奶、我父亲等长辈回忆，这位梅爷爷吃喝嫖赌样样在行，还曾在日本投降后被国民党抓进监狱，抓进监狱啊……可惜不是因为亲共反美搞革命送情报啥的，而是因为吸大烟吸白粉被国民政府抓进去强制戒毒。

遥想我家爷爷当年，风流倜傥，雄姿英发，长得一团堂堂好相貌，写得一手翩翩好书法，河东河西，也曾有过祖上传下的十几座宅院和一个棉花厂。福兮祸兮，临解放前，他在短短几年之中任意挥霍，大把大把银子流水般涌入妓院、食肆和大烟馆，宅子厂子全变现还赌债。然后，老帅哥在49年秋天因“积劳成疾”，年仅41岁就一命呜呼，驾鹤西归，留下我奶奶和她3个儿子1个女儿。

福兮祸兮，梅爷爷一死，留下孤儿寡母母子几个人日子难熬了好长一阵子，但解放后我们这个梅家的成分就属于“城市贫民”了。在一次又一次运动中，一家人平平安安，包括我父亲和两个叔叔自小属于“根红苗正”的一代，上大学、找工作样样顺利，个个混得人五人六，几十年下来平平安安。

追忆了天津我们梅家那么多事情，言归正传，肯定有人不耐烦之余开始要不依不饶地追问：忆甜思苦从明到清，这和你梅毅梅大王要讲的老红木家具有甚关联呢？

当然有了！看至此处，马上会有世故、善解人意的看官粲然解颐——您梅爷没有这么牛逼的家世，没有老一辈子阔过的铺垫，哪里有紫檀、黄花梨等老红木家具可说呢！

还真是！

那么，在我小的时候，家里到底有过什么能拿出来说事儿的老家具呢？

还真不多！不过剩下一个紫檀被阁，一座紫檀大穿衣镜，一个盒式紫檀梳妆镜盒，以及两只黄花梨扶手圈椅和配套的茶几一个……

紫檀被阁，大概南方人不太清楚这种东西，这是北方大户人家放在床上安置被子的器物，是一种四扇门柜子，有的古董图录书上又称为“炕柜”。不过，我看图录上各种炕柜介绍，似乎都是80厘米到90厘米高，没有超过1米的。我们家里的紫檀炕柜，肯定有120厘米到140厘米那么高。虽然童年记忆总会有某些歪曲放大，可是依据我当时的个头比量，肯定应该有那样的高度。

紫檀被阁四扇柜门上面，有任伯年真迹花鸟，刚健清新，形状极似而还有些变形的意味。小时候，我对这个被阁的材料质地从来没有任何认识，也没有任何兴趣，就是对四扇屏发黄纸页上的工笔鸟儿印象无比深刻。

30多年过去，我闭上眼睛，还能清晰看到那几只鲜活欲飞的红喙翠鸟，似乎它们还能从岁月迷雾中一鸣冲天，展翅飞入我迷离恍惚的童年时代……

这件今天价值不菲的被阁，当时可是我画小人和雕刻的对象。偏受祖母疼爱的我，总喜欢在冬日暖洋洋的午后，用铅笔乱画，时不时拿着修铅笔的小刀在那巨大而坚硬的被阁上面刻划。

紫檀性坚，儿童腕力柔弱，每次只留下浅浅的几乎看不见的印痕。大家闺秀出身的祖母，从来只是笑着呵斥我一下，或者仅仅装出要打的样子，从来没有阻止我破坏那件“文物”的意思。至今思之，在革命时代，家里能留下这样的物件，诚属不易。

这件紫檀被阁，至今还在我二伯家，不过那四扇屏的任伯年花鸟画不见了，代之乃四幅 80 年代的批量印刷的关羽年画，赤兔马，偃月刀，威风凛凛，杀气腾腾。最后一幅吗，乃走麦城之关公，惶急失落，似乎要逃入紫檀被阁的深处——显然，任伯年花鸟画，肯定是被我两个堂弟中的一个在他们爱听评书的中学时代某个时期撕换掉的……

至于紧靠墙壁的那只紫檀大穿衣镜，现在回忆，应该是民国时期产品。木料粗大，只有玉香线纹饰，除此没有什么精细的雕花和装饰，似乎过于实用、简洁。最可爱的，当属那块厚厚的玻璃砖镜子，虽然岁月使得镜面有几处磨侵的锈蚀，但站在这块大穿衣镜前人从来不变形。从我叔叔那辈起，一直到我哥哥、我以及我的堂弟、表弟，一直到我子侄辈，这块大穿衣镜应该见证了大概三代人以上的青春期时代爱臭美的自我照镜。

穿衣镜非常非常重，记得我快上中学的时候，为了空出足够的场地让一个心仪的姑娘在我们家里排练舞蹈《我是公社小社员》，我叫了两个男同学帮忙把穿衣镜搬到墙角。结果，三个距青春期还有些距离的准汉子，费尽气力才勉强挪动一两米远，一个手软，大穿衣镜差点撞向墙壁，幸亏一个叫李贵友的同学有黄继光堵枪眼的勇气和力气，“嗷”的一声伸出大脑袋，愣生生搭隔在紫檀穿衣镜和墙壁之间，最终保住了穿衣镜上面厚厚的玻璃砖。这紫檀木料重，那块厚厚的玻璃砖镜面更重！

儿时玩伴多年不见，后来听说这位李贵友同学由于智商的原因，愣愣痴痴，一直没考上好学校。中学毕业后，家里不富裕的李同学就辍学，在天津河东区火车站附近开始摆摊贩卖东西；再后来，他发家致富，搞了好几个大型批发市场，20 多岁就开始开大奔驰四处招摇，据说现在已经成为区政协委员，天天大酒大肉，日子过得滋润、美满。我估摸着，倘若他那脑袋当时不是受到紫檀穿衣镜挤压，估计日后也肯定能够考上哪个大学，那么，今天，他也最多似我一样，不过是个工薪阶层的、天天为房为车为生活发愁的有知识“穷逼”而已……

而紫檀穿衣镜，那个大而易碎的东西，现在我再也找不到了。几次过年回天津，我在叔叔、姑姑家细心留意，都没有发现这个穿衣镜的踪影，我估计，大概是在我奶奶去世后被我爱扔老东西的哥哥处理掉了。按照我哥哥的脾性，应该是他拆迁搬家之时送人或者直接就扔掉了。

相比紫檀被阁和紫檀穿衣镜，小件东西更容易保存。现存于我处的盒式紫檀梳妆镜盒，很小，32 开本书大小，合页为熟铜，可以对折翻开，一面是镜子，一面是镜画，乃吕布和貂蝉的“凤仪亭”。镜画有些磨损，吕布圆圆脸头戴金冠上插雉鸡翎，貂蝉耷肩瓜子脸小眼睛小嘴唇，从风格上推算应该是清中期物件，估计是昔日我奶奶嫁入梅家的陪嫁之一。

可喜可幸，这么多年过后，紫檀梳妆镜盒最后还能够落在我手上。“树欲静而风不止，子欲养而亲不待”，睹物思人，追念祖母养育厚恩，有这个紫檀梳妆镜作为念想儿，留存着我对祖母深深的怀念。

从今天观念来看，我们老梅家当时家中所谓的“重器”，就要属那配黄花梨茶几一个的两个黄花梨圈椅了。

黄花梨圈椅，在我记忆之中，本来一直是配对的两只。1976年天津地震之后，住了几个月“临建”，就只剩下一只了。后来据我叔叔说，大概是地震后各家各户都忙于在露天搭制临建棚屋，有一只黄花梨圈椅被搬出去，不知谁纳凉放脚后遗忘在露天的空地上，隔了一夜就杳无影踪。按照当时风气和人们对这种东西的认识，肯定不是被人故意偷走的，而是被人当作普通有用的物件顺手牵羊拿走的。

圈椅剩下的一只，茕茕独立，一直放在堂屋靠门的地方，后来却惨遭我哥哥毒手，被他几乎大卸八块。

80年代，我宝贝哥哥爱看电视中每每哭成泪人一般的山口百惠，爱她梨花带雨，爱屋及乌，就极其着迷日本风格，生鱼片亲口吃不起，富士山亲眼看不起，怎么“哈日”呢？于是他就买了几张竹皮编织的凉席仿制日本榻榻米，希望自己睡在上面就能有三浦友和的感觉了。恰恰为了迁就他为自己研制的榻榻米凉席，正上高中的哥们撅着屁股，弯腰猛干，费了一上午的劲，先把那只圈椅锯成了两截，壶门牙板被锯成两半，上面的螭龙纹饰惨遭蹂躏，连四腿也肢解掉，扔到堆放杂物的小屋内。然后，他煞有介事，拎着只剩上半截的一圈圈椅，放在榻榻米之上。

也怪，圈椅被锯断之后，扶手上面原本美轮美奂的净瓶式联邦棍和背板镂雕的螭龙，似乎一下子耷软下来，失去了原有的神采。

而我哥哥呢，却容光焕发，他本来想做出三浦友和的姿势，却露出《红灯记》中鸠山的日本表情，在半截圈椅上面盘腿而坐，拄颐叹息，估摸正幻想着自己正要和山口百惠亲切交谈。他当时那忧郁的小眼神和鼓腮斜眼的鸠山表情，至今残存在我记忆之中……

那年秋凉过后，待榻榻米凉席扔掉的时候，那个黄花梨圈椅的上半截也随着假榻榻米不知所终。

如此一来，黄花梨好东西，家里只剩下唯一的茶几了。由于奶奶去世早，父母不在身边，我哥哥乃家中老大，他对任何东西都有处置权，所以数年间为所欲为。

这哥们宰了那个黄花梨圈椅没过一年，他又从电视剧《加里森敢死队》开始迷恋美国文化了。美国文化，沙发当然是最大的标志之一。为此，他花 60 块钱买来一对人造革沙发。为了和沙发的高度相匹配，我这位哥哥当时从邻居处借来个大锯，准备再次对黄花梨茶几“行凶”。这次呢，他很信任地让我给他当帮手，派我替他死死按住无辜的文物茶几。于是，我作为帮凶，帮助哥哥又宰了那个极其无辜、极其完美的黄花梨茶几。

哥俩撅着屁股忙了近一个小时，才锯掉了那张大概是明朝黄花梨硬木茶几的四个脚。淌汗皮热帮忙之间，我记忆深刻的是，那看似老榆木颜色的黄花梨被锯断后，散发出迷人的香气，那样清新，那样香甜，至今还氤氲在我的鼻腔。到了2006年，当我开写明朝历史《纵欲时代》之后，我才恍然大悟：明熹宗朱由校那么爱干木匠活儿，说不定爱的就是那黄花梨的木质和香气啊……

今天追忆，当时那套今天看来无上珍贵的黄花梨家具之所以被污辱、被损毁，主要一个原因还是我们一直以为它们的质地乃不值钱的老榆木。

我奶奶80年代初期就过世，她活着的时候，从来没有对内对外显摆过家里面有什么东西值钱。她老人家死后，没有任何阔过经验的父辈家人，以及来家里串门的亲戚朋友，都知道大床上面那紫檀被阁是好东西，黑黑紫紫的，一看就是"地主老财"家的物事。而每当谈及这套黄花梨圈椅和茶几的时候，都只对这套老物事上手沉沉的感觉印象深刻。比起当时林林总总的杂木家具，自然几件黄花梨木质也要沉好多。无论长幼，当时大家也都很好奇：如此黑不溜秋的老榆木家具上面，为啥要有如此精美细腻的雕花？

特别是那个黄花梨茶几和圈椅的壶门处，细细雕刻着螭龙纹饰，小时候我和同学常轮流在上面写作业。童心好奇，我们也一直研究，这老榆木上面为什么雕刻了这么多“蝎虎子”在上面。所谓“蝎虎子”，天津土语，实际是对壁虎的称谓。其实，那雕刻细腻、看似壁虎的东西，乃中国古代瑞兽螭龙。

很多年后，我到上海博物馆近距离参观王世襄藏物，才清晰认识到，我童年时代一直认为是老榆木的圈椅和茶几，就是老旧黄花梨。我之所以认定被我哥哥宰了的圈椅和茶几是黄花梨，这倒不是东西没了之后自我浮夸的倒推臆想——我们梅家那套黄花梨东西唯一剩下过的遗骸，是一个内翻马蹄样式的茶几腿。本来，它一直放在杂物堆中被人当锤子用。不知什么时候，大概是我姑父修自行车的时候砸脚蹬，顺手放在包里拿到他们家里。

直到最近，姑父家老屋拆迁，翻扒东西，才把这个东西找出来。

在如今这个“鉴宝”年代，即使从垃圾堆里面翻出一只金属老尿桶，都要急赤白脸看看是否是宣德炉改造的，别说是老木头啦。

大家伙凑头仔细一看……嗬，您猜怎么着？拿不准！怎么办，赶紧找专家啊，几个爷们飞奔到古文化街专门做老家具生意的店铺问老板……嗬！

百分百黄花梨！

后来，我又看到资料文献，直到上个世纪80年代，北京周边河北一带经营搜购老家具的贩子们，还把一些真正的老黄花梨家具当成不值钱的老榆木给贱卖了……

又轮回，重新爱上老红木

肇庆，距离深圳只有两个多小时的高速车程。在那个地方，出产我国四大名砚之首的端砚。

每次和北方一些朋友说起肇庆端砚，无论有文化没文化，无论博士硕士学士，无论真文凭假文凭，无论真“合伙人”假“合伙人”，竟有不少人对端砚懵然无知：

“砚台？端砚？不是出在黄山吗？”

每听此言，我都要百分百按捺住渐起的杀心，掩藏住智识分子的不屑，以一个纯历史学家的耐心一一解释，循循善诱，告诉他们说：

肇庆，从前叫端州，宋徽宗当皇帝前被封为端王，封地就在肇庆，也就是当时的端州。所以，肇庆那里出产的砚台，一直被称为“端砚”。而黄山旅游地所卖的砚台，应该叫“歙砚”。如果从质地着眼，歙砚远不如端砚细腻；如果从实用角度着眼，歙砚也远不如端砚发墨；如果从起始年代算，端砚在唐朝武德年间就是唐高祖李渊的时候就有，而歙砚从李渊孙子的孙子唐玄宗时代才有记录……（肇庆之所以后来叫肇庆，源自那个窝囊死于寒冷五国城里的宋徽宗，他本来的封地是端州，当过“端王”。继位之后，端州成为福地，“大庆肇始”，故而改名肇庆。真的，肇庆真应该改回端州，多好的名字啊。而“肇庆”这个名字，从宋徽宗的命运看就不太吉利，听上去也没有什么文化，跟“大庆”啥的很类似。）

如此看来，似乎我很有文化，似乎我也很爱端砚。其实呢，端砚于我而言，是从实用器开始。

大概从1998年开始，自从我开始喜欢功夫茶之后，我就开始青睐肇庆出产的端砚茶盘。

端砚石料的雕刻非常精美，砚石雕成的茶盘自然差不了，比起茶城所卖的那些木屑压制的茶盘好看多了。在那个端砚远远没有炒作出现在惊人高价的日子里，我时常开车去肇庆。当时成行目的，绝非为了品味高雅古代文化去品赏和购买端砚，主要是为了吃肇庆特产猪肚鸡，喝走地鸡鸡汤，剥剥裹蒸粽，顺便才闲逛购买端砚石材制作的大茶盘。

现在去肇庆旅游，游客们也会到处看到所谓端砚石制作的茶盘，基本都是端石石皮粗糙原料制成的东西，或者是一种肇庆周边地区所产粗陋石头所制，根本就不是真正端砚砚石材料。质量好一些的大茶盘，不过是从前价格甚贱而如今身价不菲的绿色端石。而10多年前在肇庆，花费不过2000块钱，就能买个深有半米的纯净绿端整挖大鱼缸。所以，当其时也，我到肇庆买真正端砚石材制作的大茶盘，简直可以说为所欲为，遍挑遍选。

端砚砚石，在上个世纪90年代末期之所以有那么多出现在市场上，是因为1987年以后，肇庆允许私人承包开矿，致使端砚石材产量激增。为了追求利润最大化，私人矿主们丧心病狂，使得肇庆当地维持了1300多年的人工手工挖掘采矿，变成了放炮爆破采石。“轰隆隆”炮声之中，在端石产量大增的同时，各种老坑名贵砚石被爆炸震裂。在肇庆一直延续了1000多年的安全洞型采掘，变成了混乱无序的大面积滥采。就连古人为砚坑安全而留下的用于支撑上面岩石的石柱（古称留礅石），也被贩子们无情毁掉，砍断锯断当成砚石出售。

据说，当时有些矿坑采掘面积高达上千平方米，昔日工人在隧道内弯身用鹤嘴锄细挖慢掘的景象再无出现，大型拖拉机都可在矿洞内自由扬铲行驶。而近20年来肇庆开采出的砚石数量，竟然是端砚1300多年来开采总量的数倍。为此，肇庆市政府不得不在2000年宣布封坑。

福兮祸兮，也正是有当时肇庆端砚坑石无限量开采的背景，作为深圳客，我才能买得上好端石制作的茶盘。

当时肇庆制作茶盘的材料，在搜购奇货的今天，看上去真可谓穷奢极欲：每家店里都有好几个大概一米见方的大茶盘，暴殄天物，全部用坑仔或者麻子坑坑料制作，而且坑料完整，雕工精细，或雕荷花，或雕梅花，或雕仙人对弈。我之所购，最奢侈的，莫过于一大块老坑坑石（“水坑”）所制作的茶盘，石料呈紫蓝色，略带青色，真正的“质刚而柔”。无论是取石、就料、开型、出槽、磨平还是雕花，这块砚石都是匠心独运。整块大砚石上面，遍布冰纹和名贵的金线，是真正金光闪烁的金丝线，而不是那种土黄色的土线。浅雕梅花处，还散布着看上去无比娇嫩的鱼脑冻，冻周围还有胭脂晕火捺围绕，恰到好处把每个“冻”

都团团围住，瑞雪罩梅花，非常有宋画神韵。

由于我姓梅，所以一直把这块老坑砚石所作的浅雕梅花大茶盘奉为珍品。这块老坑砚石内，久远前形成之时泥质比重很大，硬物敲击之时，会发出让人惊奇的“笃笃”木声。摆炫此物与诸友喝茶数年，每次我都会煞有介事敲击来显摆。拿出清末赵汝珍所著《古玩指南》，煞有介事地说：“石以木声为上，老坑皆木声，麻子坑佳者亦然，余则否”……

据说，由于老坑砚石中含硅质较多，真正实用发墨的时候，毛笔会久用而锋芒不退，十分养笔养墨。但我这块上好砚石石料，最终变为非常功利实用的茶盘，而非书画台上的墨砚，所以，也从来没有拿它磨过墨，也没有几乎见证老坑砚石发墨养笔的功用。

此后数年，慢慢购买自用和送人的大茶盘之余，我也开始有意识地购买老坑、坑仔、麻子坑等质坚坑好的端砚。当然，由于越买价格越贵，我买的量就越来越少。即使如此，随买随存，随买随送，断断续续，一直买到 2006 年左右。

其间，最值得回味的一方砚石，是我在 2005 年所购，立体整雕的《熙载夜宴图》，选取的是顾闳中所画韩熙载家中夜宴第一段听琵琶演奏的场景。这块端砚精雕，不是浮雕，不是浅立体雕，而是真正深立体雕刻。半米见方的整块紫红色宋坑老石，挖雕出 7 男 5 女 12 个人物，再现了南唐款爷韩熙载与宾客、幕僚、艺妓们凝神聆听弹奏琵琶的情景。

能工巧匠，巧夺天工，从砚石下面非书法款行文中，可以发现，这个端石作品是当初一个肇庆“公家”砚台小厂的老工匠所雕，成于80年代初，大概属于干多干少都是按月领工资，所以不惜工费，精雕细刻。

《熙载夜宴图》的这一幕，凝结在宋坑端石中，别有风味。弹琵琶者乃教坊副使李佳明的妹妹，雕刻出的这个美人，比起原画具有古韵美感，葱指轻舒，沉浸陶然，似乎能从她手中琵琶中听到美妙清脆的音符，而韩熙载、状元郎粲、韩熙载的门生舒雅、宠妓弱兰和王屋山等人，无不气氛凝注，姿态曼妙，他们的视线凝聚在琵琶女的手上，各人的姿态、表情呼之欲出，凸显出古人欣赏艺术那一刻的不同性格特征，静中有声，声中有动，除了一个鼓架有轻微损毁以外，这块端石作品近乎完美。

如此一块精美而“无用”的宋坑端石雕刻，当时花了37000元，是从一个刚刚开店急需现金的端砚工艺师手里买得的。扛到深圳，艺术细胞兴奋过后，当时我还是很有些后悔。37000元啊，肉痛之余，总觉得自己冲动了，买了这么一块精细、高级、脆弱的文化奢侈品，它本来是应该放在端砚博物馆的东西啊。

2011年夏天，我从广西旅游开车路过肇庆歇脚，随便瞎逛的时候，再次在端州路遇到昔日卖我《熙载夜宴》的店主。忽然再见，我一时都没有认出他。几年不见，这老哥们头发掉了不少，几成全秃。可他却认识我，即刻跌脚大叫：“哎呀梅先生啊，当时我卖你的那块《熙载夜宴》，别说石头了，现在就是只算雕工，也起码要10万块！孤品，孤品啊！我最近看到你在《百家讲坛》讲课啦，什么时候讲讲我们端州砚石，讲讲我卖给你那块孤品吧……”

高兴之余，回到深圳后，我立刻从柜子深处找出锦盒，冒着再次闪腰的危险把这个作品拿出来，细细端详久之，摩挲良久，很是为当初自己的艺术眼光和投资眼光兴奋了一回……

某一日，淫雨霏霏，无聊盘点，除了陆续送朋友以外，我发现在自己家里柜中、办公室柜子里面，竟然还留存100方左右的大小砚台。铺陈开来，能记住形状和样子的竟然没有几块！集腋成裘，几年下来所买端砚的数量真多，几乎能开店铺了，就连我浴室内洗澡蹲坐的石凳，也是一块高达80厘米、横70厘米、厚60厘米板凳形状的砚石，而且是一块上好的、遍布活眼的未雕琢梅花坑砚石。这，可真应到那句天津谚语：“光屁股坐板凳，有板有眼”。

几年下来，在肇庆所购砚台如此之多，连我办公室的窗台上也砖头般摆放数块老坑原石。以至于有个名叫田颇的同事，有一次到我办公室砸核桃吃，随便一寻摸，他竟然随手抄起一只未雕老坑砚石，猛力敲砸。

未及叫停，那块柔嫩老坑石和粗硬大理石地面隔着一个脆核桃即刻产生亲密接触，应手即碎，价值七八千块的满金线老坑砚石，登时香消玉殒……

肇庆白石村，重续红木缘

唠叨至此，肯定再有看官好奇，你“梅毅话英雄”式地说了这么多端砚端石，和老红木有啥关系呢?

太有关系了!

我们日常生活的每一圈涟漪，都会源于某一粒冥冥之神随手掷出的不经意的石子。

2007 年夏季的某一天，时间就像一张破碎的脸。我和常务志、赵天授两个朋友，驱车揽辔，人抱大钱包，各怀购买欲，兴冲冲去到肇庆白石村，到那个端砚专卖村里面四处寻摸。

流窜了大半天，反正都来了肇庆一趟，油钱花了，猪肚鸡吃了，贼不走空，大家都搞金融这么多年，从摊平出行成本的经济学角度考虑，怎么也要买几块砚台回深圳放着“升值”。

前些年，我一直在肇庆市内的旅游点买端砚，刚刚发现临近郊区的白石村乃真正端砚聚集地，自然寻宝一样前往。

虽说是个“村”，但白石村村民见多识广。他们经营多年，智商情商都挺高。我们三个深圳客磨叽半天，自称老顾客老玩家口干舌燥讲价，最后，各自花了大几千块钱，高价买了几块小小的端砚。质地吗，无非是梅花坑和宋坑。当时端砚涨价已经很厉害，坑仔、麻子坑的价格都高得离谱，更别提老坑石了，随便一块砖头大小没有经过任何雕琢的老坑端砚石，都要三四万块钱。

回想 90 年代末期，我不到一万块钱就买个一米见方老坑端石大茶盘的时代，当时说起来已经像个神话故事了。

吾友常务志，硕然一胖子也。他买了一方宋坑雕琢的摆件，设计挺巧妙：匠人就着一块火捺，在上面浅浮雕刻一个儿童放风筝，圆头大脑，憨愚可喜，很像常务志本人。

非常高兴之余，他就问卖家，是否可以免费提供一个摆放端砚摆件的木架。

卖家虽然一岭南农村女流，绝无妇人之仁，斩钉截铁一口回绝，说家里砚台已经割肉卖得心疼了，不可能再送木架子。但她还是很客气地点拨常务志，告诉说，白石村里面就有一个专门制作砚盒、木架的木匠，作坊距此店不到 100 米远，可以去木匠家里购买漂亮而“专业”的砚台木架。

常务志很顺从很听话，即刻屁颠屁颠地猪癫疯一样离开。临行，他嘱咐我和赵天授：“哥俩别着急，我最多 3 分钟就回来。”

岂料，常务志这一去，永诀一样，很久不返。在那个岭南炎热的、气温高达 43 度的午后时分，10 分钟都像一辈子那么漫长。

我和赵天授坐在没有空调的村民前店后作坊的家里，油汗满脸，没多久就开始诅咒常务志。一会儿工夫，我们就几乎把胖哥们祖宗八代都呼唤遍了，但始终不见常务志转还。

心急火燎，我们二人开始打他手机，岂料手机放在我们近旁的车里，兀自振响，常胖子根本就不能接听。

半个小时过去了，正当我和赵天授焦急无聊之余口头念叨给常务志开“追悼会”的时候，哪料想胖哥们翻蹄亮掌跑了回来。

看这胖厮，满脑袋都是汗，手里面还搬着一个茶几，左右摇摆，似乎很累，很沉。

“对不起，对不起，晚上我请你们吃饭，我请！”常胖子先堵住我们的嘴，显然他已经为我们谴责的眼神深深震慑，即刻说要请吃饭赎罪。而后，他长吁了口大气，自豪地指着放在地上敦敦实实的茶几说：“木匠家里有奇货，堆了一仓库的老木头，很沉很沉……”

话说一半，他还低下音声，很神秘很神秘地凑近我们两人的耳朵，低语道：“这么重的木头，能不好吗？一百多年的东西，才卖 600 块钱！”

我和赵天授两个人很狐疑，面面相觑，各自上去拎了拎那个茶几，真的很沉，很沉。看那残旧的品相，很老，很老。但是，对于茶几木头黑黝黝的质地，确实不在我们的知识范围以内，紫檀肯定不是，黄花梨也不是。常胖子扛来的茶几质地我确实没见过。那么，到底是什么木头呢？

“坤甸，坤甸木！”常务志低声说。

“坤甸？”

“坤甸？”

我和赵天授依旧大眼瞪小眼，茫然不知“坤甸”为何物。从来没听过这个词语。

倒是一直看着我们低语咕叨的卖端砚女村民很不耐烦，用不太准的普通话不屑地说："哎呀，坤甸啦，就是铁力木啦，不值钱了，哪里有我们的端砚值钱啦……"

这句话，适得其反，听得我们三个人杀心顿起：端砚这些破石头真是太"值钱"了！巴掌大一块没有任何实用价值的石头就几千块。相比之下，这么重这么沉色泽这么浓厚的茶几才600块！茶几啊，还能在上面喝茶，实用啊！

"哦，原来坤甸就是铁力木，似乎从前听说过……"我和常胖子做出恍然状。

根据我从前家里曾经"阔"过的经验，好木头肯定沉，越死沉的越是好木头。而且，最关键的还在于，我和常务志都买过、看过王世襄先生的《明式家具研究》一书，记忆中，书里最后一个跨版的照片，就是广州藏家手里一个明朝铁力木大案子！稀有啊，稀罕啊……

于是乎，不顾女村民的白眼，牵着赵天授，我跟在常胖子身后翻蹄亮掌，飞奔到白石村唯一的木匠处，开始钻入满是灰尘和热气的仓库中寻宝。

这回，浑身臭汗滴不停，我也不觉得热了；无数蟑螂乱窜，两只小螃蟹大小的蜘蛛还吊晃在眼前，也不觉得脏不觉得吓人了。我们只觉得自己如同阿里巴巴进了藏宝洞，充满兴奋和好奇。

琳琅满目，灰尘笼罩中，都是黑乎乎的椅子和茶几。质地吗，几乎全部相同，都是坤甸木。

“老东西啦，上百年啦，都是我这么多年做木匠四处搜的啦……”木匠是个瘦子，说着一口我们听不惯的肇庆白话。听惯了香港白话和广州白话，肇庆白话的音调上挑，尾音悠长，有些奇怪，“这些家具都是坤甸木的啦，也叫铁力木，格木，东京木，都是一种东西啦，我做木匠30多年，搜了好多年放在家里当样板收藏的啦……”

肇庆白话奇怪，这种老木头也奇怪。当时还不时兴苹果手机，否则上网随便一搜就知道什么是“坤甸”，什么是“铁力木”。

财迷心窍，鬼迷心窍，我和常胖子、赵天授互相交换了一下目光，认定我们在肇庆这个出产砚台的白石村木匠家里算是捡到大漏儿了！

买！

咣当咣当，我即刻搜罗了四把椅子，两个茶几，都是死沉死沉，漆黑漆黑，真正过百年的老坤甸！一算钱，便宜到要笑——半堂椅几，总共5200块，赶不上我刚买的一块砚台钱！

经我一激动，常务志欲火中烧，也学我买了两把椅子，和他刚买的坤甸茶几凑成了一套东西。“嘿嘿，以后喝茶有专门地方喝了……”

就连平时屎里捡豆购物最谨慎最保守最财迷的赵天授，咬牙半晌也慷慨解囊，花500块买了一个坤甸茶几。“我们都买了这么多东西啦，你这个卖我要便宜点啦……”赵天授把500块硬塞给了那个木匠。

忽然见到深圳来了三个大傻叉买了半屋子坤甸旧家具，白石村的木匠都有些手足无措了。很快，他也兴奋，鼓掌说："三位老板，我家里还有一个大红酸枝的凳子呢！要不要？"

没等我们回话，瘦木匠的胖老婆晃着大鹅一般的身躯，一只手拎着一张方凳，风一般送到了我们眼皮底下。

"这不是老红木吗……"我擦了擦方凳上面的尘土，方凳木色红润油亮，黑筋毕现。原来木匠称为"大红酸枝"的东西，就是老红木啊。对于这种老红木，我还真有知识。在我小时候，家里面有紫檀和黄花梨，这种红木东西还真不多，大概只有一个称量金银的戥子和摆放瓷器的木托是酸枝木质地的。我祖母在世的时候，告诉我说这是"老红木"。由于戥子和木托体量小，被我常常拿在手里玩弄。所以，我对这种木头的肌肤直觉体验，要远远大于对紫檀和黄花梨的认识。

看我爱不释手的样子，木匠马上说："这方凳是大红酸枝的，贵啊，46 厘米啦，从前大户人家用的啦……"

"多少钱？"我在发问的时候，脑子里面飞快地搜寻似是而非的有关老红木价格的知识。

"1800 块啦。"木匠说。

也就是说，一个老红木方凳的价格，差不多是两把坤甸椅子加一只坤甸茶几的钱。

我没有任何犹豫。

"买了！"

于是，由此开始，我平生再次和老红木，也就是大红酸枝，结缘。

待到装车的时候，我们犯难了。

三套坤甸茶几椅子，加上赵天授买的独茶几和我买的那个老红木凳子，常胖子开来的面包车已经塞得满满当当。我本人和他这个当司机的胖子坐在前排，都要前胸挤到仪表盘上。如此一来呢，车里根本就没有赵天授坐的空当了。

“能否再‘科学’地摆摆东西，腿腿相插，或许我能猫进去？……”赵天授嗫嚅着问。

仔仔细细看了看车里面的物件，又看看赵天授并不特别肥硕的身子，常务志常胖子非常严肃地说：

“即使把你剁成肉泥，即使把你的肉泥分成几堆儿，这车里也塞你不下了……”

再回首，往事已如梦

那么，果真从年少时代的天津到 2007 年的肇庆，20 多年之间，我和紫檀、黄花梨、老红木这些东西睽隔多年，难道就一直没有缘分吗？

不是！

大概是 1995 年左右吧，我曾经差点买过黄花梨家具。当时，赶上公司最后一批房改福利房，只花了 20 万，就得以在深圳银湖分到公司一套近 100 平方米的房子，现在看来，便宜到梦笑。

但当时来讲，1995 年，20 万，几乎把我和未婚老婆的全部积蓄花光。

房子买了，装修了，没剩多少钱，屋子里面不少地方空着，于是就打算用剩下的为数不多的钱买家具。

记得第一次和未婚老婆看家具，在红荔路的免税商店真看中了一对黄花梨圈椅，全新的，坐上去舒服至极，标价 6000 块。看中那对圈椅，主要是它们勾起了我童年的回忆。仔细打量，圈椅的做工虽然精细，典型的明式风格，但还是要比从前我们天津老家里那对真正的老明式圈椅简单了许多，没有螭龙纹饰，没有雕镂的壶门板，通体光素。在灯光闪烁下，它们显得过于锃光瓦亮，一点不含蓄。

我老婆根本不懂什么黄花梨红花梨这些东西，拈着价签兀自咕叨着："圈椅啊，这么简单几根木头架子，要 6000 块，是不是太贵了……上次东门有个算命的说你阴阳五行中不是缺金吗，那边柜台里面有个香港做工的金链子，不如买个金链子吧。金子总比木头值钱……"

当时，带工的黄金才 80 多块钱 1 克，听老婆的话，跟党走，根本没多少犹豫，我就把这对黄花梨圈椅忘到一边，马上买了一个近 100 克的大金链子。此后，日日戴到身上厌胜补金。结果呢，狗链子一般的大金链真沉，不仅没有补了我五行中的缺金，还几乎戴到我颈椎病犯。

第二次看家具，明显受到了同事的劝说。我有一个张姓女同事，很有艺术审美气息和审美眼光，她当时就花了几十万购买了数件海南黄花梨家具，总劝身边同事也买几件古式制式的家具长长文化。三撺两掇下，找了一个周末，我携老婆以及一个叫岳开封的即婚男同事和他女朋友，四个人一起到深圳当时卖家具的艺展中心去寻摸。到了一个大店，看到诸多做工精细的海南黄花梨仿古家具，木料百分百真实，而且仿古的比例恰当，形制完全古典，没有任何臆造的成分。唯一不足的是，这些家具做旧过。这种做旧，倒不是故意做脏当古董家具卖的那种骗人做旧。当时黄花梨家具还没有经过炒作，市场需求不是很大很多，这些黄花梨家具制成之后，家具商就故意把它们摆在户外任凭风吹日晒雨淋好几年，然后稍事打磨拿出来卖，其实也有自然风干风化的意思。

毕竟自己从前天津的家里有过真正的老黄花梨家具，在我“阔”过而挑剔的眼中，这些家具就有些等而下之了，它们有风雨侵蚀的陈旧，却没有岁月磨蚀的沧桑。

与我们同去的同事岳开封，乃武汉大学金融系毕业高材生，河南人，很有超前的经济头脑，他看中了一套雕刻繁缛的皇宫椅，连茶几一起，价格 38000。“你们也买一套吧，我听说海南黄花梨木料本来就不多了，物以稀为贵，以后肯定要升值……”岳开封精打细算后，交钱购买，也劝我们买。

“本来的新木头，干吗做旧呢……”摸着白里泛黄的木头，我很是犹疑。接着，我老婆试坐了坐，马上潜台词表态反对：“坐沙发都坐惯了，这种木头的椅子，坐一会硌得哪都疼！”

有了老婆大人一句话，显然木头家具就不能考虑了。但新房子呢，确实需要家具。于是告别了岳开封伉俪，我们离开黄花梨家具店，目的性极强地遛到了一个冠名“香港皇朝”啥啥的家具店，花了和岳开封购买那套海南皇宫椅同样的价格，也是38000，购买了一套草绿色猄皮沙发。嗬，软和得如同松软肚皮一样，当时坐上去那个舒服……

时光荏苒，岁月如流。自从我2007年开买老红木家具之后，就此两件昔日购买家具未成“事件”不停奚落我老婆，类似更年期祥林嫂：“好，从前你不让我买黄花梨家具，现在我想买都买不起了……当时6000的圈椅，现在80000都买不到，非买那根大狗链子，是，不错，纯金的，但金子涨价了，不过4倍，海南黄花梨涨了20倍啊！唉，现在拿出10万块，最多能买一对品相不行的越南黄花梨圈椅……”

最后悔的，自然当属我们当时38000买那套猄皮沙发了。所谓猄皮，反毛普通牛皮的，不能清洗，越坐越脏。特别是银湖那套房子日后出租出去之后，轮到了第三个租客，就嫌那套沙发肮脏，非要我们搬走扔掉。作为无比善良的房东，我自然要尊重租客的意见，左找右找，最后花了120块钱请两个民工把那套已经脏污且坐塌的沙发扛搬到楼下扔掉。

“还记得95年人家岳开封38000买的那套皇宫椅吗？现在都价值80万了！而我们花同样价钱买的沙发，扔了，还要花120请人抬出去……如果不是你当时图舒服买沙发，咱们也有10多年升值 20 倍的东西了……”只要提起这事儿，趁老婆高兴的时候，我就会满口埋怨……

“河东狮子”每每不屑，对我这男祥林嫂的抱怨似乎听得耳朵起茧。有时候她老人家心情大好，就会揶揄我一句：“幸亏买黄花梨圈椅的 6000 块钱当时给你买了黄金大狗链子了，如果给我买了什么首饰，你现在就更怨更冤了吧……”

捎带要提的一句是，当初劝我买黄花梨家具很有投资眼力的老同事岳开封，如今进入一家基金公司管理层，年薪 1000 多万……1000 多万啊！我坚信，有些人，生而知之，诸如我的朋友岳开封，人家就是能投资能挣钱的命。

唉，紫檀、黄花梨，到如今普通人再也难以享用得起了。人生总是这样，失去的才知道珍贵；东西更是如此，喜欢了就开始天天涨价……

说了半天重续老红木梦想的事情，肯定还要接着说在肇庆我和常务志、赵天授购买铁力木家具的话题。

鬼使神差般，自从 2006 年在白石村木匠处发现了铁力木，我和老友常务志认定这种木头是好东西，认为它们肯定是零落在以砚石出名的肇庆，肯定是暂时没有被发现的珍稀木材。

好东西不能让别人白捡，在接下来一周里，关山度若飞，我和常务志接连两次，抢购般从深圳来往肇庆白石村，把那个木匠仓库里面的坤甸家具几乎买空。

两番三番脑袋发烧过后，返回深圳路上，灰头土脸兴奋之余，我们俩忽然变成哲学家，有所小小觉悟：“咦？现在资讯这么发达，咱们两个人就凭着这些铁力木手头很沉，就凭它们的样子黑旧，就凭这些，认定这种木头是好东西，是不是犯了不搞调查研究的形而上学错误呢？……”

面面相觑之际，常务志和我瞬间再次变成了怀疑派。毕竟这么多年，零零碎碎，在全国、全世界各个旅游点、古玩城，两个人已经有购买无数垃圾的经历。于是，蓦然回首，我在汽车座椅上回头看，越来越觉得这种黑森森木头让人起疑，除了手头沉这个共同点以外，坤甸木和紫檀、老红木最不一样的地方、最让人感觉不快的，在于这种木头棕眼太粗。而且，大概溽热季节放在南方肇庆那种湿热不透气的房间之内，坤甸木家具黑色木丝之间，似乎黏糊糊发霉，长出白色的霉斑。

我记忆所及，从来没有在我们天津老家儿童时代的紫檀和老红木家具中看到过发霉发白这种情况。而我在肇庆木匠那里第一次购买的唯一那只老红木质地的方凳，拿回家之后，也是越坐越亮，越坐越红。相比之下，这三次买回的所谓铁力木“坤甸”家具，横擦竖擦多少遍，拉手不说，质地粗疏多了，根本就没有好木头那种木芯起油感觉。

于是，回到深圳之后，泄气皮球一般的常务志和我，倒没闲着发呆，即刻买书，即刻上网，即刻窜去深圳黄宝岭古玩城，请教那些经验老到的广东籍古玩商人，内功外功，很是猛做一顿功课。几天之后，终于证明，在没有荷尔蒙刺激的环境中，我们二人确实太过冲动了——首先，我们两个屁颠屁颠买回深圳的坤甸木家具，根本不是卖砚女店主口中以及我们想象中的铁力木。

铁力木是铁力木，坤甸木是坤甸木。而且，肇庆那个木匠所说铁力木、坤甸木、格木、东京木都是一个物种，根本也是错误，或者是误导！

坤甸木原产地在马来西亚加里曼丹岛的坤甸市，清末时由广东华人从那里引进。由于性硬质沉，当时作为山寨版紫檀和酸枝卖给草根阶层使用，大概想让穷人也产生能使得起好家具的感觉。但这种木材确实和紫檀、酸枝不能相比，所以广东人以其原产地而称之为“坤甸”。坤甸木刚刚锯开时呈现黄褐色或红褐色，见光氧化后就变成黑色。这种木料极其强韧耐腐，抗蛀，入水即沉，所以清中期后广东的龙舟、木码头都使用这种木料来做，埋在水里、河底多年也不会坏。

好多初入古玩木器行的人，也和我们一样，都把坤甸当铁力木，其实大错。老铁力木产于广西、云南，广东少处地方也有出产。而且，真正的老铁力木在明代开始就大量用于家具制作，但到明末清初已经很少使用这种木材做家具。日后，我们在广州、江门看到了细丝铁力木的家具，质地要比坤甸木细密，颜色也呈浅黄棕色，重量比坤甸木还重得多。

那么，细丝铁力木是老铁力木吗？也不是！广东人管这种细丝铁力木为“东京木”，难道它是日本出产的木头吗？其实，只有广东、香港等地才管细丝铁力木叫做“东京木”。这里所谓“东京”，也不是日本东京，而是指从前称为“东京湾”的地方，也就是今天的北部湾。明朝时“东京”指今天的越南河内，但清以后又泛指越南北部地区。自清朝以来，广东人就将来自越南中部、北部的细丝铁力木称为“东京木”。由于这种木头过去进口数量较多，材质坚韧，树材高大，支撑性强，所以广东的宗庙、祠堂、园林、亭院等许多大型建筑，常拿“东京木”作木梁柱和大门板。由于量大价平，广东地区渔轮的舵杆，秤杆的主要木质横杆，也因为这种木头的韧性好而广泛使用。而这种细丝铁力木，也就是“东京木”，在广西叫“格木”，和历史上广西特产的真正铁力木，竟然还不是一种树种。

相比坤甸木呆板直竖的木纹，细丝铁力木的山字花要美丽得多。真正意义上的老铁力木，也就是王世襄先生书中那个跨页大画案所用的铁力木，在明朝时候身世显赫，曾是当时家具用材七大“硬木”之一。所以，在明朝时代，原产于我国的珍贵硬木中，除了海南黄花梨便就数到它了。明朝大花花公子张岱曾经记载，为了一个铁力木大案子，一个当官的和一个大商人差点打起来。但到了今天，比起黄花梨，老铁力木远再没有名声与尊贵。由于流传于世的铁力木家具非常少，在2000年制定的《红木》国家标准中，老铁力木更被排除在了“红木”大类之外。专家认为，在故宫发现的那有限的几个老铁力木案子，和现在所称的铁力木，根本不是一个树种。

所以，细丝铁力木其实是“东京木”。后来，随着见识的增多，我还发现，质量高的细丝铁力木，木纹通畅，纹理细腻，和老鸡翅木的纹理非常近似。但真正亲手掂量过老鸡翅木就又发现，细丝铁力木和老鸡翅木又有本质不同——老鸡翅木比细丝铁力木轻很多，而且老鸡翅木棕眼平滑无碍，细丝铁力木棕眼则要深邃一些。上好的细丝铁力木，如果年头久远，如果保存得好，搭眼乍看上去，那包浆又和老红木（酸枝）近似，初入门者也非常容易混淆……

通过几天痛定思痛的猛扫盲，我和常务志终于对这种铁力木的赝品坤甸木大失所望，由悔生恨，由恨生恶，而且老旧家具这种东西太占地方。老友常务志毕竟在深圳郊区还有一套号称“别墅”的三层小产权房，而我在深圳两处居所，根本承受不了这么多套坤甸——纹饰全然不同的八椅四几“一堂”坤甸，四个茶台，三个六仙桌——家里看上去几乎成为贩卖坤甸堆放仓库了。而且，我还花 6000 买了一个 3.6 米多长的大香案，这件大东西磊磊雄雄，当时连常务志面包车都塞不下，最后还是花钱通过物流大卡车运到深圳。

如此雄伟的大香案，当时在那批坤甸家具中质量算是最好的，乃细丝铁力木，也就是“东京木”。由于我家里电梯运不进去，楼房的窗户又吊不上去，千祈万求，大香案只能暂时存放在常务志龙华的“别墅”大院子里面。

得知此“坤甸”非彼铁力木，恨悔之余，我马上开始清理，清除。求爷爷，告奶奶，最终把这些黑不溜秋的坤甸家具全部送人，一件不留！就连存放在常务志院子里面的大香案，也免费送给了这个胖哥们。当时呢，他还老大不愿意，黑脸耷腮说："那么粗蠢的大家伙太碍事，放院子里都耽误他老丈人扫地。"我抱拳拱手，好说歹说，动之以情，送之以茶，喻之以同为受骗上当的难友。最后，常务志才勉强说收留下，不再麻烦我雇人花钱运走……

后来，到了2011年上半年，我逛江门老家具市场，忽然从店家处得知，坤甸木质地的家用家具，比如椅子、茶几什么的，这些年在广东地区确实依旧没有涨多少价，但带精细雕工的细丝铁力木大型案子，身价已悄然上涨——因为，广西现在有钱人越来越多，不少人把细丝铁力木大型器物认作是广西古来特产老铁力木，所以开始不断到广东市场购买这些从前根本卖不上价钱的东西。而我先前那个花6000块购买的3米大案，据几家店主讲，如今卖个四五万块钱没有丝毫问题。

听到这个消息，我大喜大悲，痰涌上喉，颤巍巍拿出手机马上打电话，询问人在上海出差的胖哥们常务志，很渴望搬回我放在他家里的那个3米长铁力木大案子。

电话那边啃大闸蟹的常胖子有些不耐烦，嘟嘟囔囔告诉我说，那个大香案，早已经换成一辆挪威出产的高级自行车了：

"你知道的，我认识一个台湾工厂主，做仿制名牌包生意的，就住在我隔壁，买了和我同样的小产权房包二奶。当时，他来我家串门，就看中了我的……也就是从前你的，那个大香案。他说这东西摆在他院子里当大木台子养盆景挺好的，反正我想这东西是垃圾，是鸡肋，当时我立马就送给他了……那台湾人过意不去，隔几天后还送给了我老婆一辆自行车，北欧挪威货，以物易物的意思吧……再后来，我到他家里串门，二奶换人了，那个案子也不见了，我也不好意思问下落。所以，铁力木大案子，你放心，肯定拿不回来了！对了，那个自行车，也被我老婆弄丢了……”

老红木，心醉亦神迷

经历了肇庆铁力木事件之后，钱虽然花得不多，但如此冲动行事，批量购买流动性这么差的大堆坤甸老家具，还是让人痛定思痛，自我批评了好久。

白白浪费几万块之后，肇庆之旅唯一的收获，就是那个1800块买回的老红木方凳了。典型的印度老酸枝木，深红色，典雅沉重，特有的近于深褐色的黑色条纹，纹理清晰、隽永，结构细密，富含“油脂”。摆在我家里那一堆现代家具中间，如一美丽贵妇人端坐于一群俗脂艳粉发廊妹间，那样卓尔不群，那样秾丽华美。

越看越爱，越看越喜，特别是品质好、色泽深的老酸枝家具经过多年氧化，岁月悠悠，包浆后极像紫檀老木。即使当时色泽较浅的“新”酸枝，时至今日，看上去更像是海南黄花梨，类紫檀而无金丝，似黄花梨而无鬼脸，兼收并蓄，兼有二者之长，但价格却比紫檀、黄花梨便宜太多。为此，无论从物质论还是精神论，我暗下决心，日后家具收藏，非老红木（酸枝木）莫属！

从“物质”方面论，老旧黄花梨、紫檀木家具，在今天，如果不是大款，不是公款，不是贪污犯，搜罗这样的家具，对于工薪阶层的“中产阶层”个人来说，已经太贵太贵。紫檀不用说了，价格都属于天方夜谭了；老黄花梨也别说了，就是簇新海南黄花梨，两椅一几简单三件套，也要100多万。而老酸枝木广式家具呢，在我当时怦然心动的2008年左右，价格只有新黄花梨家具的二十分之一。

从“精神”方面论，老作广式家具乃中国古典家具一大类项，风格独特，虽然有时候失于雕琢过度，但气度非凡，粗中见细。

要知道，广州在清朝时乃国内最大酸枝木、花梨木集散地。当年广州外城护城河名叫“玉带濠”，大批大批从东南亚等地进口的硬木木材，均可以由海入江后驶入这些城内的内河，舟楫货运便利非常。紧邻内河的街道名为“濠畔街”，布满深街窄巷，当时几乎全部是家具作坊，每天那些硬木碎屑和泛红的酸枝木糠，曾一度把下水道都淤塞住。而在附近，洋行林立，广州“十三行”皆聚集周遭，成为清朝中后期最为繁华的工商业中心。据《广东新语》载：

> “当盛平时，香珠犀象如山，花如海，番夷辐辏，日费数千万金，饮食之盛，歌舞之多，过于秦淮数倍。”

在如今基本到了珠江中心也看不到清水的广州，当时玉带濠这个护城河都清澈见底，水面宽敞。那些来自东南亚的巨大硬木杆材从珠江口岸卸下后，被木业行会的苦力们搬到广州城墙下面空旷处。这些木材绝非马上就派上用场，每每经过多年晾晒定型，才由木匠量材开锯。从前的广作家具行业，分工细腻，按工种划分，彼此互不超越分工界定，分为抖行、头行、凿花行、细花行、杂货行、西货行等，从无捞过界之事发生，各守本业，井井有条。

虽然明清家具有苏作、京作、晋作、广作等分类，但在有清一代真正能入京城皇帝、皇族以及文武大臣们法眼的，非广作莫属。这种风气的形成，主要和皇帝和权贵们的审美观有关。清朝统治者入主中原后虽然步步汉化，但这些来自莽原大岭的汉子们心仪的是大红大紫，喜欢那些富丽堂皇、大气磅礴、凝重丰满的家伙事儿。昔日流行的清雅明式家具，对于如今京城的爷们来说，太过简素，甚至有些寒酸。为此，广作家具的豪华铺张和奢华繁缛，让大辫子爷们们特别青睐有加。

而我，梅毅梅爷本人，一方水土养一方人，自小长于京津之地，看惯了大红大绿，杨柳青年画的秾丽色彩深入幼小心灵，耳濡目染，其实内心深处不乏草原民族和四方城文化混合后的审美情感。所以，当我见到老旧广作家具，那真是一见如故，非常喜爱它的大料大红，更喜欢它内在的沉敛和大气奢华。

昔日的广作老家具毫不吝惜用料，无论是紫檀还是酸枝，用料清一色，而且大多用一木制成，就连看不见的抽屉底板和里面的插件均由和主件部分同样的上好木料，绝不掺用其他软杂木料。但凡家具立柱、腿足等弯曲部件，广作家具也不是分段拼接，而是大用整段木料制成，可谓真材实料，内外高度一致。所以，广东匠人在追求优美艺术效果中，用料可谓毫不吝啬。

两广岭南，本来自古就是中国贵重木材主要产地，清朝中后期又有大量优质木材从南洋源源不断而来，故而广作家具可谓得天独厚！木料不缺，自然好料全上，特别是紫檀、酸枝家具，基本不上油漆，精细抛光后，木质完全裸露。即使需要上油漆的部分，也是广作独有的“揩漆”，用料粗硕之余，木料花纹清晰毕现，加之细活细作，广作老家具在工艺上没得挑，工序严明，一丝不苟，经过岁月、战争、革命，至今观之，许多保存好的老家具表面依旧平整如镜，光彩照人。抚之摸之，清凉细滑，无论视觉还是触觉，都能够让人感受到一种深厚含蓄的隽永美感，在国内家具流品中极尽争妍斗巧。

相比之下，代表明式家具的苏作代表，虽然细致精微，但苏作用料太精太简，但凡看不见的地方，均用软木和杂木代替，江南意态，虽然纤巧精细，但总让人觉得不够大气。

那么，老红木为什么叫“酸枝”呢？因为这种木头在初开锯的时候，木材会散发一种辛香类似香醋一样的酸辛味道，所以广东人称其为“酸枝”。而从前最好的酸枝，乃是来自印度、泰国的真正“大红酸枝”。这些上好木料，砍伐后沉入水中，然后捞起，锯成板材，陈化二三十年后方才做家具。

而如今，家具商口口声声的老挝“大红酸枝”(大多是缅甸、越南酸枝)，黑云缠绕不美观不说，质地也要疏松得多，而且是现砍现入烘房蒸烤，木性根本不稳定。特别是在北方购买的红木家具，冬天暖气干蒸，十有八九要开裂开榫。

从价格上说，在2011年一年内，江门幸福新村的老家具价格就上涨了百分之七十，但只要静思做工极其复杂的老红木家具存世量，考虑到从前老红木的真材实料，性价比方面，还是比新做“大红酸枝”强上百倍。

时下大小厂家新做的红木家具，为了使得利润最大化，除了“连天红”一家敢于标榜顾客可以当场用刀刮验木材以外，其余不少不良商贩都为了节省成本而使用白皮。要知道，硬木类木材做家具的木料是树芯部分，而树芯以外的白皮质地非常疏松，没有什么油性。为了欺骗顾客，黑心厂家常常在白皮部分进行烫色、上漆，然后技师还要小心翼翼在上面描绘出红木特有的黑筋，如此，上漆之后，外行人看不出丝毫破绽。

这几年以来，我在广东江门、广州等地购买的真正老红木老酸枝家具，经过岁月的沉淀和洗礼，火气尽消，沉稳大气。老红木家具，其实许多也有白皮，但昔日工匠们非常有道德感，他们只有在家具底衬横木或者不显眼的托木处使用留有稍许白皮的木材，且经过多年岁月侵蚀，那些白皮早已经腐烂掉，但对整个家具的使用以及美观方面没有丝毫影响。

我们一般人购买红木家具的基本心理，无非都是希望让这些雕刻精美、价格昂贵的家具一代一代“传”下去（祈祷千万别再有战乱和“革命”）。而新红木家具，由于黑心工厂多，白皮用得太多，即使太平盛世延续下去，这些新做的红木家具肯定不能在一个家族流传下去。比如，吾友赵天授为了贪便宜，12000块买了一个95厘米见方的大红木八仙桌。有一天，我们让一个对新红木家具懂行的行家看了看，最终发现这件家具三分之一都是白皮——也就是说，就别提赵天授先生的后代了，倘若赵天授先生本人这辈子有幸再能活上40年（他今年45），耄耋之年，即使他老眼昏花，也肯定能亲眼真切看得到：他当初为了省钱而买的所谓红木八仙桌，娉婷独立，勉强靠墙剩下的，只能是两个半腿和三分之一的桌面——因为酸枝木的白皮在几十年间就会腐烂掉……

当然，广作老红木家具也并非十全十美，有时候它失于繁缛、绮靡，这是因为早在清朝时期，广州城西风东渐，无数洋货从这里源源不断地输入中国市场，包括让国人瞠目结舌的钟表、珐琅器物、天文仪器等物，不少东西被进贡到皇帝那里。最终，上行下效，包括皇亲国戚和勋贵大臣，无不受到西洋风吹，最终有样学样，小民们也效之仿之，广作家具更是在造型、结构和装饰上洋味浓厚，特别是广作家具上面“西番莲”样式，是国人洋化最典型的明证。

细看这种“西番莲”，是一种酷似中国牡丹的西洋花卉，表现在家具上，花纹线条流畅，变化无穷，可以根据不同家具的器形随意延伸。只要在广州、佛山、江门等地的古旧家具市场上逛，肯定会在长案子或者类似沙发的仿西洋式红木座椅上看到“西番莲”。这种花样，以一朵花或几朵花为中心向四周伸展枝叶，上下左右对称，铺陈敷衍，有时候确实有失繁琐。相比苏作家具的缠枝莲纹，这些“拿来主义”的花样还是显得有些“怯”。

另外一大缺点，不少广式家具还过于精雕细琢，哪怕是一个茶几、一个袍服盛盘，也用尽各种雕刻手法，什么浅浮雕、浮雕、圆雕、通雕、高雕、立体雕，繁密精雕的家具，乍看时，几乎找不到一块未经雕饰的部位。再加上镶嵌技术发达，广东工匠会把大理石、玉石、宝石、珐琅、陶瓷、螺钿、金属、黄杨木、象牙、琥珀，中国人能想到的东西全部往家具上面招呼。到了清末和民国，连瓷板也嵌入家具之上。

繁琐如此，如果有机会阅读明朝大文人文震亨的《长物志》，肯定会想到文先生常常嗤之以鼻的一个大字：

“俗”！

梦里依稀美人床

幽暗灯光下，在广州西关一老式大屋内，透过一扇完全遮住半间屋子的彩色玻璃门，忽然放射进一道垂直微光，昏幽幽一片。转瞬之间，这道微光变作金黄色，在那么漆黑发浓的夜色里面，似乎又变成日间阳光下的色彩。

我有些战栗地等待着，两只眼睛，无论如何也离不开那道光线照耀下的一张红木大床。如同中了魔法一般，我目不转睛，看着那道垂直、幽暗的光线骤然变成了射灯金光灿灿的光柱，在含意深远的岁月孔洞中若隐若现。红木大床上，坐着一位面孔极其清晰又极其模糊的少女，她两只秋波荡漾的眼睛中，那样茫然若失，含有几分忧郁，但瞬间她的双眸又像珠宝一样熠熠闪光。她从红木大床上转过身来，面对着我，调整好嘴唇的部位，似乎要时刻对我报以机敏的、狡黠的微笑。她脖子上一串红宝石项链，却又像一副枷锁套在她脖子上……

心荡神驰之间，欲望的欢悦涌上心头，那张红木大床上的美丽姑娘，恰似我青年时代梦幻中焦急等待的少女形象。在那么多个无眠的夜晚，我曾经翘首企盼她们的面容。曾几何时，难平的欲火嗞嗞作响，使得很多时候捕捉她们容貌和个性的企图成为莫大痛苦。过了那么多年，在梦幻中，再见她们一面确实极为困难，要回忆她们就更是难上加难。而青春期那些在恍惚梦幻中走马灯似一闪而过的靓丽倩影，曾经在许多沉淀下来的睡梦中无止境地翻滚。忽然之间，她们那样折磨我——而如今，在这张岭南特有的绮丽大床上，我终于确定了她们中最珍贵的典型，似乎完全拥有了她们的体貌特征，使得这么多年这颗浪迹天涯的心灵终于得到了莫大的平静！于是，我伸出双手，去抚摩那个姑娘凉沁沁的脸颊……

上述艳丽的场景，显然不是真的，也不是我臆想出来的琼瑶式小说中的场景，而是我在广州一家老家具店看过一张红木大床后，回到深圳当天晚上所做的“春梦”。

我不是拜物狂，也不是恋物癖，但做工如此精美的红木大床能够让我这么一个百分之一千的唯物主义者晚上发梦，诚可见老家具勾摄人心魄的魅力所在。

春梦了无痕！

在深圳如此物质的城市呆了近20年，都到了“临近花丛懒顾问”的境界，但文学中年，梦里依稀，重新冲动，缘来竟然是红木大床。感动之余，是否让人唏嘘？

“碰”到那张红木床，是在广州文昌路上拐角胡同里面一个店面中。老板是个瘦小的广州本地人，60多岁，说一口蹩脚的普通话，说出来的句子、词语别别扭扭，但他依旧很善言谈。

为了便于交流，我和老友常务志就劝他可以用白话方言表达，我们则用普通话和他交流，这样一来双方皆大欢喜——我们在深圳呆了许多年，白话百分百能听懂；而这位广州本地爷们普通话表述不好，听没有任何问题，而用他“母语”广州白话说起话来那可真是口若悬河。

原来，这位店铺老板从80年代开始就在广州做古旧家具生意，最早他充任香港古董商的买手，“当时广州附近有好几个大到无边的仓库，里面都是成捆成捆的黄花梨、红木家私，当时不叫‘老家私’，叫‘旧家私’，为了省地方，每件大家私，比如八仙桌、柜子、罗汉床等东西，都是拆散后用绳子胡乱捆扎在一起的，要从码成堆码成山一样的仓库里面挑好东西，可真能锻炼眼力……我经手无数件全品上好老家具，都被香港人、台湾人、新加坡的华人买走了，成交每件东西后，香港佬当时不过给我‘五门鸡’（五块钱）好处费，好可惜，好可惜……”追忆似水年华，老哥们也无限唏嘘。

正是有了这样的经历，从上个世纪90年代末期开始，他积攒了本钱，开始自己做古旧家具生意。熟门熟路，自然长袖善舞，不过，由于王世襄的《明式家具研究》一书出版后，很短时间内，广东当地的红木、黄花梨家具被国内古玩商人搜罗一空，广州、江门、中山附近的大仓库自然就消失殆尽。即便如此，当时广东、广西还存在着无数“穷乡僻壤”角落，各地都有这位老板熟悉的“收买佬”。当初也是铁鞋踏破，他陆陆续续收买了不少乡间幸存的上好红木家具。

“收货，最好的季节是寒暑假前后，还有过年前，学生寒暑假前后，家长要交学费，不得不卖家里老东西，开平、恩平从前富人多的地方，碉楼里面上好的红木家私当时好多好多；而过年了，要还债，要过节，最需要钱，也是当地人必须卖东西的时候……”老板说到此处，小眼睛熠熠生辉，似乎回到了十几年前的黄金岁月，“现在不行了，乡下人精得很，又都不缺钱了，电视上天天播出淘宝、鉴宝节目，他们开价比行家都高……”

最近几年，这位红木老板很难再从乡下收到好东西了，只得从他昔日香港、台湾的几个耄耋老雇主手里回收古旧家具。所以，这老板店铺虽然只有上下两层楼不是很大，但其中东西没有一件垃圾货。件件都是精品，每件都是几十万以上的物件。

正是在他二楼卧室里面，我看到了那种让我梦回牵绕的红木大床，第一眼就勾魂摄魄，让我喟然而叹——这是一张清中期的满雕红木开门小姐大床，气韵生动，遍雕喜鹊占梅枝，层层叠叠，透镂之精细，让人叹为观止。内壁之内，整整十五幅《西厢记》人物故事，皆为高浮雕，嵌螺钿，造型精湛，眉眼刻划精细，就连崔莺莺“临去秋波那一转”，似乎都雕镂毕现……

在这相对固定的空间内，不得不叹惋昔日时间的流逝，追忆往日豪门曾经在如斯美妙大床上玉体横陈的美人……

“这张大床是我去年从恩平很偏僻很偏僻的乡下40万收来的，卖你43万，包送到深圳……”精瘦的老板从我发光的眼睛中看出了喜欢，很诚恳地对我说。

当时，正值2009年开春，奇了怪了，广州古旧家具生意，在2008年奥运会之前是一个顶。奥运会开幕后生意一落千丈，加上又遇到金融危机，古玩、古旧家具忽然无人问津，老板们忽然发现手内的东西出不去了，也没人过来买东西了。故而，大多数开店的商人皆忧心忡忡，很怕经济不景气持续。惶惶然间，不少人甚至贱价卖出手里的东西以换取现金。

当时确实我有笔50万稿费刚刚到手，买这件东西绰绰有余……但43万，毕竟不是小数目，我又是刚刚涉入老红木家具的购买行当，一时拿捏不准。

我不停点头，嘿然无语，踌躇半晌，脑筋在1分钟内转了8万多次，一时间下不了决心。考虑有二：一是想再等等更便宜些买下（或许能够38万？）；二是我目测了一下，似乎同我一起来广州的胖友常务志所开面包车放不下这张拆散后的大红木床……

于是乎，表达了我很想购买意愿之后，要了老板的电话，依依不舍，怀着渴念的焦灼和等待降价的心态回到了深圳。

我本人从来不相信怪力乱神，但当天晚上，我就梦到了那张红木大床。甚至梦回聊斋，梦到了从前那张红木大床上的曼妙美人……

转天早晨梦醒，我做的第一件事情，就是马上打电话给广州红木大床的商家老板，迫切地说我要掏42万买下那张床！

“阴功啊，阴功啊……”

电话里面，传来老板“阴功”的无限惋惜。“阴功”是广东白话词语，就是“可惜”的意思，听到这个词，我脑袋大嗡，一颗心猛沉。

“阴功啊，阴功啊……你刚刚走，香港的一个服装设计师来，我开价50万，他还都没还，刷卡就买下，当天下午就运走了……哎呀，我恨死香港佬了，多少好东西都被他们买走了，真不想再卖东西给他们。可是，大佬啊，我太需要现金周转啊，不得不卖，阴功啊，阴功……”

唉，此恨可待成追忆，只是当时已惘然！稍稍迟疑，悔恨无极！

如此雕镂精细的红木千工小姐床，东西之好就不用说了，2009 年春天，还是广东古旧家具的一个大底，那件当时 43 万的红木大床，时至今日，120 万也买不到！

百爪挠心之余，我像更年期祥林嫂一样，逮谁和谁倾诉我的梦境，我的红木大床，我勾魂摄魄的古代美人……

赖来赖去，没的可赖，就赖到当时我胖友常务志开去广州的面包车不够大。于是，在他的撺掇下，气急败坏之余，怀揣银行卡，到了公司附近万象城奔驰旗舰店，立马看中一辆奔驰 R 级运动轿车。

很熟悉我眼中的冲动，总能感受到我内心贪婪的波涛汹涌，老友常务志不失时机积极劝诱说：“那张红木大床没买多可惜啊，就是当时车小装不下害的……这款 R 级奔驰，空间够大，够你装下拆散后的红木大床了，下次有机会你就抓得住了！还够你装多少红木凳子和椅子啊……”胖友由衷地劝我，两只小眼睛里面装满了诚恳。

悔恨心，虚荣心，荷尔蒙一蹿，咬牙叉腰，最终我当时一下子交了全款，转头就把这辆 R 级奔驰开回了家……

从此，在广州、江门、中山三乡古旧家具城和深圳之间，细心的上帝，或者玉皇大帝，就会发现，在每一个周末，广深高速公路上都飞奔着一辆崭新大奔驰，车中会有一个面白如玉戴着墨镜酷毙了的傻叉（梅大王本人），旁边坐着一个笑容可掬的黑脸胖子（常务志）。在我们两个人身后，放平了的真皮座椅上，摞满了遍体岁月尘垢的老酸枝家具……

在“吃药”中成长

正是由于这一回对千工红木大床的“错过”，造成我相当长一段时间内在广州文昌路对老酸枝家具的购买“冲动”。有了冲动，就有盲动，肯定就有吃亏，吃大亏。

·和红木大床以及梦回萦绕的美人失之交臂，痛心疾首。心痒难熬之余，翻蹄亮掌，找个周末我又去了广州。彼时广州，开始为了即将到来的2010年底亚运会而大兴土木。从深圳开车，到广州城外，高速只需一个半小时。而从高速下去后，广州城内道路四处开挖，高下粉饰，没有不堵的地方，所以开车行到西关古玩城、文昌路附近，却需要两个小时。

此次到了广州，先去那红木大床的老板处寒暄、唏嘘一番，上了二楼对着昔日大床所在的地方“凭吊”一阵，耳间没有听进去老板任何其他的推荐，连连叹息而已。

怅然怃然之余，左牵黄，右擎苍，带着老友常务志、赵天授二人，瞪大我不大的眼睛，目光如炬，开始在西关和文昌路大小各个古玩店和老家具店搜寻。

红木大床没有买到，出于自我报复心理，这次我非常爽快非常利索地买了几件小件东西，文玩清供啥的——一个玉香线文具盒，一个雕有董其昌诗文的小笔筒，一个小梳妆镜，总共4万多。

风驰电掣，回到深圳仔细一研究，除了梳妆镜是清末真品之外，文具盒、笔筒都是仿造的。红木木质倒是没错，新木新做，那些看上去的岁月痕迹，都是生石灰烧出来的，都是硬铁丝刷出来的。

买古董吗，肯定要“吃药”，肯定要交学费。没有多少懊恼，下周我又去。反正有了大奔驰流动搬货车，想去就去，想买就能买。

看官看到此处，可能有些人会产生疑问：您梅大官人是个有钱人吗？怎么几万几万地花，似乎很不在意啊？

梅某人，在有钱人眼中，其实乃穷逼一枚耳！虽然我 1992 年就“混”入深圳金融界干活，毕竟属于工薪阶层的一员。

人无外财不富，马无夜草不肥！非大款，非公款，非家传，非有足够的权力贪占，那么，我哪来闲钱轻掷万金脸不变色买老家具呢？

我是个历史作家啊！

2004 年，我那《华丽血时代》一书，在中国出版界也算振聋发聩，开一代历史写作新气象，对于如今通俗历史写作的影响，正如中国作协副主席高洪波先生所言：“梅毅从网络中异军突起，他在作家中独辟蹊径，以‘赫连勃勃大王’ID 行走江湖，有‘中国互联网历史写作先行者’的荣称。2004 年，陕西师大出版社出版‘赫连勃勃大王’《华丽血时代》一书，这部描写两晋南北朝的书，是近几年国内历史普及类图书中第一本真正意义上的畅销书。因为在当时，央视《百家讲坛》还没有推出易中天、于丹等人，全民读史热潮还正在酝酿中，而梅毅（赫连勃勃大王）应时而出，正充当了‘手把红旗旗不湿’的潮头引潮人的角色！”

从无到有，点点滴滴，凭借兴趣和毅力，这么多年来，我梅毅梅大王写了不少历史“畅销书”，故而手中逐渐闲钱有多。

这些写书得来的钱，随意抛掷，被身边友人称为“钱屠”。我那种心态，和当初马未都先生当小编辑之时所挣稿费乱花那种心态一样，总觉得稿费是我金融本职工作以外白挣的。

挣得容易花得快。所以，只要每次有一笔稿费来，我都会把它们变成红木家具或者玉器、珊瑚、扇子、古玩、文玩啥的来犒劳自己一下。

当然，也有心有戚戚的看官们陡升疑虑：你写书挣钱，又怎么能逃脱河东狮子老婆鹰隼般的眼睛呢？

呵呵，我老婆一直也在基金公司工作，也属于金融行业，又长期在上海工作，忙里忙外，对我疏于“监察”。再说，人家从来没拿我爬格子写东西当回事儿，也根本想不到我写书出书能挣钱。

而且，我几乎所有的同事和金融同行，一直对我写书也抱有“哀怜”之意，就连没事给我历史书写个跋序的老友赵天授，有人问及我出书的事情，半出于嫉妒半出于歧视，他总是煞有介事告诉对方说：“梅毅所有的历史书，应该都是他‘自费’出版的吧，应该属于花钱买乐呵那种神经病行为。”而我另外一个老友常务志也常常四处扬言："梅毅同志写书爬格子，真乃叫花子插菊花，穷乐心真不小啊……"

直到最近一两年，我上了央视《百家讲坛》，经常在凤凰卫视等的电视栏目中露脸，也西装笔挺四处"讲学"。嗬，电视传播力真大！啊，梅毅，原来是畅销书作家啦！至此，我的金融同行和同事们才知道原来爬格子写书也能挣钱，才开始对我另眼相看。于是乎，电梯、楼道，每每他们看见我的时候，脸上也漾起平时不多见的笑意，寒暄之余直奔主题，问我出书上电视挣了多少钱。

人家都是金融精英啊，说挣多了不行，说挣少了不信。于是，我只能打哈哈说挣点"小钱"。确实，对于这些精英来说，对于我老友岳开封那样年薪1000多万的人来说，我爬格子上电视挣的这点钱确实也是"小钱"。说了"小钱"之后，我还要自我贬低一下："雨中黄叶树，灯下白头人。挣这点小钱不容易啊，不容易……"

无论大钱小钱，反正我手中这几年一直有闲钱。于是乎，来来去去，大大小小买了不少老红木的东西。

转眼到了2009年四月末，广州天气已趋炎热。蒸腾热气之中，心气浮躁，那张红木大床人生阴影一般，总提醒我要买件"大"东西。

果然，广州有"大东西"在等着我。文昌路一家古玩店内，一个清末双几架横的六抽红木书桌映入我的眼帘。

这个架几书桌，看上去非常大气，长 1.68 米，宽有 1 米，高度 1.2 米，木色苍苍，筋纹皇皇。

店主开价 10 万，我老买家一般，出价 5 万。呼来喝去，最终，86000 成交。

抚摩着老书桌光滑的独板桌面，当时，我还傻不拉唧地问店主：“品相这么完好的桌子，桌底桌腿我就不看了吧，没问题吧？”

老板狡黠一笑，“有没有问题，我说了不算，你是玩家，行家，你自己看！”

“玩家”，还是“行家”，这两个评语让我非常自负。

跟随我来的常务志，抓耳挠腮，在一旁不停催我交钱。他看中了一个巨大的紫砂香炉，老板开价 3000，他磨磨唧唧就不说价。

等我爽快刷卡交了 86000，他旁边不知嘀咕了句什么话，老板心一“软”，愣生生把那个在店里用了两年、里外都是香熏油“包浆”的大紫砂香炉 500 块就卖给他了。

“皆大欢喜，皆大欢喜……”抱着那个巨大的紫砂香炉，常务志不停地说。

忽然之间，我有些恍然大悟：“皆大欢喜？应该你最欢喜吧，如果我不买这 8 万多的大桌子，老板怎么会 500 卖给你这个他已经用了两年多的香炉？”

“当然，当然，呵呵，我私下偷偷跟老板说，你是大水鱼一个，这么多钱买了大桌子，下次我还帮他劝你到他店里挨宰……”常务志直言呵呵。

忽然买了一个近10万的桌子，总觉得非常不踏实。回到深圳后，我把这个架几书桌能拆卸的都拆卸了，拆成了若干部分，仔仔细细拿个专业手电筒细看。

结果，凉气一吸，发现六个抽屉中中间两个最大的抽屉都是后配的，而且所有抽屉内里部分不是广式家具应该的红木，而是铁力木。

再仔细上网搜索比较，倒没怎么买错，就是又买贵了！

在2009年，这样的清末红木书桌，一般的价格是4万左右，我等于多花了一个桌子的钱，买了一个并非全部原装的书桌，买贵了几乎一半。

东西买贵了，这么多年来是常态，我已经麻木了，最烦心的是我觉得自己买错了。

买贵了，对就行；买错了，错在其中两个抽屉不是原配。当时感觉，恰如苍蝇在喉。但古玩行有规矩，出门的货是不退的，我不可能再拉回广州让那个奸商退货；而且，如此大的书桌，虽然可拆可卸，放在哪里都还是很占地方。

对奸商对自己咬牙切齿之余，我在很长时间内患上了“书桌厌恶症”，无论是到广州、江门、佛山、中山的古玩城，但凡看到书桌，我心态都极其扭曲，恰似青春期极力避免看到抛弃自己情人的书信那样，马上目光闪躲，不闻不问，总想让自己忘却入行之初上的那一个大当。

而我老友常务志、赵天授二人呢，只要坐在我办公室，没事就拿这个大桌子说事儿，揭我疮疤：什么老家具不是原装不值钱啦，什么如此明面的东西都看走眼大傻叉啦，什么花了近10万块买个拼凑货啦。反正，拿我寻开心，他们就开心。

堵心之余，岁月荏苒。反正到了2010年，我每个月都要去北京录制《百家讲坛》的节目，趴在这让人闹心的书桌上时间很少。人一忙，烦恼就少。

一年多以后，也就是在2011年过年之后，我的老友胖子常务志当上了一个下属公司的总经理。志得意满，忽然有一天，他非常认真地到办公室找到我，对我说，他需要一个大的红木办公桌，问我可否把我当时在广州86000买的这个桌子转让给他。

“眼中钉”终于有机会得拔！心内狂喜，我抑制住自己内心的兴奋，开始猛夸自己的这个老红木桌子：“唉，其实这个桌子真的不错，也就是后配了两个抽屉而已。你看，仔细瞧瞧，从前的老办公桌，都是前后全工，前面反面都有花纹。你知道的啦，在清末、民国，这种大办公桌不是紧靠墙放置，那都是大老板坐着红木大椅子背对墙坐，这大桌子呢，要面对下属放置，所以背面纹饰优美，都是为了摆谱啊。你现在都当总经理了，摆这么一个大桌子在办公室，人五人六，面对下属哼哼哈哈，那太牛逼，太有面子了……”

“少给我整虚的！这张大办公桌，鸡肋一个！如果不是我给你当下家买走，你这辈子也出不掉！60000块，马上决定，不卖的话，我马上就去东莞订做一个全新的红木大班台，都和人家谈好了，长2米宽1.2米的，也就38000块！”常务志斩钉截铁，根本不理会我对自己大书桌的自吹自擂。

他直入主题，说出了他欲图购买所出的价格。

“咦，这个桌子，你当时可是和我在广州文昌路一起买的，真真切切我花了86000买的啊……”

“可你买贵了，买错了啊！现在你能转给我，能出手，就不错了，难道你还想赚我钱不成！”常务志目光炯炯。

他坐下来，循循善诱：“梅大师，你现在名人啦，都上了央视《百家讲坛》啦，还使用这样的‘扒散头’家具？你这样的完美主义者，应该买最好的东西，况且你现在越来越懂书桌，越来越懂红木老家具，拿我这60000，你可以再去广州，或者江门，去买一个全品的、没有任何后配的书桌嘛……对了，你当时在广州16000买的那个八仙桌，四周栏板铲槽龙纹的那张，我也想一起买下。我家里缺一个吃饭的桌子……当然啦，为了补偿你，书桌和八仙桌，两件东西，我给你一个整数，80000！”

听常务志这个湖北人精如此说，我都心中有些感动了。毕竟金融行业混了这么多年，对于收益率、回报率等数字问题，我还是比较门清的。虽然书桌我赔钱26000，但八仙桌我赚了4000啊。

最最主要的，毕竟能把这个让我堵心多日的、有着两个后换抽屉的老书桌转出去！所谓吃一堑长一智，我大可以马上拿这

80000开车再去广州，这回，怎么地也要弄个全品的书桌回来。

成交！

拿到常务志80000的第二天，恰好赶上周六，我即刻就拉着赵天授飞奔广州（常务志现在当总经理了，很忙很忙，不可能再像从前那样和我们一起“亲自”去广州了），兴冲冲要马上拉回一个全品保真的老式红木书桌，以填补我办公室已经被常务志搬走书桌后留下的那块巨大空白，毕竟，一堆电脑、电话啥的都还摆放在地上，还没地方搁呢。

到了广州，到了翻修后的西关古玩城，我傻眼了！

也就是仅仅过了一年，2010年这一年内，我常常去北京录制央视电视节目，基本没有再到广州来。而且，在北京，我傻不拉唧迷上了十里河市场中的文玩核桃和核雕，对于广州老红木家具的市场价格变化，一无所知。所以，乍入广州，我忽然发现古玩市场的老红木家具的行情，已经发生了翻天覆地的变化。

以前常常入眼的大书桌，基本很难看到；能看到的也都是上面一块架板的、只有大概1.4米左右的小“账桌”或者“医生桌”；而我想买的那种六屉书桌，一个也看不到！待我问价之后，更傻眼了，那种1.4米左右的单板架几书桌（画桌），价钱也要到15万左右！再问八仙桌，又傻眼了！先前随便花15000就能买张铲槽纹、蝙蝠纹、回字纹的93厘米标准八仙桌，如今价格都飙到30000以上！

万般无奈之余，行行重行行，我不得不去到文昌路先前我上当受骗买大书桌的那家奸商店里，去本来发誓永远不会再去的伤心之地，想重新淘摸一二。

“大佬！你把那张你86000买走的书桌给我拉回来，我给你12万，即刻回收！”对于我，面若刀削的干瘦奸商记忆悠长，但他看到我的那一刻，脸上没有任何占便宜的欣喜，没有任何看到受害人的暗乐，反而露出几分懊恼和悔恨。

“当初卖你那张书桌，有两个抽屉是后配，你确实买得不便宜！知道吗，2010年这一年，老红木家具翻了有两倍多！你如果给我拉那张书桌返来，我找两块原汁原味老红木抽屉板子换掉那两块做旧的新板，保证能卖20万出去！”

这一次，奸商老板真拿我当行家当自己人了，口无遮拦，真话真说。

“老家具这么占地方的东西，流通性本来很差啊，怎么涨价会这么快?！”我依旧云里雾里，如同刚从烂柯山中回来一样。

“大佬，通货膨胀啦，现在什么东西不涨价啊……这么多年，广式老酸枝家具一直没怎么涨价，上世纪80年代初，老黄花梨家具不过是老酸枝家具的两三倍，现在你知道的啦，黄花梨都几十倍涨上去了，也该老酸枝家具涨涨价啦，老东西存量毕竟有限的啦……”

“唉，我真想买个当初那么大、长度在1.6米以上的、原装没有后配过的书桌啊……”嗫嚅半晌，我说。

“1.6米长的书桌，而且是六屉的，现在好难买，好难！你上次买的那种大小的书桌，广作里外全酸枝的，得要25万左右！不信你可以去江门看，江门，你知道的啦，幸福新村，从前是广东地区老酸枝家具最集中最便宜的。现在，那里的老板都上广州、佛山等地回收货去卖……”奸商这次倒没说假话。

“也就是说，刚刚过了一年，我花10万也买不到类似上次那种书桌啦？”

“大佬，你们2009年买老酸枝家具，走大运了！当时价格，便宜得你肯定现在做梦都要笑！我做梦都要嚎（哭）。对啦，你那位肥仔朋友，上次和你一起买我大香炉那位，上个月和他一个司机来我这里要买书桌，指明要你那个尺寸的。当时我还真有一张大小差不多的，1.6米，六个抽屉有四个是后配，三个腿也是填补过的，实价都要他18万啊，呵呵，不过他没买，现在，他想买也没了……”

一向喜欢幸灾乐祸的赵天授听古玩店老板如此说，愣怔了一下，继而他看着我，忽然仰天大笑。

我也笑。苦笑。

哦，原来如此！难怪常务志这个胖子那么好心来买我“烫手”的书桌。这也罢了，毕竟是当初我看走眼买闹心的东西。更可恨着，他连我大八仙桌也按照2009年跳水最低价买走了，如今我多花一倍的钱也买不到那样好品相的。

误交损友，误交损友！

唉，吹气球一般该死的通货膨胀，负心女人一样该死的变化市场，让我痛苦的心无比肿胀！

明清神韵致“惑溺”

有看官看到此处，或许鄙夷不屑，或许撇嘴摇头——从头到尾，看你梅大王行文，后悔上当，总脱不了钱字，没事就整阿拉伯数字，几个零几个零地往外蹦，俗！

唉，物欲时代，啥都离不开钱字。人活在势利时世，恰似阮仲容晒裈，总不能免俗耳！更何况，梅某这么多年在金融界混，似乎比起常人对于纸上数字总要敏感一些……

但说一千道一万，我对红木老家具的热爱，还是淋漓尽致的，真真切切的。

由于老婆很长时间在上海上班，她总爱在任何我放松的时刻忽然打电话“查岗”。好几次，好几次，她老人家在电话那头听到我气喘吁吁的声音，立刻声色俱厉地问我：

“干吗哪？！电话响了这么半天才接？干吗哪？！”

我干吗哪，我真没干吗，真没干坏事！

电话响了那么久才接，因为削拼榫卯占着手呢；气喘吁吁为者何？弯腰撅腚正在用砂纸打磨家具或者拆卸家具看结构呢……

为了深刻地释疑解惑，我还不得不拿出苹果电话，把自己和家具零距离接触、热汗淋漓的“丑态”摄入，然后立马彩信发给老婆。彩信发送时间有段延迟期，隔了那么一小阵子，才会得到河东狮子明清皇帝一般“知道了”的短信回复……

前阵子我喜爱画画，刻了一方印章：“前身唐伯虎”；自从爱上老家具，马上又用上好寿山石刻印一方：“前身明熹宗”。

其实，谈起家具，说起工艺，我应该再刻上一枚印章：“前身元顺帝”——元顺帝孛儿只斤·妥懽帖睦尔，前辈大玩家，身为天下至尊，除了整日与十个“倚纳”宠臣在宫中群交滥交搞男女混修的“大喜乐”之外，他还是个天才木工设计师。凡是他左右喜欢的宦官在宫外建宅院，元顺帝皆亲自动手，设计出屋宅的模型。当然，模型并非明清宫廷建筑师用夹纸板制作的立体“烫样”，而是按比例缩小的真材实料的模型，其中满嵌黄金珠宝点缀。元顺帝“自画屋样，又自削木构，宫高尺余，栋梁楹榱宛转，皆具付匠者，按此式为之”，为此，京师人戏称顺帝为“鲁班天子”。那些侍候顺帝左右的宦者们贪财，每当皇帝向他们询问对自己“作品”的意见时，他们常常拨浪鼓一样摇脑袋，不是说样子不好看，就是说城内已经有类似样式建筑。元顺帝这个人在“艺术”追求方面非常执着，立即自己动手猛抡一斧子，把辛苦构制数十天的模型砸毁，重新构思另建。待他转身离开，内侍们便哄抢被弃模型上镶嵌的珍宝，无一不是价值连城的宝物！

这位蒙古大哥们，不仅有双鲁班一样的巧手，他还在工程力学和设计构造学上造诣独特，《元史》中详细列举过他自造龙船和宫漏（报时装置）的事情，从中可以窥见这位皇帝建造学方面的“天分”：他在内苑所造龙船，船首尾长一百二十尺，广二十尺，前有瓦帘棚、穿廊、两暖阁，后有殿阁楼台，龙身和殿宇都用五彩金妆，大船前还有两只巨大的龙爪。龙船制成之后，这爷们每每自后宫至前宫山下海子内，往来游戏。龙船行进时，“龙首眼口爪尾皆动”；他又自制宫漏，高六七尺，结构复杂，交叠繁复，最上面有“西方三圣殿”，装置的中间有雕镂精细的玉女手捧时刻筹，每到一个正点，玉雕女像都会浮水而上。不仅如此，报时器装置“左右列二金甲神，一悬钟，一悬钲，夜则神人自能按更而击，无分毫差。当钟钲之鸣，狮凤在侧者皆翔舞”。更妙绝的是，报时器东西各有日宫月宫一座，有细雕飞仙六美人站立宫前，每遇子午时辰，这几个美人都能自动曼舞游走，上度仙桥，直达装置最上层的“三圣殿”，报时后按照原路返回，退立如前。

精巧绝出，前代鲜有，后世也无！

元朝时代，那巨大龙船的精巧自不必说，顺帝所造报时器的精密、复杂和有趣程度，如果西洋毛子们见过这位爷的设计和真品，估计清朝时他们再不敢把自鸣钟等“奇技淫巧”拿到北京卖给乾隆爷大骗银子。元顺帝几百年前的设计，其精绝程度，甚至超乎现代人的想象。而且，现在的大头头们奠基、剪彩等事都是象征性地挖几锹土，动一下手中金剪（金剪刀其实也是高级行贿品），元顺帝从图纸到构件，皆亲力亲为，没有一丝掺假，从这一点上，可说是表现了“我国古代劳动皇帝的勤劳与智慧”。无独有偶，明朝熹宗皇帝也是个“木匠皇帝”，但那哥们只喜欢操斧运锯干体力活儿，设计方面的天赋远远逊于这位元顺帝。

前几年，我写元史《帝国如风》和明史《纵欲时代》，写到元顺帝和明熹宗的时候也是痛心疾首，根本不能理解这两个皇帝放着那么重要的国事不管干吗自己动手做家具。待我自己开始迷恋木器家具之后，自此与地下荒唐孟浪二帝心有戚戚焉，才知道“癖好”二字，深入骨髓。从另外一方面讲，格物致知，其实也暗合儒学原理。

明清家具，特别是明式家具，之所以魅力独在，就在于它的古雅、自然、秀美、宁静，代表了中国古代哲学、美学、艺术的集大成者。材料，结构，线的处理，点的运用，精密适宜，别出心裁。特别是静夜之时，焚香一炉，借月色细观，或疏朗，或清隽，或堂皇，或秀雅，让人神骨俱冷，有飘然若仙之感。

每当我解衣槃礴，凝神屏气，在灯光下悠然自得抚摩一件明清家具，当其时也，踌躇满志之意，无法与非同道之人述之。

这些透过岁月迷雾幸存的老物件，内刚外柔，端庄淳厚，纤细与力量之美的结合，让人叹息无限。

最令人心醉神迷者，明清家具榫卯结构，简直就把艺术和技术天然连结起来，近乎天衣无缝！无论拆开哪件东西，其构造方法都细致入微，精密准确，完全不用铁钉，胶亦用至极少，既环保又科学，放之四海而皆准。方圆之美，凹凸之美，嵌合之美，套挂之美，刚柔之美，淋漓尽致！

明清家具，在不少外行人看来，肯定觉得非常不实用，认为那些堂皇大气的家具，只是摆放在那里“看”和欣赏的东西。以我们最常用的坐具为例，很多人认为还是沙发松软舒服，认为明清坐具硬僵板直。

错!

明清匠人和使用者，当然不是唯美主义者，我们中国人本来自古至今都是实用主义者！除了皇宫某些巨大的摆饰家具比如宝座以外，明清家具中的绝大多数，都是为了舒适生活而设计的，非常注重使用功能。

我本人从前在办公室，喜欢坐所谓的“大班椅”。开始的时候，很觉松软可人，椅背靠还可以调节，似乎很舒服很方便。有时候，我会坐在上面一靠就是两三个小时，不挪窝地看电脑，或者在上面打字、写字。几年下来，腰酸背痛。显然，这“大班椅”椅子虽然松软，坐久了，似乎怎么坐都不舒服。

自从喜欢上明清家具之后，我换了一个百分百清末老南官帽椅。这种九十度直角的硬木椅子，乍一坐上去，硬生生的，但正襟危坐感觉马上就上来了。确实，刚刚开始的时候很不自在，总觉得太板太硬。

硬木座椅就是这样，稍稍习惯之后，马上就能感觉到老式家具的可人之处。首先，我的坐姿很快就调整过来，刚一落座，人自然而然地挺胸抬头，胸中顿升一股浩然之气；其次，由于明清椅子背板线条科学适度，其实和人体脊柱曲线非常吻合，使得我的腰背总保持着某种舒服的角度，喘气都觉得比从前坐软椅子的时候顺多了；再次，硬木椅子的座板，每隔大概45分钟左右，让人会不由自主地站起，放松休息，而不会像从前懒赖在软沙发或者软椅子中烂肉一般瘫软一个、两个小时那么久……

当然，总会有些人，特别是南方矮小爷们，或者是珠圆玉润的娇小女士，觉得坐在明清老式椅子，特别是类似公座椅那样的明清老式椅子上面不舒服。这不是椅子的错，是人的错，是人认知的错——昔日类似明清公座椅的厅堂座椅，大多有脚踏，可以调节人身高造成的坐姿舒服度。岁月流逝，这些脚踏绝大部分都丢失了，因此个子稍矮的人士坐在这种大椅子上难免有双脚离地的不舒服感觉。

原本的明式座椅，早先还有礼仪观瞻的功用，许多椅面座深比较大，往往达到 60 多厘米，自然使得我们今人有前不落脚后不靠背之感。如果考虑到我们果然“坐如钟”的风范，如果选对了适合自己坐的老式椅子，这种“不舒服”很快就会从心理层而克服掉。

前人，包括元顺帝和明熹宗那二位爷，都不是皇帝料子，但他们对于木器制作的沉迷心态，正是和当时的普通士人、文人一样，也是和现在的我一样，把人性至真的追求，置换入物化的器物把玩之中，其实也是某种心理深层次的转换和补充，乃天人合一的情感追求，是物美无限的美好回忆……

第二章　碧芽润紫玉

中国人，古往今来，和茶叶渊源简直太深厚太深厚了。茶，简直就是我们中国人的文化心理图腾。

开门七件事：柴米油盐酱醋茶，从历史上看似乎茶排在最后。时至今日，茶，大有跃居第一的势头。不仅仅城市高楼大厦中文人清客、达官贵人喝茶，田间乡下简陋茅屋里普通老百姓也都须臾不能离开茶。中国人吃饭的口味，东南西北差别大。但说到茶，无论何处中国人，包括边疆各民族兄弟们，饮用种类虽然有区别，但谁都须臾离不开茶。

从前读鲁迅先生的《准风月谈·喝茶》中，说他在上海有一次看到茶叶公司大甩卖绿茶，就用两块多大洋买了二两好茶回去享受。“开首泡了一壶，怕它冷得快，用棉袄包起来，却不料郑重其事的来喝的时候，味道竟和我一向喝着的粗茶差不多，颜色也很重浊。”“我知道这是自己错误了，喝好茶，是要用盖碗的，于是用盖碗。果然，泡了之后，色清而味甘，微香而小苦，确是好茶叶。”

从上述描写中，可以见出，鲁迅本性节俭，其实根本不会品茶，比起他弟弟周作人的赏茶功夫，差之千里。

我之所以说鲁迅先生不会喝茶，是因为，无论什么品种的上好绿茶，都不能捂，不能盖焖。盖碗吗，喝八宝茶和花茶很适合，绝对不宜喝绿茶。

我从很小时候就开始喝茶。生甫四月，祖母把我带大。她喝茶，我就从小和她一起喝茶。不过，当时在天津，日子也紧巴，她老人家喝的也就是一般茉莉花茶，但她天天喝，不可或缺。偶尔闲暇时，她会给我“忆甜思苦”，讲我们老梅家和她娘家老阎家从前有钱的时候，住的是什么房子，吃的是什么东西。奶奶讲那过去的事情，有件让我印象很深，就是“旧社会”有钱人喝茶也很讲究，所谓“夏天喝龙井，冬天喝普洱”。

在天津，龙井当时虽然贵，却也常见，我父亲总会在当季的时候买些孝敬我奶奶。但普洱茶这东西，在我记忆中，小时候从来没有看到过实物。

成年之后，大学毕业后，我本人极其嗜茶，作为北方人，自然先是喜好喝上好绿茶。有一阵子，我几乎每年四月份都要去杭州，购买新鲜龙井茶（上当受骗经历不少，如今龙井村内的临街屋居，据说几乎都被当地村民租给了外地人，茶村变成了茶庄、茶店）。

除龙井以外，什么碧螺春、水仙、君山毛尖、六安瓜片、黄山猴魁等等，皆搜罗入腹，各色绿茶多年来没少喝过。

闽中初入品茶道

真正体会到品茶妙趣，是在 1997 年。那一年，从三月份开始，我在福建省省会福州呆了大半年有多。

有缘去福州，也是我人生难以忘怀的往事之一。当时，公司准备派员去福建省，帮助当地政府进行香港红筹股研究。所要派遣人员，按理说，应该是公司治理方面业务能力强，英语好，需要具有很强的交往和拓展能力。本来，那次外派轮不到我：第一，我长年在国际部工作，公司治理不是我本职强项；第二，我刚刚从北京的上级机关借调回来，按理说不应该马上再外派；第三，虽然我英语当时还算不错，但我非法律专业出身，有关香港红筹股法律问题研究方面我根本就是外行。

据说，在办公会上，公司管理层本来打算要派推广部门一个靓女去福州"锻炼"半年的。结果，有一个一直看我不上眼的领导十分"热心"，他非常直接地指名道姓"推荐"我："英语好，业务能力强，又刚从北京上级机关借调回来，梅毅不错嘛……"

结果，稀里糊涂，我就被发往福州效力。

那时的我，燕尔新婚，从北京借调回深圳不久，心里其实很不情愿再去福州千里迢迢工作。既然都被领导"重视"了，加之先前参加工作不久就受尽摧残，血性少了，服从性多了，天津人又好面子，又缺乏咬舌自尽或者一闹二跳三上吊的道性。怏怏之余，只得黯然辞别新婚老婆，以一种被流放的心态，屈原似的，落寞而去。

很记得，路途之间，正值二三十岁老小伙子的我，从心里把自己弄得和古时候被奸人诬陷流放的忠臣似的，一直不停吟诵着刘禹锡那首诗：“惊风乱飐芙蓉水，密雨斜侵薜荔墙。岭树重遮千里目，江流曲似九回肠。”

如今思之，写之，肯定有看官好奇，抱着大人心态或者小人心态问：你梅大王写从前“受迫害”、“被流放”的事情，不怕当时“放”你的领导报复你？

呵呵，梅某非笨人，当时“放”我的领导，数年前就去某家公司那里当头儿了，暂时管我不上。当然，世事轮回，或许哪天这领导再回来公司接着当我顶头上司，看过或者听过我写的这段往事之时，或许再次朝我瞪起他那双“望刀眼”，或者驴颜大怒，或者笑里藏刀，届时，该修理我嘛，我也认栽。

中国人自宋代之后，日益虚伪，没事就提“宰相肚子能撑船”，其实背后的故事都是“秋后算账”。“中心藏之，何日忘之”。我写了这么多年历史，每每思及秦汉时代的中国人，高山仰止，景行行止，真是血性的时代血性的人，一饭之恩必偿，睚眦之怨必报，敢爱敢恨，让人悠然神往……

忆及年青时代，时运衰霉，我确实总是撞小人。研究生毕业后两三年间，总遇到往死里害我的上司。我初到深圳，原本进入一家大型国有商业银行深圳分行国际部工作，任“代理行主管”，没过多久，我就当上了外事科科长。一个研究生刚刚踏入社会就能在国有大银行分行国际部独当一面，可谓春风得意。

初到南方，一无所有，只有年轻人的幻想和对未来莫名的憧憬，以及莫名的傻乎乎的工作热情。当时，我和武汉大学刚刚毕业的河南人岳开封住在银行一间只有11平方米左右的宿舍里面。那是一间搭在八楼上面的僭建建筑物，白天，南方火热的太阳直晒到屋里；到晚上10点回去时，里面还热得像个天然的笼屉。到了12月，深圳也冷，晚上冷雨过后寒风一吹，彻骨生寒。也就是在这样情景中，我依旧保持着勃勃的年轻人特有的上进心和进取心。

没多久，我就在银行系统的工作中忽然感受到成人世界的林莽，感受到大企业中同行之间的倾轧。明争暗斗之间，伤痕累累。不久，从北京的银行总行调来一个处长到我们深圳分行国际部。这哥们何姓，40多岁，吉林人，咋咋呼呼特能说，貌似憨厚，内实劲狭。当时我太年轻，二十啷当岁，社会经验极少，很快就被这个40多岁东北爷们整得欲哭无泪。而且，这位老哥们下手特黑，对我这么一个刚刚踏入社会的学生哥往死里害，挤我逼我害我，无奈之余，我只能愤而辞职……

挨整被操详细过程，日后我痛定思痛，写成一篇中篇小说《赫尔辛基的逃亡》，当年被月发行量30多万份的《中篇小说选刊》转载，很是洛阳纸贵轰动一时了一小阵子。

福兮祸兮。福者，从前银行有关我的流言没有了；祸者，我昔日所就职银行的行长开始“注意”我了——他当时刚刚被提拔为更高级别的“领导”，很怕由于我那篇中篇小说的影响，导致从前他自己在任时内幕盖子被揭开……

年轻就是好，无知者无畏，假如岁月倒流，我肯定不敢在深圳愤然从一个那么大的银行辞职，不会把自己抛掷到看不到任何前程的黑暗中，更不会以笔为刀，去刺向看不见的官场职场虚空……

从银行辞职后，大概又过了十年左右，有一天，我出差上海的老婆忽然打电话，告诉我说，那位把我从银行逼走的处长死了。肺癌而死。而我中篇小说出版后，那位一直在各种场合居心叵测指名道姓“夸奖”我的“领导”，机心太重，后来仕途也不得意，落魄去给某私人老板当顶级打工仔了。“富不敌贵”的古训，在物质社会，如今也不灵。

愤愤依旧不平，我大呼“报应！”结果，立刻遭到小我数岁老婆大人的呵斥：“过去的事情都过去了，你应该感谢从前害你的人，没有他们当时害你，也就没有你当时向上的动力！更何况，那个人都去世了，你还念念不忘，按佛教理论，又是把仇恨带入下个轮回了……”

深感女流之辈比我深明大义的同时，作为当事人的我，依旧心存芥蒂：毕竟当时我不过是一个二十四五岁刚刚毕业的年轻人，何仇何恨，能够往死里害我！

唉，人在做，天在看，信夫！……

看到此处，不少看官可能又笑，你梅毅梅大王这部书的书名不是《闲情偶尔寄》吗，怎么看到这么多的戾气！

呵呵，文人嘛，确实大多属于意识发散类型；如今闲情，根蒂处苦大仇深；回首往昔，笑声中溅满泪水……

或许，还有不少看官顺着我的笔意，总是好奇把我挤兑到福州的那位领导为什么会成心害我？这事儿，写出来可能是一个中篇小说，说出来就很简单了——这位领导，总认为我不是和他一路人，认为我是和他作对那另一位领导一伙儿的——他之所以这样认为，推理更简单，我长久以来一直是那位领导的下属——靠，看到了吧，多么荒谬的中国式长官推理啊！并非我太聪明瞎“站队”，并非我有意得罪谁，当时我不过是公司内毛嫩青年员工一名，给谁当手下，是我能够自己选择的吗？

看官们，千万别认为这位头头儿的智商和大猩猩一样，非也，不过是出于量小之人那种“恨和尚憎及袈裟”的虚弱罢了，所以才拿我这种弱者下手。如果他真牛逼，就应该敢去真刀真枪和自己平级的人实打实对着干，应该狠心怀着把对方孩子扔井里的恶意和勇气，该横捅谁横捅谁，该顶谁顶谁，其实根本犯不着拿我辈当时二十郎当岁的手无缚鸡之力、职无报销之权的小力巴出气……

文回正题，我们接着上文说我被“流放”到福州的事情。从银行辞职出来后，年轻人固有锐气基本全消，胸中再无和领导理论牛逼的勇气和重找一份新工作的朝气，也只能皱着眉头，硬着头皮，迢迢千里飞去福州吃臭虾酱。

人生就是如此，福兮祸兮。福州之行，不虚此行！

正是在福州，我开始喜欢上了乌龙茶，爱屋及乌，对于茶具茶壶也日有所喜。

福州，1997年，在我的记忆之中，很小的一个城市。开始借调，我在福建省政府证券监管部门，开始了香港红筹股研究。如今想起来，对于一个年轻人来说，当时状态其实还挺值得夸耀的，有事没事就和副省长啥的坐在一起开会，研究研究地干活。更令人感到欣慰的是，当时部门主任叶先生，文人气质非常浓，对我生活工作非常照顾。

和叶主任相处时间虽然不多，至今我仍然对他印象深刻。不过，具有书生气的人当官似乎都当不长久。我离开福州不久，叶先生就下海了。好人好报，没有了官职的羁绊，他长袖善舞，至今当着几个公司的董事长啥的，家趁人值，悠然过着一个文人梦想中的生活……

初到福州时，由于我本性很不喜欢和陌生人交往，很是寡欢落寞了一阵子。下班后，拒绝不少公司、券商啥的应酬，我最喜欢在所住地方附近闲转，一来锻炼身体，二来散散心看看福州的风物。当时，我租住在临近福州体育馆对面一个小区中，距离五一广场不是很远。记忆之中，在那个时候，晚上花两个多小时的时间，似乎就能把福州市区主要的街道转个遍。

转来转去，我还到访过位于福州鼓楼区杨桥路86号的林觉民烈士故居。

1887年出生于福州的林觉民，13岁参加科举考试，只在考卷上题了“少年不望万户侯”七个大字即扬长而去。1906年，他自费去日本留学，加入孙中山先生的同盟会。四年之后，林觉民毅然从日本回国，怀抱必死之心，参加广州起义。参加战斗前，一个深夜里，滴洒英雄泪，林觉民在手帕上写下了《与妻书》："吾作此书时，尚是世中一人；汝看此书时，吾已成为阴间一鬼。吾作此书，泪珠和笔墨齐下，不能竟书而欲搁笔……"

在丧失了历史现场感的今天，我们又有多少年轻人能理解这样深情脉脉、泪血四溅、百转柔肠的遗书呢？

想当年，广州起义失败，林觉民受伤被俘。面对两广总督张鸣岐的亲自审问，他义正辞严，当庭宣传革命道理，奉劝在场的清朝官吏洗心革面，革除暴政，帮助汉族同胞建立共和。听毕这一番慷慨陈词，连张鸣岐都禁不住叹息道："惜哉，林觉民！面貌如玉，肝肠如铁，心地光明如雪"……叹之惜之，张鸣岐依旧决定杀之。

黄花岗下埋忠骨，人间挚情溢忠贞。

林觉民不是宗教狂，没有天堂美女的诱惑，没有地上美元的牵扯。为了华族复兴，为了大家，他决然舍弃小家。这种伟大的献身精神背后，却是割舍不断的情丝——"吾至爱汝，即此爱汝一念，使吾勇于就死也"。

缠绵蜜意之间，冲天豪情，千载之后，依旧会让有心人目眦尽裂！

时隔 80 多年，我，一个客居福州的天津士子，依旧记得，在那样一个阳光灿烂的岑寂下午，为这位中华伟男子的博大情怀而眼眶潮湿。

不过，让我稍感纳罕的是，林觉民就义之后，家人把这座祖宅卖给一个叫谢銮恩的人。买主老谢，有个孙女后来也很出名，名叫冰心。这位中国“新文学祖母”成人后，曾经深情追忆过自己的故居，写过不少文章，但她从来没有言及这个大宅院曾经出生过一个为国赴死的年轻人；此外，林觉民烈士有个堂哥林长民，此人后来也生了一个很有名的女儿，林徽因，乃赫赫有名的一代美女、才女。遗憾的是，她留下那么多日记、信件、书稿，却从来也没有提及她曾经有过这样一位大义凛然的“国民党”叔父！

这两位名女人这种让后人百思不得其解的“失忆”，是故意的，还是真的遗忘呢，我当时犹疑良久……

可惜的是，1997 年，在福州那段无聊而漫长的时间内，我竟然从来没有想过要动笔书写历史，大概是机缘未到吧。

数年以来，在阎崇年等先生“我大清”的宣扬声中，国人精神、服装和影视剧的“清宫热”，无处不在，让人触目惊心。林觉民这样的辛亥烈士们，如果看到近百年后昔日的“旗袍”成为春节时装“唐装”的情景，如果看到无数“大辫子”们，在屏幕、现实中到处扬眉吐气，他们或许会后悔当初的热血泼洒，肯定会痛心疾首——本来阴险刻薄的康熙、乾隆诸帝，被二三处心积虑的教授、作家们和张国立们演绎成翩翩潇洒、风趣人情、深仁厚泽的千古帝王。那些被烈士们泼洒热血和青春推翻的真假爱新觉罗后裔们，纷纷系扎起脑袋上的黄带子，摇晃着长袍马褂从坟墓中爬出。即使是在辛亥革命一百周年纪念的2011年，荧屏上还到处都是大辫子，或穿越，或言情，或武侠，其间，电视上还总是映晃、穿插着阎崇年老先生包衣一般眼角湿润对清朝皇帝“深仁厚德”的讲述——革命这多年，恍惚清朝前……

郁闷之余，很快，福州进入夏季。和深圳一样，那里气候溽热潮湿，晚上一出门就是浑身大汗，我只能把自己闷在空调屋子里面看电视打发漫漫无边的时间。

还好，人在深圳的老婆不放心我一个人在福州，很快，她就亲自过来探班。恰值一个周日，我们两个人就去武夷山游玩。

朱子读书处，钟灵毓秀。也正是武夷山下，由一个女导游诱引，我开始对乌龙茶产生了兴趣!

武夷山一游，让人难以忘怀。山上峰峦秀丽，秀拔奇伟；山下溪水清美，群峰倒影，碧波如镜；山中小店，过山峰毒蛇味道奇怪。“碧水丹山”之间，肉鲜菜嫩……

那时风景那时情，那时风物那时人，至今思之，恍若梦忆!

被女导游带着花了五六千购物游玩之后，我拿出100块钱的导游费以示酬谢，竟然还惹得那个女导游脸上惊惑——过后我老婆提醒我，人家都赚咱们那么多购物的回扣了，你还傻不拉唧给人家导游费，难怪让人家“害怕”……

傻人有傻福。大概正是当时看我傻，激惹得女导游“宰”心又起，说要带我夫妻两个人免费去茶庄品茶，去喝武夷山特有的岩茶。“大红袍，中国名茶！我带你们去喝，店主我认识，免费给你们喝！”

山路盘旋没多久，到了一个茂林修竹之处，坐落着一户人家，前店后厂，专卖武夷岩茶的。女主人看到女导游，脸上马上堆满笑，即刻神秘兮兮，从里间屋拿出一小锡罐盛装的“大红袍”给我们沏。

“这可是最真最真的大红袍，就是你们上午在山上看到那三棵大茶树中的叶子做成的……”

别说，好水好茶，真香，真好喝！多年喝惯绿茶的我，口中味蕾焕然一新！

不过，许久之后我才得知，武夷山山上那几棵真正的大红袍老树所产的茶叶，我辈平民根本喝不上！别说我辈穷逼，就连流油富民也没机会喝上！“富不敌贵”，即使到今天这个几乎全部事物都要“交换”的时代，有些东西还是有钱都弄不到手的。

日后，证管办叶先生“下海”，曾经做过武夷山旅游公司“总经理”，每年他都会寄送给我以及和他相熟的几个同事每人几两“大红袍”作为手信。即使如此，叶先生也告诉我们，他所送“大红袍”茶叶，仅仅也就是那山上三棵大树嫁接较近的代系而已。至于当地外地大小茶庄所卖的所谓“大红袍”，估计都是那几棵古树串种无数代的“穷亲戚”罢了。绝大多数打着“大红袍”名号的茶叶，其实是不是“大红袍”品种都是个疑问……

如此知识，我当时自然惘然无知。被导游带到茶庄一喝，被女主人这么一殷勤，感动之余，立马买了 3000 块钱一斤的“金佛”茶，钞票奉上后，被告知金佛茶是武夷岩茶种类中顶级特级的好茶！要知道，1997年，3000块钱还是钱啊。如果当时在福州买一块价值3000块钱的寿山石印章，放到现在怎么也要值六七万块钱！

岩茶好喝吗？真好喝。武夷山一年四季雨量充沛，气候温和，山间常年云雾弥漫，幽涧流泉，自然出好茶。加之武夷山火山砾岩、石英斑岩等岩石砾壤所形成的茶园土壤独特，使得岩茶内质得天独厚，所谓花香岩骨，浑然天成。真的“大红袍”，有名有实，沏茶后拣出来的叶子看上去真是“红叶镶金边”。

味鲜水正，经女导游和女茶老板言语忽悠，更让我痴迷不已，让人想起唐朝灵一山人的茶诗：

> 野泉烟火白云间，坐饮香茶爱此山。岩下维舟不忍去，青溪流水暮潺潺。

也不知道为什么，每每我在茶叶出产地喝茶，感觉都好得不得了。这种感觉，后来读唐朝张又新《煎茶水记》，方知就里：“夫茶烹于所产处，无不佳也，盖水土之宜。离其处，水功其半……”而我当时所喝武夷岩茶，更是条形壮结、匀整，色泽也鲜润异常，有绿有褐，茶汤艳丽清澈。

女老板风情万种，给我们泡茶时用的是小壶小杯，更显衬得那茶叶茶汤香味浓郁。

“梅先生，黄小姐，你们吸一下，吸一下……对了，是否感觉有股清爽香气入鼻啊，嗯，不是那种很浓的香，是幽幽香气，对，有点果香和奶油香，这就对了……”

经过女导游的“导引”，我和老婆果然在当时觉得那茶汤入口甘爽滑顺，确实没有任何苦涩感。回味品吮之间，润滑，黏稠，大有奇趣……

当，是上了；钱，是花了。

无论如何，对于我来说，正是1997年被“流放”福州的经历，使得我这辈子才开始真正爱上茶。自兹时始，我才开始煞有介事地品茶、喝茶。

中国知识分子，总有身上吃亏嘴上占便宜的特点，或者说是优点，或者说是缺点。说优点吧，即所谓“达则兼济天下，穷则独善其身”，以老庄哲学零碎做精神胜利法的药丸；说是缺点吧，那就后果很严重，得祸卖乖！比如苏东坡，都贬到黄州了，他天天写诗说红烧肉如何好吃。雅兴不浅啊！好，京城有人不高兴了，接着贬。贬过梅岭到岭南了。按理说，一张大嘴惹祸如许，老苏该消停了，他不，爱吃爱喝爱发牢骚爱做事，在惠州又写“日啖荔枝三百颗，不辞长作岭南人”。诗好人好传得快，马上传到开封他小人对手章惇等人那里，都是才子出身啊，人家更怒了！一纸诏书，把老哥们贬过海了，罚到了海南（儋州）。

今天说起来，海南好地方，木料黄花梨，风景属三亚。但在北宋时代，被贬官员到了岭南能活着回去的都不多，而被贬过海到了海南，基本就没有任何生还希望了。即便如此，我们锦心绣口的苏学士，纵不了欲还是能够纵情，依旧诗兴不减，在当时狗都不拉屎的烟瘴之地，作诗如在桃花源中：

不用长愁挂月村，槟榔生子竹生孙。新巢语燕还窥砚，旧雨来人不到门。春水芦根看鹤立，夕阳枫叶见鸦翻。（《庚辰岁人日作之二》）

瞧，就是能够依靠精神胜利法，我们艰苦卓绝的苏学士，终于熬到能活着回到北方。

相比苏东坡苏爷，我青年时代遇到的“小人”们，无论从级别还是层级上说，那都差太远太远，其权力不足以把我整死，其智力不足以让我被他卖了帮他数钱，只能把我外派到外地不舒服而已。更何况，我身上流淌着中国知识分子人穷志不穷、挨打唱歌词的乐观主义因子，吃着臭虾酱，依旧能够最终找到修身养性的武夷岩茶来尊享，自奉不薄啊。

塞翁失马，焉知非福！茶里乾坤大，壶中滋味长……

从武夷山回到福州后，我马上买了全套的喝品乌龙茶的茶具。可惜的是，当时我不懂如何沏茶，不晓得要适时斟饮，往往在茶壶中浸茶许久才倒出来喝，酽是很酽，涩苦难当，愣是浪费了当时价值 3000 块的那斤“金佛”精茶……

茶里乾坤大

上世纪90年代初期，我就喜欢看明朝文人写的小品文。特别是张岱，贵胄豪华，由恶少而遗民，性情真挚，文风俊朗，深得我心，恨不能与此人同生于一个时代！

张岱在《西湖七月半》，曾经有煮茶赏景的描写："小船轻幌，净几暖炉，茶铛旋煮，素瓷静递，好友佳人，邀月同坐……"苍凉之间，月色润荷风，湖光荡茶香，如能与此人递桨纵舟，抛却浮名，畅谈于十里荷花之中，不亦快乎！

如此才情如此人，对于张岱文字间鉴茶、品茶的神奇描写，我依旧怀有深疑。《陶庵梦忆·闵老子茶》一文，他把自己和那个深谙茶道的老头闵汶水说得神乎其神：

> 周墨农向余道闵汶水茶不置口。戊寅九月至留都，抵岸，即访闵汶水于桃叶渡。日晡，汶水他出，迟其归，乃婆娑一老。方叙话，遽起曰："杖忘某所。"又去。余曰："今日岂可空去？"迟之又久，汶水返，更定矣。睨余曰："客尚在耶？客在奚为者？"余曰："慕汶老久，今日不畅饮汶老茶，决不去。"
>
> 汶水喜，自起当垆。茶旋煮，速如风雨。导至一室，明窗净几，荆溪壶、成宣窑磁瓯十余种，皆精绝。灯下视茶色，与磁瓯无别，而香气逼人，余叫绝。余问汶水曰："此

茶何产？”汶水曰：“阆苑茶也。”余再啜之，曰：“莫绐余，是阆苑制法，而味不似。”汶水匿笑曰：“客知是何产？”余再啜之，曰：“何其似罗岕甚也？”汶水吐舌曰：“奇，奇。”余问：“水何水？”曰：“惠泉。”余又曰：“莫绐余，惠泉走千里，水劳而圭角不动，何也？”汶水曰：“不复敢隐。其取惠水，必淘井，静夜候新泉至，旋汲之。山石磊磊藉瓮底，舟非风则勿行，故水之生磊，即寻常惠水，犹逊一头地，况他水耶。”又吐舌曰：“奇，奇。”言未毕，汶水去。少顷，持一壶满斟余曰：“客啜此。”余曰：“香扑烈，味甚浑厚，此春茶耶？向瀹者的是秋采。”汶水大笑曰：“予年七十，精赏鉴者，无客比。”遂定交。

文人吗，总有自吹自擂习气和虚构渲染能力。张岱自编自造的这个故事，其实大有出处，我估计，应该源于唐人有关陆羽精鉴南泠水的传说、宋人笔记小说以及“三言”、“二拍”等明代成型的宋人故事。与张岱辨茶品水故事最相近的，乃是取自《王安石三难苏学士》章节：

午牌过后，东坡素服角带，写下新任黄州团练副使脚色手本，乘马来见丞相领饭。门吏通报，荆公分付请进到大堂拜见。……荆公为人至俭，肴不过四器，酒不过三杯，饭不过一箸。东坡告辞，荆公送下滴水檐前，携东坡手道：“老夫幼年灯窗十载，染成一症，老年举发，太医院看是痰火之症。虽然服药，难以除根。必得阳羡茶，方可治。有荆溪进贡阳羡茶，圣上就赐与老夫。老夫问太医院官如何烹服，太医院官说须用瞿塘中峡水。瞿塘在蜀，老夫几欲差人往取，未得其便，兼恐所差之人未必用心。子瞻桑梓之邦，倘尊眷往来之便，将瞿塘中峡水，携一瓮寄与老夫，则老夫衰老之年，皆子瞻所延也。”东坡领命，回相国寺。……

光阴迅速，将及一载。……东坡到了夔州，与夫人分手。嘱付得力管家，一路小心伏侍夫人回去。东坡讨个江船，自夔州开发，顺流而下。…… 东坡在重阳后起身，此时尚在秋后冬前。又其年是闰八月，迟了一个月的节气，所以水势还大。上水时，舟行甚迟，下水时却甚快。东坡来时正怕迟慢，所以舍舟从陆。回时乘着水势，一泻千里，好不顺溜。东坡看见那峭壁千寻，沸波一线，想要做一篇《三峡赋》，结构不就。因连日鞍马困倦，凭几构思，不觉睡去，不曾分付得水手打水。及至醒来问时，已是下峡，过了中峡了。……东坡暗想道：“荆公胶柱鼓瑟。三峡相连，一般样水，何必定要中峡？”叫手下给官价与百姓买个干净磁瓮，自己立于船头，看水手将下峡水满满的汲了一瓮，用柔皮纸封固，亲手佥押。

东坡赍了表文，带了一瓮蜀水，星夜来到东京，仍投大相国寺内。天色还早，命手下抬了水瓮，乘马到相府来见荆公。……茶罢，荆公问道："老夫烦足下带瞿塘中峡水，可有么？"东坡道："见携府外。"荆公命堂候官两员，将水瓮抬进书房。荆公亲以衣袖拂拭，纸封打开。命童儿茶灶中煨火，用银铫汲水烹之。先取白定碗一只，投阳羡茶一撮于内。候汤如蟹眼，急取起倾入，其茶色半晌方见。荆公问："此水何处取来？"东坡道："巫峡。"荆公道："是中峡了。"东坡道："正是。"荆公笑道："又来欺老夫了！此乃下峡之水，如何假名中峡？"东坡大惊，述土人之言"三峡相连，一般样水"，"晚学生误听了，实是取下峡之水！老太师何以辨之？"荆公道："读书人不可轻举妄动，须是细心察理。老夫若非亲到黄州，看过菊花，怎么诗中敢乱道黄花落瓣？这瞿塘水性，出于《水经补注》。上峡水性太急，下峡太缓。惟中峡缓急相半。太医院官乃明医，知老夫乃中脘变症，故用中峡水引经。此水烹阳羡茶，上峡味浓，下峡味淡，中峡浓淡之间。今见茶色半晌方见，故知是下峡。"东坡离席谢罪。

细转"三言"、"二拍"中拉拉杂杂这么多文字，倒不是想按字数骗稿费，而是让我们今人看看明朝文人描摹宋代人文字的"当代性"。

《金瓶梅》、《红楼梦》，凡是明清小说，都是这般娓娓道来。此种笔法腔调，在我中学时代，很烦很反感。如今，年过不惑，展卷再读，眼前一亮，忽然觉得明朝人文字就是亲切感人。

当然啦，文人笔墨渲染，总爱把雅事描摹得那么邪乎。那么，有人可能会对我的疑问产生疑问：即使张岱自吹自擂，那宋朝王安石、苏东坡都是文学大家啊！只要受过教育的人，大多都有这样的印象：宋朝俸禄优厚，文人生活无上高雅、精致。或许，人家王安石本人，就是一个舌头味蕾极其丰富专擅品鉴水质的大茶家呢？

非也！毕竟我，梅毅，赫连勃勃大王，从魏晋南北朝开始写到民国，写过中国通史。特别是我当时写宋史《刀锋上的文明》，除了参阅辽史、金史、元史、西夏史以外，光《宋史》原书古文我就看了几百万字。至于间隙期间阅读宋人自己写的笔记、文牍，连案堆牍，不下千万言。比起常人，自然我对宋代著名历史人物的品格、学识，甚至生活习惯略知一二。

宋朝，确实是文人的黄金时代！宋朝对“士人”太好，“恩赏”太厚，整个官僚机构臃肿得不行。而且，宋朝帝王仍比较“厚道”，从来不怎么想“消肿”机构，总是慷慨地赠予大臣金银珠宝，“班仅庶僚，非有殊迹，亦被横赐”。到宋真宗咸平年间，已经有具体数字，天下“冗吏”多达 19 万 5000 余人。那些带有“使相节度”荣衔的大官，光薪俸支出就大得惊人。以三班院为例（供奉官，左殿直，右殿直），宋初只有官吏僚员 300 人，宋真宗时已有 4000 多，宋仁宗时已经过万。宋仁宗统治时代，开科取士，进士加诸科就近 1 万人。这 1 万人看似数字不大，但都是官员之选，而宋朝一般官员的薪俸都可让诸朝士人眼红。不仅如此，还有那些皇族、外戚、功臣等等的后代，在“恩荫法”的庇佑下，一大群人生下来就有“级别”，有“级别”就要有俸禄。这帮人有钱有闲有精神，更有时间“制造”人，呈几何级数上升。

不讲皇族，仅以大臣王旦为例，“王旦卒，录其子弟、侄、外孙、门客，从授官者数十人。诸子除服，又各进一官”。宰相死了，他家族子弟三代得以授官，连门客也跟着沾光。丧期刚过，他几个儿子再被官府晋升一级，这种荣封，让我们今人感觉莫名其妙。

宋仁宗自己生不出儿子，皇亲国戚们的生殖力却一个胜似一个。即使皇帝驾崩，朝廷依旧会按照惯例“遗赐大臣各值百余万”，简直“厚道”得太过分。宋代文臣武将，生活极其优裕，只要不犯“谋逆”罪，只要不干出天大的坏事，最重的处罚，也就是远流偏僻地方做小官，“过海”和“过岭”几乎就是最重的责罚。“过海”，指被罚至海南；“过岭”，指被远罚过梅岭到达岭南地区流放。

制度如此宽容，知识分子们又爱风花雪月。说到底，风花雪月那是最费钱的事情。北宋历史上，我们印象中以正直著称的诸位名臣，实际生活中也都是“豪侈”的主儿。民间叙事、评书演义中，寇准是个焦裕禄式好干部。其实，寇准在家，天天在庭院大燃巨烛，耀如白昼，“座上客常满，樽中酒不空”；吕蒙正，酷嗜“鸡舌汤”的大美食家，每餐必喝此汤，当然人家不使添加苏丹红的冰冻鸡舌，吕家厨房一天要杀成百上千只鸡，才能供吕宰相一汤之用；宋祁大文士，天天深入花丛中“体验生活”，夜夜拥歌妓饮美酒，无日不醉。其兄宋庠捎话让他检点些，相劝道：“不要总这么骇人听闻地花钱嘛，还记得从前我兄弟俩在州学内天天吃粗饭咽咸菜的事吗？”宋祁大笑回复：“请回禀兄长，当年寒灯苦读，吃糠咽菜，不就是为了现在能活到这份儿上嘛！”

翰林学士蒲宗孟，“性尤侈”，其家每天吃饭所费，最少要10只猪10只羊，还要消耗300只巨烛用以晚间照明。就连洗脸洗脚洗屁股这样的小事，蒲夫子都有“小洗面、大洗面、小濯足、大濯足、小大澡浴之别。每用婢子数人，一浴至汤五斛。(其)他奉养率称是”。如此奢侈，连他的姻亲苏东坡都写信劝蒲爷要“慈俭”。这位蒲爷还有个故事很出名：一次，他接见一位100多岁老道人，问对方养生之法。老道说：要清心寡欲，戒酒，戒色，戒贪，戒纵乐。”蒲学生低头想了想，说：“如果这样，即使活上1000岁，又有屁用！”

上述历史人物似乎不是特让人记忆深刻。而印象中“金戈铁马气吞万里如虎”的辛弃疾，我们现在都知道他忧国忧民的故事。真实生活中，这位辛爷也曾挪用公款自己享受，在郁孤台下风光无限，大发北魏王爷一般的感慨：“不恨我不见古人，恨古人不见我！”

文人典范如苏轼，大半辈子颠沛流离，但他在黄州不忘吃好猪肉，到惠州不忘“日啖荔枝三百颗”。才子墨客们如此嘴馋心馋，其实都是被那个宽容时代惯出来的。

但是，在宋代著名星级大文人中，恰恰是王安石，还真不是一个对精致生活特别在意的人，乃一纯粹寓乐于干的工作狂也！

宋人笔记，并不全是小说家言。有些不可信，有些非常可信。《邵氏见闻录》，作者邵伯温乃宋朝大儒邵雍之子，他的记载就非常可信。据劭氏记载，宋仁宗之所以不“待见”王安石，是因一件小事对他产生成见：一天，宋仁宗与诸大臣在御花园边赏花边钓鱼边宴饮，宦者们把鱼食用金碟装盛，各置于矮几之上。王安石信手拈来，低头猛吃，竟把一大碟鱼食吃个精光。对此，宋仁宗看在眼里，当时也没说什么。转天，接见辅政大臣，他讲出自己对王安石的看法：“王安石，乃一奸诈人也。假使他误食钓饵一粒，也就算了。此人竟能把鱼食吃尽，太不近人情，做作得过分。”正基于对他为人的鄙视，宋仁宗憎人而恶其文，对他的主张自然不看重。所以，历史、机遇，君臣际会，有时也只是因为某件不足为人道的小事而改变。

其实，宋仁宗认为王安石吃光鱼食是做秀，也未必。王安石本性属于真疏懒那种人，他不爱洗澡，不喜穿新衣。吃饭之时，即使有一大桌子菜，他也只吃离自己手边最近的那一碟。著书用心之时，老王更时常心无旁骛。有一次写东西，王安石边吃边写，手中东西吃完他也不觉，仍旧一口一口干啃指头也不自知。

特别是喝茶、赏茶、鉴茶，真实历史中的王安石，和明朝小说“三言”、“二拍”中的记载完全不同。他不仅不懂水，连上好茶叶也完全嗤之以鼻地加以糟蹋：

王荆公（王安石）为小学士时，尝访（蔡）君谟，（蔡）君谟闻公至，喜甚，自取绝品茶，亲涤器烹点以待公，冀公称赏。公于夹袋中，取消风散一撮，投茶瓯中并食之。（蔡）君谟失色，公徐曰："大好茶味。"（蔡）君谟大笑，且叹公之真率也。

这件故事的作者，不是后代文人，乃是和苏轼、王安石同时代的赵令畤。他也不是写小说，而是在自己笔记体《墨客挥犀》书中所记，所以应该是王安石真人真事。

赵令畤，当然不是一般的文人雅士，乃宋太祖次子燕王赵德昭之玄孙，与苏轼交情莫逆。而文中所称的"君谟"，乃我们平日所称宋代书法四大家"苏黄米蔡"第四名蔡襄。

用现代汉语还原这件真实事件，很有戏剧性，场景如下：

王安石作翰林学士时，也是一时名人。有一次，他曾经拜访鉴茶大师蔡襄。蔡襄久慕王安石大名，听说此人来造访自己，非常高兴。于是，蔡襄亲自捡取极品好茶，洗涤饮茶器皿来招待王安石，以求得到对方青睐赞赏。岂料，王安石大大咧咧，根本不拿蔡襄珍藏的"绝品茶"当回事儿，随手从夹袋里掏出一包"消风散"药剂，潇洒一掷，投入茶盏之中，而后仰头胡乱吞咽下去。眼见如此好茶被王安石如此糟蹋，蔡襄目瞪口呆。王安石呢，怡然自得，慢慢随口说了一句："大好茶味。"蔡襄醒过神来，醒悟到王安石故意不拘小节，于是大笑，并赞叹王安石的真率。

依据王安石为人秉性，他如此喝茶，真率是假，嫌麻烦煞风景是真！

乍听乍看这个故事，我们现在的人不知就里，以为是穷酸文人茶客蔡襄巴结王安石王宰相。其实，当时蔡襄官可比王安石大，根据我的推算，他应该正在宋朝政府中当"三司使"，也就是"副总理兼财政部长"类似的职务。而王安石呢，从地方调入中央发迹不久，翰林学士，类似"副局级调研员"的衔头。但宋朝人尚名头喜高士，王安石当时名气大，官高位重的蔡襄自然拿好茶招待他，这，也是今天我们这些势利红尘之辈所不能理解的。

王安石煞风景，比他更煞风景的其实是戏子皇帝乾隆。这位皇帝老儿一辈子号称作诗数万首，看似特风雅，其实特无聊。每每从印刷精美的图册中欣赏古画名画，都会看到他的巨大印章横亘画上，粗暴张扬，破坏画意不说，大红印泥奸污眼目。而他万世流芳的本意，最终也变为适得其反。

但凡我举着一本印刷高级的图书欣赏古代书画，看到那些个刺入眼帘的"乾隆御宝"大印，就会无端满怀敬意地想起孙殿英将军——匪气英豪，能把乾隆这个老混蛋尸首从东陵里面拽出来，真真勇气可嘉。而号称"十全老人"的清帝，朽骨糟肉，真是连狗都不吃。

恨乾隆说乾隆，他和喝茶有啥关系？当然有关系，大凡历史上事关“风雅颂”的，没有和他不挨边的。这位阴险帝君别看政治上心狠手毒，吃茶喝茶方面也精打细算。

文人雅士茶客们吵到清朝，论水论土论茶叶，乾隆自然也谬托空灵，对陆羽所谓“山水上，江水中，井水下”水论不太领情，认为舌头难以尽信，还要以“科学”手法衡量水质的清、轻、甘、活。

沏茶水质之中，特别是“轻”，本来是感性感觉，乾隆老儿非要理性判断，于是老哥们让人用秤称：北京玉泉山斗重一两，济南珍珠泉斗重一两二厘，扬子江金泉山水斗重一两三厘，至于惠泉、虎跑泉，则各为一两四厘……

最后，这位附庸风雅的乾隆帝就将玉泉山水列为“天下第一水”。

未必。

品茶味水，不拿舌头、心情当衡器，而拿秤砣和容器作标准，真真等而下者。

鉴别水质，根据我本人经验，都是文人瞎吹；鉴别茶出产地，大概能够说个所以然；至于鉴别同一种茶的好坏，其实还是要比较。而且，不是每天都喝上等好茶，味蕾具有遗忘性。

从 2000 年到 2009 年间，由于我父母喜欢绿茶，每年清明前我都到杭州买茶。其间上过好多次当，要属在龙井村上当上得最多。最后，我学乖了。同样等级的明前龙井，各种牌子的，选定五六种，每样买一两，记下名号，然后拿出几个杯子，同样的水，同样的温度，同样的量，同时间冲泡。一一对比品尝之下，不为淳绿色所骗，不为价格高低所迷，不为包装所惑，细细五六口，啜吸品嘬，口感品质马上感觉出来。

最终我发现，杭州清河坊杭州茶厂的专卖店所售龙井最正宗，品质最稳定。

思及古人神乎其神的饮茶品茶经验，想想我自己的选茶笨办法，今人和古人的区别，真是判若云泥……

从年青时代，我就很好奇的是，古人如何喝茶呢?

仔细研究历史，才知道，中国茶的制造方法和品饮方式，一直不断发展变化。唐代之前，国人还没有形成固定饮茶模式，有时清饮，有时和各种食物一起煮成茗粥。无论怎么做，都要把茶先碾成末。食饮茶之前，先把水煮沸，再将茶末投进水中，略煮后，有时加盐；宋朝时，茶叶仍是先制成饼状，品饮的时候还是碾末。不过，宋朝人不再把茶末投进煮沸的水中，而是将茶末先放在非常讲究的茶盏里，以沸水冲之，叫做点茶，而且不再加盐；朱明时代，国人就开始直接饮用叶茶，起先还是把茶叶放在容器中煮，明朝中期以后，就直接用沸水冲泡叶茶，基本和我们现在饮茶方式差不多。

如今我们到杭州龙井村，看到茶农用大锅炒茶表演，其实唐朝时已经这样做。大诗人刘禹锡在《西山兰若试茶歌》中就写道，“自傍芳丛摘鹰觜”，“斯须炒成满室香”。讲寺庙僧人现采茶园里的新鲜茶叶现场炒制，如今所谓“炒青法”是也。

炒青法，现在看来太自然不过，绿茶制作基本遵循如此方式，当时这种方法在唐代并不普及，宋代也没多少人这样做。直到明代中期之后，吃散茶成为主流后，炒青法才取代蒸青法，成为制茶的主要方式。

有点禅宗小知识的人，都知道赵州和尚“吃茶去”的典故。抛开其中蕴含的禅宗解释不说，细心爱探究的读者就会问：“‘吃茶去’？为什么赵州和尚不说‘喝茶去’？”

唐朝人把茶碾作末，还真是“吃”茶。当然，陆羽乃茶圣，他对在茶中添加葱、姜、枣、橘皮、茱萸、薄荷等物或者“茗粥”之类就大加鞭挞。不过，唐朝人喝茶很写意，过程也复杂，煮茶之前先要烤茶，然后再碾茶。特别是烤茶的时候，茶饼上面嗞嗞冒出蛤蟆背上小泡，香气四溢，然后掰下细碾，碧粉缥尘，看着就赏心悦目。我们现在的人特别奇怪的是，唐朝、宋朝的人雅致非常，竟然对茶水沸腾后泛出的泡沫也诗意大发，比如陆羽就把茶沫诗化：“如枣花漂漂然于环池之上，又如回潭曲渚青萍之始生，又如晴天爽朗有浮云鳞然。”

不过，到了唐德宗时代，出现了新的饮茶方式唤作“泼茶”，这在当时是一种简化冲茶法，就是以沸水直接冲泡茶碗中的茶末。“泼茶”，最早也是寺庙中僧人们的发明专利。他们大部分时间都是在念经忙功课，无暇烹煮茶汤，所以就研发出这种当时算是“茶快餐”的东西，类似今天的速溶咖啡。让唐朝人想不到的是，岁月荏苒，到了宋代，“泼茶”成为朝野最正规的饮茶方式，但不再叫“泼茶”，而称为“点茶”。

候茶煮茶，和恋爱一样，过程其实最美丽。大概在2009年冬天的一个多月时间内，我和老友文华曾经迷恋过一阵自己加工煮茶来喝。我们弄了一个酒精炉，每天早晨上班前在办公室内现煎现煮，以半古人的方式来饮茶。

程序是这样：我们以一个铁盆放在酒精炉上烤，煎烤各种茶叶来试验。最终实践证明，绿茶不能再煎，红茶也不行，只有清香型铁观音可以，烤焙过后，有一股焦香，即烤即冲，果然别有一番趣味……

过程看似繁琐，其实是一种趣味，我们现代人的生活一切都是“太快了”，干什么都直奔主题，其实丧失了许多生活原有的乐趣。当然，古人煮茶时候，器具精洁，连柴炭都极其讲究，我们两个人用酒精炉，本身就是形而下者。俗务缠身，处于最物质的城市深圳，忙啊，不久，这一“烹茶”、“烤茶”的享受也终止了……

宋朝，南北两宋，文化方面，肯定是中华文明一个后世难以企及的高峰。但在品饮茶方面，我个人觉得，宋人其实陷入一个误区。特别是在两宋的高级人群中，一直流行品赏压制成龙凤形状的饼茶。这种号称“龙团凤饼”的茶叶，人为痕迹浓厚，加工过度。茶叶制作过程中，要把茶叶弄碎之后，还杵捣千遍，接着蒸煮去膏，如此一来，茶叶原香气消失殆尽。那么，饮茶肯定要喝那香味啊，宋人怎么增香呢？宋朝人真有办法，他们在茶饼中加入龙脑等香料，喝着品着那叫一个香。当然，龙脑别名很多，什么瑞龙脑，梅花脑，冰片脑，梅片，梅冰，梅花冰片，等等，听上去诗意盎然。为此，无数大文豪、大书法家都写诗赞誉，夸得不行。

不就是香樟类植物渗出的冰皮制剂吗，有那么好喝？

茶能成为奢侈品，和文人大有关联。北宋时代，第一个把“龙团凤饼”茶饼弄得神秘兮兮的，首推大书法家蔡襄。在福建当官期间，他为了讨好孝敬皇帝，派人在当地专门制做贡茶“小龙凤团茶”。这种茶，太贵重了，贵重到连皇帝都舍不得随意赏赐大臣。据欧阳修自己所记：

> 茶为物之至精，而“小团”又其精者，录叙所谓“上品龙茶”者是也。盖自君谟（蔡襄）始造而岁贡焉，仁宗尤所珍惜，虽辅相之臣，未尝辄赐，惟南郊大礼斋之夕，中书枢密院各四人共赐一饼。宫人剪金为龙凤花草帖其上，两府八家分割以归，不敢碾试，相家藏以为宝。时有佳客，出而传玩尔。至嘉祐七年，亲享明堂，斋夕，始人赐一饼。余亦忝预，至今藏之。余自以柬官，供养仗内。至登二府二十余年，才一获赐，而丹成龙驾，舐鼎莫及。每一捧玩，清血交零而已。(《龙茶录后序》)

宋朝皇帝最礼敬文人，宋仁宗尤甚。如此厚道大方的皇帝，对蔡襄制作的龙茶也宝贝得不行，在大礼大节，他才舍得赐给两府宰执大臣，八个人才一起获赐一饼。欧阳修在中央枢要供职20多年，仅仅获得过一次赏赐。由此，使得这类贡茶基本成为欣赏品，谁也舍不得吃，谁也不敢吃。茶不成茶，只是遇到有贵客佳客来，拥有者才肯拿出来显摆一下……

宋代当时人或者后人，谈及蔡襄贡茶，或存讥讽，或怀惋惜，大概都是讲蔡学士这样的大文人，不应该糟蹋建州民力种植加工那样精致的茶叶来讨皇帝喜欢。

古往今来，文人们就是如此，论说别人的时候理直气壮，轮到自己，那就宽容多了。其实，宋朝的文士们各个都是嗜茶狂，不仅爱茶制茶品茶，这帮风雅骚客们总爱公器私用，在为官任上各个都把好茶好叶寄给诗酒朋友。其中，以欧阳修写给梅尧臣的诗最为典型：

吾年向老世味薄，所好未衰惟饮茶。建溪苦远虽不到，自少尝见闽人夸。每嗤江浙凡茗草，丛生狼藉惟龙蛇。岂如含膏入香作金饼，蜿蜒两龙戏以呀。其余品第亦奇绝，愈小愈精皆露芽。泛之白花如粉乳。乍见紫面生光华。手持心爱不欲碾，有类美印几窳究。论功可以疗百疾，轻身久服信胡麻。我谓斯言颇过矣，其实最能祛睡邪。茶官贡余偶分寄，地远物新来意嘉。亲烹屡酌不知厌，自谓此乐真无涯。

老年欧阳修，世味淡薄，青壮年时代许多嗜欲皆随荷尔蒙衰减而衰弱，惟独好茶的嗜好未减反增。特别是龙凤小饼茶，他情有独钟，这种茶除了疗疾健身之外，还能醒脑提神，因此，欧阳大师总是重复亲自烹煮茗茶的快乐，欢喜无限……

仔细查看蔡襄《茶录》或者宋徽宗《大观茶论》，可以发现宋代茶书大多讲的都是“点茶”。宋朝这种点茶冲饮方式，颇似现在日本茶道：煮水，不煮茶；容器中水沸腾后，细碾好的茶末放入茶盏中；倾水先将茶末调成糊状，再冲入满盏，而后用茶筅击拂。

一套程序下来，谁能搅出满盏白色浮沫，谁的茶就越好，调茶的功夫就越深。所谓“击拂共看三昧手，白云洞中腾玉龙”，讲的就是这手拂茶的功夫。

有日本这块我们中华文化“活化石”，细究我们古人生活的繁琐细节，其实不是很难。

宋人所制茶汤，以白色为尚，细腻如玉泥泛盏，要求“瑞雪满瓯浮白乳”。所以，宋朝时期，特别是北宋，青黑色的深色建盏就成为饮茶斗茶的上品瓷器；往上推溯，唐朝以茶绿为上选，所以饮茶器具首选越瓷。如此，茶在青色瓷器里，更衬显出翠绿佳色。

可见，一个时代有一个时代的审美标准和时尚流行。

谈茗茶，说古人，一般都会和风雅潇洒联系起来。逛入各个茶庄，里面的器皿林林总总，许多都刻有唐朝卢仝的《七碗茶

歌》(又称《走笔谢孟谏议寄新茶》):

日高丈五睡正浓，军将打门惊周公。口云谏议送书信，白绢斜封三道印。开缄宛见谏议面，手阅月团三百片。……一碗喉吻润，二碗破孤闷。三碗搜枯肠，唯有文字五千卷。四碗发轻汗，平生不平事，尽向毛孔散。五碗肌骨清，六碗通仙灵。七碗吃不得也，唯觉两腋习习清风生。蓬莱山，在何处？玉川子乘此清风欲归去。山上群仙司下土，地位清高隔风雨。安得知百万亿苍生命，堕在颠崖受辛苦。便为谏议问苍生，到头还得苏息否？

卢仝这首诗，其实不是原创，语意诗髓，意念来自历史上陈朝亡国皇帝陈叔宝的《独酌谣》。这位以昏淫侈靡著称的大玩家，虽然是亡国君王，但文学修养极高，试想，数年酒醉金迷堆砌，文采不能不绚烂：

独酌谣，独酌且独谣。一酌岂陶暑，二酌断风飙。三酌意不畅，四酌情无聊。五酌盂易覆，六酌欢欲调。七酌累心去，八酌高志超。九酌忘物我，十酌忽凌霄。凌霄异羽翼，任致得飘飘。宁学世人醉，扬波去我遥。尔非浮丘伯，安见王子乔！

二诗相比，卢仝袭陈后主诗意，但卢先生属“形而上”，以茶代酒，又有“安得知百万亿苍生命，堕在颠崖受辛苦”的脚坠，整个诗境一反颓靡，变得高雅、深沉，可谓是“抄”亦有道，化腐朽为神奇了。

说句实话，能钩沉出卢仝承继陈叔宝诗意的，国内大概也只有我这样的人。毕竟我写过中国通史，研究过中国文学史，醉醺醺之时，常常敢称自己打通了文史哲任督二脉，往往融会贯通。

爱茶，吃茶，赏茶，如卢仝，结局也并非我们想象的风流倜傥安死床箦。卢仝这位大文士，大玩家，大茶家，在唐朝没得好死，最终死在宰相王涯家里。

王涯，唐文宗时代的宰相。此人年青时代文采卓然，善写边塞诗，入仕后又能干。不料，文宗时期，他得罪了掌权的权阉仇世良，以致不得良死。“甘露之变”，宦官们策动禁卫军发动宫廷政变，王涯仓惶被抓，被抓地点竟然也在京城的永昌里茶肆。临死还要往高级茶馆里面躲，可见文人倒霉爱风雅的潜意识有多严重。最后，王涯被没胡子的公公们腰斩于独柳树下。

如此爱茶好茶堂堂宰相，竟然身受腰斩酷刑，让人叹息无限。

斩首、腰斩，反正不是凌迟，似乎不大懂得古代刑罚的人对这两种“斩”刑感觉没什么区别。

区别很大!

斩首，“咔嚓”一下子，死得利索，胆子大的想得开的受刑人，或许能感受到“引刀成一快，白刃似春风”；而腰斩就不同了，身体中间横切一大刀，不能即刻死亡。中国最后一个受腰斩极刑的人，是雍正年间的福建学政俞鸿图。此公因为小妾收人钱财，把试题外泄，竟让一个“戏子”中举（封建社会优伶与娼妓地位相等），引起世人喧然大哗。最后案情大白，虽不是俞鸿图自己泄题（他小妾和仆人暗中勾通作弊赚钱），这位可怜虫仍被腰斩。由于一刀砍下后，人体上半身主要器官还“健康运转”，俞鸿图上半身辗转于地，用手沾着自己的血在地上连写十一个“惨”字才咽气……

想到爱才爱诗爱茶的王涯宰相如此惨死，再读他清丽小诗，更觉造化弄人：

万树江边杏，新开一夜风。满园深浅色，照在绿波中。

不仅身死，王涯整个家族还被宦官加以族诛。而王涯之死，最倒霉的要属当时碰巧在其家的两个人：一是王涯远房堂弟王沐，二是诗人卢仝。

王沐乃一穷老书生，又老又贫，听说王涯做宰相，忙从江南老家骑驴千里而来。本来，他只想弄个文案、笔抄之类的职位糊口。王涯势利，老王沐在长安呆了两年，才得一见。王宰相对这位老弟爱理不理。王沐好歹凑足数两银子，求王涯一个家仆说好话，才得允做个小官。这天，他正在王涯家里等消息，赶上太监率军人抄家，一起捆上，直送刑场，与王涯一同腰斩；另一个冤大头，就是我们文人喝茶界耳熟能详的茶中“亚圣”卢仝了。这位诗人，在真实历史上也是“老而且贫”，事发前一天，他与几个“诗人”到王涯家里“打秋风”，估计年老嘴馋，吃喝多了点，一爽之下，住在王宰相仆人房没有离开。转天，他就正好赶上宦官鹰犬们的大搜捕，也被一同绑上。卢仝不服气，撅胡子瞪眼大声直嚷嚷：“我是山人！”立马过来个太监拈掌扇他一个大嘴巴：“山人，山人，跑到宰相家来干吗？一起谋反吧！”于是乎，捆到刑场，一刀咔嚓了。

绿茶没有，红血直冒。翩翩一只云中鹤，飞到宰相宅挨杀！（辛文房《唐才子传》对此记载详细）……

草芽贵过金

从福州开始喜欢品饮乌龙茶后，好长一段时间内，总喜欢形式方面的仪式，什么闻香杯、小茶盅、茶勺、茶巾啥的零碎玩意，最近，年岁渐长，质胜文则野，乱七八糟的小东西皆被我弃于一边，饮茶的工序日益简单，但自忖品茶的能力日益精进。

绿茶，乌龙茶，品饮有年，前数年流行的普洱茶，其实我早就有所涉猎。记得大概10多年前，大概是2000年左右，我去昆明，想起祖母在我少年时代的灌输，什么“夏喝龙井，冬喝普洱”，为此就特意细逛茶庄，甫出手就买了一块300多元一饼普洱小砖。这块小砖，熟茶，大概生产于70年代中期。当时这价格，无论在昆明还是在国内，都算非常不错的普洱了。接连几天，圆饼、方砖、生饼、熟饼，我买了一大堆，大概花了2万多。那时候昆明茶庄里面的陈年散普洱茶特别便宜，三四百块一斤，我记得，20年陈年散普，出手就买了将近20斤……

兴高采烈，回到深圳。

作为深圳第一批普洱发烧友，我即刻邀请文华、赵亚明、单西田等好友前来叹饮。几个人皱着眉头，坐在那里看我煞有介事用金属锥刀切茶，洗茶，泡茶，按照昆明茶庄老板对我的教导，我对灯看颜色，白瓷验茶汤，做足了功夫。然后，我恭恭敬敬，把普洱纯汤端给三个人。新媳妇一样，洗手做羹汤，先奉诸狗尝，真真心怀忐忑。

诸人品嘬一二，翻着大小白眼，个个摇头："嗯，不好喝，一点也不香，怎么和药差不多一个味道……"

热脸贴了他们冷屁股之后，悻悻然间，我自己也觉普洱的味道确实超出我的想象，没有平素品饮其他种类茶叶的快感。树欲静而风不止，子欲养而亲不在——我祖母早已离世多年，无人再诉普洱好处。于是，那些花了2万多买的普洱茶饼、茶砖，送人的送人，寄走的寄走，我自己只留下三四饼熟茶，放在家中书橱的最顶端。

最可叹的，是味道非常好喝的那20斤散普洱，当时我哀求送几位老友都被他们拒绝："……算了，你自己留着吧，如果送普洱茶饼、茶砖啥的，我们还好意思送给家里保姆、清洁工啥的。这些味了吧唧、脏脏乎乎的陈年旧茶，还是等谁家做新家具，扔在里面当吸味剂吧……”

已脸炽热，狗臀冰冷，不能强送人家东西啊，气恼之余，我用纱布把20斤陈年散普洱茶包成20包，自己当冰箱的除味剂来使用，愣是使了一年多，非常绿色环保的除味剂！

如果今天还在，那20大包茶芽制作的普洱陈年散茶，最少七八千块一斤！

可见，我们一般人的味蕾，都是随着时髦炒作商人的风向标而转。

大概在2005、2006年，普洱茶经过台湾商人和大陆商人的精心炒作，忽如一夜春风来，普洱花儿处处开！喝普洱茶，一下子成为时髦，如果不喝普洱，简直不好意思说自己会喝茶，普洱茶成为一种带有极大经济意味的时髦！

短短一年时间，普洱茶功用被大大神化，这种茶叶除了原有的消食醒酒、化痰、清暑生津等效果外，忽然平添了降脂、减肥、降压、抗动脉硬化、抗衰老等神奇的治疗功能，甚至还能防癌、抗癌！睁眼一看，到处是炒弄普洱茶的商铺，卖花茶、卖绿茶、卖铁观音的茶庄，无不售卖普洱茶。各种各样的“普洱银行”也趁机兴起，当时看那架势，似乎收藏普洱比收藏黄金宝石还能保值和升值。

世风大变下，先前对我从云南携来的高级普洱茶嗤之以鼻的常务志、赵天授、文华、田颇等人，个个都成为“专家”，趋之若鹜。诸友之中，甚至还专门开车从深圳去云南，钻入深山老林，大洒银两，淘宝寻根，狂买老茶之余，还去寻觅真正的什么“老班章”大叶普洱野生茶树做成的普洱茶。

几乎把好车开散架，云南回来后，从前对我普洱茶好茶大摇其头胖脸含嗔的文华兄，竟然一时间在家里存放了上百件的普洱茶，从青饼到熟饼，从茶饼到茶砖，一应俱全。

看官们看仔细了，不是上百饼或者上百块，是上百件!

普洱茶一件，一般是 84 饼!

此后，每每在喝茶的时候，总会听文华兄炫耀：“我去年买的 70 块一饼的普洱，现在已经卖到 250 了！”

牛逼吹了没多久，普洱茶的泡沫就在股票市场的泡沫前爆裂了，价格跌到让个个炒家脸色发青。不过，文华兄依旧“惟大英雄真本色”(也可以解释为“死猪不怕开水烫”)，色不稍变，天天玩命灌普洱，看那样子也不存着等升值了，他总是自我解嘲地说：“算命师傅说了，反正我能活到九十九！普洱茶吗，够我喝一辈子的了！我喝不完，我儿子喝。我儿子喝不完，我孙子喝!子子孙孙，无穷匮也！”

当然，虽然文华家里不缺房子，很够那些普洱茶有足够的空间住。不过，茶价崩盘后，这位老兄还是把先前那些“更值钱”的普洱茶从“普洱银行”中提取出来，用汽车拉回他湖北乡下老家，放进了储藏粮食和饲料的仓库中。

哈耶克说过：“大多数人，很少能够独立地思考；在大部分问题上，他们所接受的意见，都是现成的意见；他们无论是生来具有还是受人哄骗而接受这套或那套信仰，都同样感到满意……在任何社会里，思想的自由，可能只对很少的人才有直接的意义。”

万物如同风过眼。这么多年以来，无论是古董、家具、玉石，还是普洱茶的炒作过程，从某种程度上看，都泛现了流行商品“群氓”的炼成过程。

国人最喜盲目跟风，在电视台、报纸和国学“大师”们所谓“传统”的回归中，无论是儒学，中医，昆曲，等等。撕开包装，可以发现，我们大家真正热衷的，其实还都是能让自己“有面子”的事情。

普洱茶风潮刚刚过去不久，我也真佩服了炒作的那些商家，他们忽然又推出了另外一种听上去非常陌生的茶种——黑茶，湖南安化黑茶。

要知道，我本科、研究生时代都是学英语的，当时埋汰别人的一个小噱头，就是讽刺新入学低年级某人把中国红茶翻译成“red tea”，大庭广众下，常常会诲语谆谆地大声说：“红茶，翻译过来应该是‘black tea’。人家外国人眼中，红茶是黑色的茶啊……”（其实，我们老祖宗很聪明，好多人不知道的是，红茶最早创制的时候，本名就是“乌茶”。乌者，黑也。）

嗬，到了现在，我们从前学英语的该迷惑惘惑加惶惑了。我们上学那阵子，没有“黑茶”这一说啊，似乎根本不知道这个茶种乃是中国原本的四大茶种之一。既然有了“黑茶”，它该怎么翻译啊？据说，和英语“红茶”(black tea）相反，“黑茶”在英语中应该叫“red tea”，我靠，让人云里雾里！当然，也有说该翻译成“brick tea”，这词直译过来是“砖茶”，估计不妥，因为普洱茶也有砖茶。

其实，仔细看有关茶叶的教科书，黑茶作为一大种系在中国早就存在。而更让人大跌眼镜的是，普洱茶本来就属于中国六大茶类的黑茶茶类！一般老百姓肯定没有专业知识，跟风的雅士们也如此，炒啥买啥。仅仅在我们广东一个省份，据说黑茶收藏者就已经超过了 20 万人，推算下来，国内的黑茶藏家多不胜数。所以，一块解放初期制成的黑茶，记住，是一块，黑茶茶砖，就能炒到 50 万！

炒作一种东西，肯定要吹捧它的独特价值。黑茶炒作，其实挺不容易的，因为普洱茶炒作泡沫碎裂的声音犹然在耳。黑茶、普洱茶同样为发酵茶，从它们功用方面能想出新东西来，还真不容易——除油腻，降血脂，降血糖——这不和普洱茶宣传的功效一样吗？

确实一样，但炒作、跟风、爱时髦的氓民们是没有记性的，什么东西贵，什么东西就是好的！

当然，说普洱茶和黑茶完全一样，普洱藏家和炒家也不高兴。毕竟普洱茶名气大，藏家们就会从工艺、成分等入手，说普洱茶发酵中，茶树鲜叶到普洱茶成品形成过程要复杂过黑茶，其中的微生物种群也要更丰富；同时，普洱茶大叶种树化学成分也要多过、好过黑茶，在光化作用中所产生的茶多酚、茶多糖以及咖啡碱啥的有益成分，都要比黑茶更胜一筹……

黑茶炒家自然也不甘示弱，他们信誓旦旦，宣扬黑茶这种后发酵茶越放越陈，而且香味越浓郁，口感更细腻，最主要的，黑茶肯定有升值空间。炒家更吹嘘说，在悠久历史中，黑茶一直受到西北边区游牧民族特殊喜爱！——只要稍稍有点历史脑子的人就能想到，历史上，由于地处边陲，我们边疆民族兄弟喝的茶，肯定不是最好的嫩叶嫩芽。他们肯定也一直想喝新鲜绿茶，但条件不允许啊，只能退而求其次，喝那些大骡子大马长途迢迢从中原运过来的陈放茶来解油腻和补充维生素了。

茶叶陈放，黑茶、普洱茶、沱茶、砖茶等等，最早完全是为了运输方便！这就和我们中原一带汉人吃冰冻羊肉片一个道理。真正好的羊肉，当然是刚刚在草原上吃了鲜嫩青草后刚刚宰杀的好吃了……

作为“终端消费者”，根据我多年经验，个人认为普洱茶还是要胜过黑茶，整个大清朝 200 多年，毕竟它成为贵族王公的消费对象，连京城宫里皇上、太后都喝普洱茶，翻看当时学人大臣笔记掌故，加上我小的时候听老人讲古，从来没听过“黑茶”一词。

即便如此说，黑茶存在这么多年，肯定也有独到独特之处。如今价格炒飞上天的所谓湖南安化“千两茶”，据说解放初制品已经上到200多万元。这种由蓼叶、棕片垫衬，包裹在长圆筒形篾篓中高达一米半左右的粗大如树桩的圆柱体，于我而言，其实它们并非罕见，而且，早在1998年，我就在云南中甸见过。

那一年，云南铜业公司为我们公司铸造一个巨大的纯铜牛雕像。国际业务之外，我当时参加公司一个跨部门的“新楼展览中心小组”，恰好和另外一个王姓哥们一起，被委派到云南验收那座铜牛。

彩云之南好地方。我们到云南铜业厂里一看，铜牛颜色做得太深，简直就是“煤牛”。清晰记得，我还提出中肯意见，厂方虚心接受，马上修改，最终变成了现在我们在深圳深南大道旁边看到的褐铜色外表（颜色还是偏深）。

正事干完后，赶上十一假期，我和王哥们一商量，两个人就去了丽江和中甸。在丽江呆了两天后，我俩又坐车去中甸。虽然多数都是盘山路，蜿蜒曲折间，一路风景之优美，至今难以忘怀。

到了中甸，我就开始高原反应，头疼剧烈。当地海拔不过3600米，可我有血管性偏头痛毛病，这样的海拔，已经让我十分难受。眼球胀痛，脑仁发紧。

头疼之余，从当时的中甸县城也去不了香格里拉了，我和王哥们只能窝在县城内呆着。穷极无聊，打听当地土特产。别说，还真有，松茸，抗癌防癌提高免疫力，口味又好吃。我们二人各起孝心，四处寻摸购买松茸，准备带回去孝敬父母和老婆。

松茸乃中甸特产，由一个藏族出租车司机带着，我们到了距离县城几十公里一个偏僻村落，去一个据说从前是土司的家里收买松茸。

贼不走空。我和王哥们自然买了不少松茸，听说我们深圳来的，土司后裔特热情，咔咔地收了我们不少票子。我当时印象最深的是，那个昔日藏族土司的后代，穿着十分时髦，上身笔挺西服，下身牛仔裤，头上戴着一个呢子礼帽，脸色黑红，圆脸大眼，显得精明能干又实诚。

买卖做完，我们几个人坐下说话闲聊。土司后人招待我们的，不是绿茶，不是红茶，也不是黑茶，他拿出云南西部、南部出产的小粒咖啡给我们喝。这种土咖啡，原本是19世纪末一个法国传教士带入云南的，果味浓郁，浓而不苦，味道真是好极了。

临行之际，我上厕所，发现大院子侧房有个类似仓库的房间，里面堆满了东西。探头看看，地上乱堆乍看像大树桩样黑乎乎的东西，堆了有近半屋子。入内仔细看，发现上面还有不少昔日毛笔体的繁体汉字，有“茶”字样。看到“茶”的大字，具体内容我就没再细看，因为当时这些“风雅”东西，完全引不起我的任何兴趣。如今思之，这堆东西，其实就是赫赫有名的黑茶“千两茶”了。

如此外形硕大挺拔的大茶树桩样子的东西，露出内里的地方黑润油亮，老茶叶压得紧致密实，确实有视觉冲击力。不过，在当时，这样品类的茶叶真超出了我的知识范围。

回到座位，我还是有些好奇，向土司后人问起为什么仓库里面堆了那么多大树桩子一样黑乎乎的茶叶。他也说不出所以然，但是他很确定，说那些老茶是从前他当土司的爷爷留下来的，解放前一度堆满了仓库，后来慢慢损耗，消耗，“文革”前后就把库房封了。最近十年二十年，再没人喝那些东西了。

“我送给你们一人一个吧，听老辈人说，这黑茶和普洱茶差不多，还能治病嘞……”藏族大哥很实在，主动提出要送我和王哥们一人一大桩子。

和我同来的王姓哥们听说有不要钱的东西，“嗷”的一声就窜出去了，简直就是夺门而出。如777起飞一般，大胖身子直奔仓库。没过几十秒，他怏怏返回。“黑不拉唧的，粗蠢大个，哪里算是茶叶！放了这么多年，早该扔了吧……”

毕竟我们面对的是民族兄弟，人家赠送的东西，按照礼数我们一定要接受。于是，我不停向王哥们使眼色。

“你们不要怕不好拿，我给你们寄去，我出钱，给你们寄到深圳……”藏族哥们真好人，看得出，他怕我们嫌东西太大麻烦，不仅要赠送我们每人一柱“千两茶”，还要负责寄货上门。

王哥们脑袋摇得拨浪鼓一样。

最后，我不好意思驳人家藏族大哥的面子，兀自走到那间仓库，翻拣出一柱多年前开启过、已经散朽的“千两茶”，从中抠出大概有三斤样子的一块，表示接受藏族大哥的热情赠予。

叉腿撇嘴，王哥们一脸不屑……

唉，我们真是和黑茶无缘。就这区区三斤老黑茶，半道还丢了。

事情经过如下：

我们两人从中甸租了一辆车回丽江。半途之中，发现一个老农售卖两只野鸡和一只受伤的野鸟。当时我还很笃信佛教轮回理论，赶忙叫停，下车花了300块钱买下来，准备放生。

那两只野鸡非常非常漂亮，样子和宋徽宗画上的锦鸡几乎一模一样。结果，我的善举遭到了王哥们坚决抵制，他非要吃了这三只“野味”。那王哥们当年是个巨胖，身高一米七，体重三百一。他坐在汽车后座，脑袋从车窗中探出来，瞪着大眼，努着豚腮，非要吃不可。

心比我黑，官比我大，虽然锦鸡是我花钱买的，也不得不尊敬他一下。

但好事善事我也要做啊。最后，我们达成了一个协议，汽车开到中途找个饭馆，宰一只野鸡，再把那只已经受伤的野鸟也炖了。留下一只野鸡，放生，就算做个功德……

看王胖哥们杀心太炽，怕他反悔，我即刻就释放了一只野鸡。野鸡长尾巴，翅膀斑斓五色，可它飞行真的很笨拙。被我轰了好多次，它才勉勉强强飞上一棵矮树。我估摸着，没过多久，它还会被当地老农抓住，再带到路中间去卖给旅游者……

到了中午，司机带我和王胖子到一个四川菜馆吃饭。一直表现很懒的王哥们这次特敏捷，他两只手都没闲着，羽毛一样从车里面飘出来，一只手掐着那只锦鸡的脖子，一只手拎着那只装着那三斤黑茶和受伤野鸟的袋子，呼呼喝喝，大声招呼菜馆老板给我们杀野味做饭。

就这样，美丽如画的野鸡，没过四十分钟，就变成了盘子里面的辣子鸡丁。

半出于怜悯半怕吃辣椒，那盘由锦鸡和野鸟炒成的菜肴我仅仅吃了一口，其余全部进入王胖子之口，风卷残云一般。

酒足饭饱，我们马上赶路。走出去五十公里，王胖子忽然叫停："往回开，往回开，锦鸡尾巴我们忘记拿了！"

咬牙切齿半晌，我劝他："……算了，都开出去这么远了，回去多麻烦啊。"

"开玩笑！我吃那只野鸡，就是为了要那条野鸡尾巴，带回去给我儿子玩！再说，你从卖松茸土司家里拿的那块黑乎乎的老茶叶，也给我忘在饭馆里面了……"

结果，我们开了将近一个小时回到四川菜馆，急赤白脸寻找"失物"。

店老板铁嘴钢牙，愣说野鸡尾巴和茶叶都丢了，"反正我没看见……"

由此，我和黑茶第一次邂逅，就以这样的方式而结束。虽然茶丢了，但当时我更心疼锦鸡，对于那块黑茶，当时真没太往心里去。

时光荏苒，等我再听说黑茶的时候，一柱“千两茶”，已经价值200万了！

倘若时光能够倒流，我不仅会和王胖子允许藏族哥们直接把两件“千两茶”寄到我们深圳的地址，还一定会把那半仓库树桩一样黑乎乎的东西都买下来，即使肩扛，也要扛回深圳……

说是如此说，其实，我一直内心规劝自己，欲望无穷，购买无限，时刻提醒不要痴迷任何东西，该打住的时候就打住。

可惜的是，许多能展现我们“金融”人士高瞻远瞩智识的机会，我们从来没有抓住过……

品饮贵适意

说回喝茶。喝了这么多年茶叶，我总结出一条经验：草芽贵适味！

再贵的茶，再炒作出来的茶，如果味道、功效不适合自己，其实都是没用的，甚至是有害的。

到如今，什么茶最出名呢？什么茶最贵呢？

金骏眉。桐木关啦，正山小种啦，好多炒作术语……

金骏眉好吗？不错。贵吗？在武夷山旅游区附近要四五万块一斤，正经厂家所出，也要近两万块一斤，太贵！

我在无锡买茶壶的时候，曾经喝过当地的无锡红茶，2010年最好的无锡红茶，也不过是几百块一斤，口感和味道，和金骏眉差不多，甚至过之。

依据我的品饮经验，金骏眉把绿茶嫩芽的炒作概念嫁接到红茶上面了，炒家强调金骏眉的牙尖和采摘、拣挑成本，以误导消费者这种茶叶都金贵。当然了，售茶小姐会告诉客人，金骏眉太金贵了，6万到8万颗芽尖仔细筛拣，才能制成一斤金骏眉，加上真正“正山小种”工艺，“全手工”制造，不贵不行!

真正会喝红茶的人都知道，红茶是发酵茶，如果用茶芽来做，味道根本达不到“力度”。所谓金骏眉清甜的果味果香，正因为茶芽做不出真正红茶的浓郁，所以把茶芽的清淡当成炒作卖点了。

毕竟市场上跟风群氓太多，送礼又是变相的送钱，最贵的就是最好的、最有面子的，所以国人待宰羔羊一样，总是一再陷入商人们的炒作陷阱而不能自拔。

国内有名红茶，“祁门红茶”、“云南滇红”，我都不太喜欢。而广东英德出产的红茶，特别是当地茶研所研发出的“英红九号”，我认为味道上佳。

英德这个地方，在唐朝的时候就出产茶叶，陆羽在《茶经》中就提过：“岭南英德产茶。”也有炒作英德红茶的商家，从书中翻检出陆羽这句话来说事儿，吹牛说英德红茶历史最早，在唐朝时候就有。根据我的考证，当时茶圣所指，肯定是英德当地绿茶，因为现在英德红茶的种子，根本不是当地树种，乃云南大叶类茶树，上个世纪五六十年代才在英德移栽种植成型。

英德红茶质地之所以优良，除了发酵工艺特殊以外，主要还是因为当地气候、土壤适宜大叶类茶树生长。地利、天时加上工艺，所以“英红九号”才好喝。

从2006年，我就开始喝英德红茶，当时一斤才100多。现在翻了一倍多，也才不到400块钱一斤。英德红茶中，春天所产最好最贵的“金毫茶”，不过就是3000块钱一斤，但品质之优，口感之好，金骏眉之类新兴炒作红茶根本无法与之相比。

喝了好多年英德“英红九号”红茶，直到今年，也就是2012年，我才知道英德红茶还是英女王指定的御用“顶级红茶”。可见，英德这个城市在炒作、宣传自己特产方面还很落后。这么大的噱头，平面纸媒加电视广告，看不到任何痕迹，罕为常人所知。

就我自己品饮红茶经验而言，我都能想象出女王伊丽莎白二世喜欢英德红茶的原因：英德红茶的茶味特别特别浓郁，而英国人喝茶加奶加糖。我喝过国产几种红茶，也喝过欧美、印度、斯里兰卡所产的红茶，发觉英德红茶味道最正——世界上所有红茶品种中加奶加糖之后，只有英德红茶能够保留原茶茶味！

国人的口味和胃口，多随着商人炒作而转变。90年代初，大家都喝“人参乌龙茶”，茶叶里面据说有“人参粉”，特别是第一道茶，都舍不得涮，直接饮用，甜腻腻的，商家说那入喉滑甜的东西是西洋参参粉。

当时商家大力炒作的，主要是所谓“台湾人参乌龙”，号称使用上等台湾云雾乌龙茶和西洋参加工而成，据说，这种茶既有乌龙茶醇厚的回味，又有西洋参的补性和甘甜。反正，人参乌龙茶太神了，它除了“清香扑鼻，舌底生津”以外，还能“美容减脂、提神醒脑、预防冠心病、安神益智、生津止渴”，最终效果是：“大补元气、阴阳调和、延年益寿”。所以，喝了这种“天然健康饮品”，肯定到100岁还回味无穷……

我前几年到深圳龙岗茶城买茶叶，一位安溪籍茶商告诉我，90年代掘得第一桶金的茶商，都是当时售卖所谓“人参乌龙茶”的主儿。那层包裹在茶叶外面白腻腻的“参粉”，实际上是一种植物根茎粉末。当时那种植物根茎粉只有台湾出产，后来云南地区大量制作出产，成品极其低廉。这么低成本的植物粉，当成人参粉来卖，自然都是暴利。

爆炒几轮过后，第一波赚了大钱的茶商都不做“人参乌龙茶”了，因为跟风者恶性竞争，为了降低成本，制作“人参乌龙茶”把那些好多年卖不出的陈茶或从饭店里面回收的喝过的茶叶晾干当底茶，掺入甘草粉甚至甜味素来冒充植物根茎粉……

乌龙茶，铁观音类茶，炒过之后，就是普洱茶；普洱茶炒了一轮，黑茶炒了一轮，自然要想新东西，所以接着炒作历史上价格从来没有上去过的发酵茶——红茶。能把红茶这种东西方大众消费茶炒作成“金骏眉”，商家确实是天才的头脑。

喝茶买茶，和不少茶老板成为朋友。黄宝岭内一个批发茶叶的老板就对我说，买茶的人，千奇百怪，但是宁可买贵的也不买对的人，大量存在。

“金骏眉这类茶，刚开始炒作不久，我进了一批，定价是1800，价签是我儿子写的。摆在那里，没有多少人看。他的同学图好玩，前面加了一个1，把原来的1800的1又改成了7，价签就成了‘17800’，嗬，您猜怎么着，当天是周日，被一个带着政府官员来买茶叶的香港人都买走了！20斤啊！我进价不过是600块，标价1800没人买，穷人嫌贵，富人嫌便宜。结果，被我儿子的同学改成17800，当天就卖空！我都不好意思感觉愧疚了……”

听茶老板讲这个故事，能理解，茶老板以为买茶的香港人傻逼。其实香港人一点都不傻逼，他当着官员的面买了20斤价格是17800元的茶，就是为了办同等价格的事情，所以，商品时代，茶叶真正的价值并不是最重要的。

有一天，我把这个故事转述给好友赵天授听。这位九头鸟眼睛转了几转，嘿嘿一笑：“花17800买了原本标价1800的茶叶，20斤，我信！不是编造的故事。但根据我多年经验，你认识的那个茶老板，说不定没告诉更深的实话……”

“什么意思？”我不解。

“故事，故事啊。老板儿子改价签啥的，或许就是那位老板自己编造的。价签，应该是他自己改的，带着香港人来买茶叶的官员，或许就是老板的朋友，他们事先商量好的，就是要拿茶叶来宰香港商人！香港人当然不傻，他付了现金买那么贵的茶叶，根本也不在乎茶叶的价值，他就是要办花100万才能办成的事情！交易过后，最重要的环节，就是官员和茶老板分钱而已。收茶和收钱，感受不一样，日后东窗事发，也不是罪过啊……”

哦，原来如此，原来如此……

可见，茶，多雅的东西啊，一旦和关系、金钱、办事联系起来，就势利了，就俗了。

喝茶，真正要喝对路的茶。金骏眉这类红茶，炒作中一个多次着重的概念就是“健胃”。而且，为了突出红茶好处，金骏眉红茶炒家不惜贬低绿茶和乌龙茶、铁观音啥的，说那些茶叶“消胃”。说红茶有益健康不错，但说别的茶不好就不对了。

自2008年开始，我在深圳龙岗茶城发现一家陈姓铺头售卖一种再次炭焙铁观音。这种茶，茶味浓香，完全不伤胃，特别适宜长期饮用。陈老板的炭焙铁观音，货真价实，不是以电焙来冒充炭焙，因为前铺后坊，炭焙作坊就在铺子后面两间房内。炭焙过程复杂，温度一直保持在五六十度左右，温度太高即使茶叶不糊，喝后也会口干。温度太低自然也不行，茶叶没有焦香味。而且，炭焙铁观音的木柴也讲究，除了茶树枝干以外，最好的柴料当属龙眼木柴。

每每我在烤茶季到龙岗陈老板处购买炭焙铁观音，都会感到空气中氤氲着龙眼木淡淡的香气。

炭火烘焙的铁观音茶，养胃养生，据说因为借炭火会把茶中茶碱、咖啡因等物慢慢排出去，而且炭火本身释放出来的远红外线，能够使茶叶吸附饱满的负离子。所以，炭焙铁观音冲泡后茶汤金黄呈琥珀色，口感独特，回甘特别，喉咙感到特别舒爽，火香味强烈，具有特别过瘾的感觉。虽然是炭焙，但这种茶茶性温凉，甘润生津，令人一饮难忘。

过后，我喝过多种号称炭焙铁观音的茶，大多味道不对，估计都是电焙出来的假冒品。

龙岗茶城的陈老板很好言谈，他还手把手教给我鉴定炭焙茶和电焙茶的区别。

第一，真正炭焙铁观音茶成茶，看起来有些发灰，而电焙铁观音茶色贼亮；第二，真正炭焙铁观音泡开后，有股类似咖啡的焦香，香味深沉内敛，茶液润口甘甜，而电焙茶只是在用开水刚刚冲泡的时候发出昙花一现的香气，喝第二道茶基本就没有香味了；第三，炭焙铁观音汤色清澈明亮，金黄秾丽，而电焙茶的汤色比较黯淡混浊；第四，如果是真喝炭焙铁观音的行家，喝茶后拣取茶渣即刻鉴别就明了；第五，炭焙铁观音茶渣很有韧性，拉扯不断，而电焙茶的叶渣由于高热直接烘焙，茶渣非常易断，没有弹性。

接连几年购买炭焙铁观音，陈老板还给我品尝过他家藏的多种香味炭焙铁观音，即使炭焙，也不全是一种味道，有浓香味的，清香味的，豆香味的，还有熟果香味道的，而最让我印象深刻的，是珍藏几十年的陈年老茶，竟然有人参味。

据陈老板说，炭焙铁观音越老越有味道，但需要隔几年就拿出来重新低温炭焙。如此，几十年下来，老茶越来越轻，而那味道就越来越好得难以言表了……

龙井，普洱，黑茶，金骏眉，不知道马上的后来还要炒作什么茶叶？——国人种种跟风喝茶的行为，从心理学意义上分析其实很简单，那就是源自没有文化的文化自卑感。

中国当代消费文化最大的恶习就是变态地强调“贵”，把“贵”当作品位，把“贵”当作与众不同，而最终的结果是泯然众矣——大家伙儿所追求的都是一种东西，那就是“贵”的东西，也就是“好”的东西。而隐藏在所谓品位的背后，实际上只有两个字：势利！

喜欢别人喜欢的，买别人买的，送别人送的，喝别人喝的，就是忘了自己真正喜欢什么，真正适合什么。

在这样浮躁、虚荣的年代，再展读米芾的《满庭芳》，恍若梦忆：

雅燕飞觞，清谈挥麈，使君高会群贤。密云双凤，初破缕金团。外炉烟自动，开瓶试、一品香泉。轻涛起，香生玉乳，雪溅紫瓯圆。娇鬟，宜美盼，双擎翠袖，稳步红莲。座中客翻愁，酒醒歌阑。点上纱笼画烛，花骢弄、月影当轩。频相顾，馀欢未尽，欲去且留连。

人生自古多情痴，此恨无关风与月。无论是喝黑茶、红茶、金骏眉还是拉菲，在如今跟风的群氓消费者嘴里，其实没有感觉到任何茶味或者酒味，而是他们内心隐隐约约一直努力追求的奢华的、资产阶级的、有钱的、丰富多彩的、让人艳羡的（这条最重要）生活方式。

其实，高级消费群氓们根本不理解真正老牌贵族的生活方式和思维方式——人家在沉溺和享受高等级生活和物质的同时，还保持着发自内心而且漫不经心展现出的一种态度——啥态度呢，那就是沉湎享受之间，他们眉宇言谈流露出的对这种真正高级生活和物质享受的蔑视和不屑！

而中国的高级消费群氓，不过刚刚登上半个台阶，也就是那半个展示和炫耀的台阶，如此高调和怕不被人知道，距离老牌贵族低调的奢华，还差许多个等级……

持壶观书话梅翁

几年前，友人文华和赵亚明携一壶施施来，喜悦之意溢于言表。他们两个一起逛古玩市场，“才”花3000元，就买到一个高仿的刻有梅调鼎铭文的“博浪椎”壶。

此壶，浑圆玉润，质地为清水泥，做工精细，泥色莹润，容量500毫升还要多。如果从质地来讲，确实不太贵。壶身上的文字刻工呢？笔画有力，远看上去，似乎还算不错。但是，持壶仔细一看，我不禁莞尔。

文、赵二人见我面露笑意，顿感惴惴：“难道泥料有假？”

我摇头。

“难道不是手工？”

“半手工。”

“难道买贵了？”

“如果文字铭文全部都对，还真不贵……”我说。

这把“博浪椎”壶，原壶为唐云所藏，现藏于上海博物馆。原文为：“铁为之，沙抟之。彼一时，此一时。”该壶的创意和造型，稍有历史知识的人马上能够猜到，乃源于秦汉之交张良雇佣壮士刺杀秦始皇的历史大事件。博浪椎，原为一种特制铁器，当年张良遣大力士在博浪沙刺杀秦始皇，就是用这种武器，可惜击中了秦始皇的副车，没有成功。细细分析这把壶铭文的意思：当年用铁制博浪椎刺杀秦始皇，如今的紫砂博浪椎壶则用来鉴赏品茗，可谓彼一时，此一时也。

当然，如果对于紫砂壶和梅调鼎为人有深层认识，还可以知道梅翁当时更深的意思——该壶制于清末，当时白黄外敌，纷纷入侵，清王朝统治处于风雨飘摇之中。统治者对外软弱，丧权辱国；对内腐败，横征暴敛，中央帝国摇摇欲坠。当此之时，壶铭作者梅调鼎，托物寄情，很是想中国能出现挺身刺暴秦的志士仁人，救国救民，于是酌文撰句如此，足见这位梅翁独特匠心与深厚功底。

但是，壶在桌上，我这二位朋友所买这把仿制的壶，无论形制和工艺都不差，差就差在铭文上，因为铭文中有两个不可原谅的错字："铁为之，沙抟之"的"抟"写成了"博"，而且落款署名的"赧翁"写成了"郝翁"——"赧翁"，乃梅调鼎之号也！这两个字竟然写错，可见这壶就不是一把"高仿"壶，而且是授人以笑柄的"低仿"壶了！如此品相如此仿，二位朋友买家出手，可谓"傻买"也！

"字以壶传，壶随字贵。"紫砂这种泥料做出的紫砂壶之所以价值不菲，其实还是因为历代文人对于紫砂器的铭刻和装饰，使其获得了艺术和文化的内涵而升值。明朝之前，紫砂器基本是作为煎茶煮水的日用器具，随着欧阳修、苏东坡、梅尧臣、文徵明、徐渭、陈继儒等为代表的历代文人对紫砂的钟情和关切，原本只是泡茶器具的粗泥紫砂壶，逐渐融入了更多的文化意义。

到了清朝，号称"西泠八家"之一的著名金石书画篆刻家陈曼生，官阶一般，诗文中等，但他乃壶界名人。文人又做官，还能亲身介入紫砂壶文化，难能可贵。他以文人特有的审美取向，融合诗词意境、绘画空灵、书法飘逸以及金石质朴于一体，天人合一，艺技合一，把"儒、道、释"精神注入紫砂茗器中，创造性地制出了文人紫砂艺术珍品"曼生十八式学士壶"，终于使得紫砂壶由工艺品变成了艺术品。承接而后，梅调鼎梅翁更是超然不俗，把紫砂文化推至一个新的高峰。

大约在清同治至光绪年间，受到上海爱好紫砂壶的宁波同乡资助，作为一介寒儒的梅调鼎，在慈城林家院内(今慈城粮机厂内)创办浙宁玉成窑。正是在这个窑厂，他参与制作了汉铎壶、笠翁壶、柱础壶、瓜娄壶、秦权壶、博浪椎壶等一系列传世名壶，看图看实物，无不造型独特，制作精美。特别是壶身的铭文书法，短小隽永，精妙入神，妙趣横生，独具匠心，体现出无限高深的中国文化底蕴。

我所最喜者，有如下笠翁壶、柱础壶、秦权壶三把壶的铭文：

笠翁壶铭文：茶已熟，雨正蒙；戴笠来，苏长公。

该壶造型为戴笠而坐的老者，“苏长公”指宋代大文豪苏东坡。也就是说，铭文写神，道出一个细雨的时日，苏东坡戴笠而来品尝香茗，大家风范，活灵活现。

柱础壶铭文：久晴何日雨，问我我不语。请君一杯茶，柱础看君家。

“月晕而风，础润而雨”是一句气象谚语。从前老房子屋柱下面均有石质柱础，如果柱础湿润冒汗，说明天气将会由晴转雨。梅调鼎与王东石合作的这个铭文，自然而然地引出了天气的现象，用注茶壶润比喻础润而雨，堪称巧妙捷思！

秦权壶铭文：载船春茗桃源卖，自有人家带秤来。

这把壶形似秤砣，寓意秦始皇统一度量衡时所用秤之权。“权”，衡器也，桃源卖茶，以壶为秤，更是奇思妙想。小小一把茶壶，两句铭文，忽然之间，奇思妙想，梅翁营造出一种至精至美的文化氛围。此种自然流露、让人胸臆飘满茶香的意境和妙趣，无不透露出知识分子生活的智慧和幽默，散发出我们传统文化的特有魅力，使得文人生活情趣，活灵活现，跃然壶上。

吾家梅翁梅调鼎，浙江宁波慈城人，据《慈溪光绪志》记载，梅家先祖梅宽夫，乃南宋咸淳七年(1271)进士，调慈溪尉，曾率当地义勇响应文天祥号召，为大宋尽忠，战死常州。“调鼎”之名，取自宋代诗人张耒《梅花》诗：“调鼎自期终有实，论花天下更无香。”在中国古代，“调梅、调鼎”均指和味天下的宰相，说明梅氏家族一直对他寄予厚望。但当清朝科举应试时，梅调鼎因书法不合“馆阁体”而被拒，名落孙山。福兮祸兮，和那位狂放才子龚自珍破罐破摔不同，梅翁放弃科举之后，即开始发愤练习书法。

由于布衣终生，梅调鼎气质自然是不肯随俗，自甘寂寞。梅翁淡泊名利，自视颇高，与达官贵人一直难于同调。读梅调鼎壶铭，可以看出，真正的梅翁，机智幽默，充满生活情趣，思维活跃，心态也恬然自适，与那种落第衰朽的乡村学究穷酸迂腐有着本质区别。

在紫砂壶历史上，梅调鼎晚于陈曼生 70 年。陈曼生确实开创了文人参与的一代风气，但老陈那可是携友朋、幕僚热热闹闹玩乐人生；而梅调鼎呢，乃是以他的个性和文化兴之所至。梅调鼎其文其壶，并不逊于陈曼生，他的书法造诣甚至远远高于陈曼生，可惜，在紫砂史上，我家梅翁影响却不及后者。但无论如何，陈曼生之后，梅调鼎在提升紫砂壶文化方面，乃当之无愧的第一人。特别是梅翁书法，几臻妙境。

细观梅翁书法，二王为师，参及晋唐大家名迹，无所不至，无所不学。他用力最深者，乃王羲之、褚遂良、唐太宗，但梅翁并不依他人门户，而是独来独往，自成一家。他早年书法，自然朴素，如乡村美人，不施脂粉，自然美好；中年之后，笔墨掺入大欧，逐渐化圆为方；晚年之时，梅翁专用方笔写北碑，书法风格大变，沉雄古拙，更为剽悍逼人。而且，梅翁写字纯用中锋，又因他擅用长笔头羊毫，所以执笔极高，回腕虚掌，潇洒自如。他的字，最大特点是多飞白，凡枯笔皆成双钩。此外，梅翁还善用淡墨、生纸，生纸最易渗墨，淡墨不容易出彩，所以书画家没有相当功力都不大敢用生纸写字。而梅翁自恃笔力，在生纸上用极淡的墨作书，能使墨不渗出字外，确实非一般书法家所及。

书法之外，梅调鼎还擅长作诗，特别是他两对茶联，往往引见于古代名家联句或诗句，可见其爱茶之一斑。其一为：雷文古鼎八九个，日铸新茶三两瓯。

此联原作者为郑板桥。“雷文”亦作“雷纹”，是青铜器上一种典型的、以连续的“回”字形线条所构成的几何图案纹饰；“八九”为虚数所指，与下联的“三两”对仗。日铸茶，为宋代越州（今绍兴）名茶。“瓯”，原指盆盂一类的瓦器，常被诗人代指茶碗。从这对书法联句中可以看出，雷纹古鼎与茶，乃梅翁日常生活中的最爱。

另一联为：林间煮茗烧红叶，石上题诗扫绿苔。

此联典出白居易《送王十八归山寄题仙游寺》中诗句：“林

间暖酒烧红叶，石上题诗扫绿苔。”梅翁将“暖酒”两字改为“煮茗”，巧妙地将酒诗变成了茶联。联后有朱、白两鉴：“调鼎”为白印，“字廷宽号友竹”为朱印。一般简介说梅调鼎字友竹，但从此联落款来看，他的字应该为“廷宽”，“友竹”，乃梅翁别号也。

壶以人贵，壶以文贵，壶以书贵！梅调鼎晚年，出于文人爱好，性喜品茗之余，更爱紫砂壶。在沪甬两地名门资助下，他在现在的宁波慈城创办“玉成窑”，聘请慈城篆刻家丁山农，宜兴制壶名家何心舟、王东石等人过去帮他制壶。“玉成窑”作品，都是文人之间相互馈赠把玩的精品，传世不多，这个窑口的作品，除了紫砂壶、紫砂花瓶、花盆外，还有紫砂笔筒、水盂、笔洗等文房四宝。

“玉成窑”紫砂用品，创作精良，多有落款。梅翁一生为各种式样的紫砂器制铭不下百余种，皆一一为之亲自题写，然后再由名家丁山农等人刻在紫砂器上。他那超妙入神的书法和清新隽永的壶铭，使文人雅士在品尝名茶之时妙趣横生。

最后，再说说我友赵亚明、文华两位爷所购买假仿的那把传世博浪椎壶真品。

梅翁所铭诸壶，都是宁波“玉成窑”烧造，并由宜兴陶工王东石、何心舟等在彼处所制。而“玉成窑”制品泥料，料细而颜色偏淡，但这把博浪椎壶，黝黑如铁，细泥粗砂。所以，此壶与其他诸壶是否同出于梅翁创制的“玉成窑”，似有存疑。

碧芽何须托紫玉

读了我上面对紫砂壶的鉴别，看官肯定有所感觉，好像我洋洋自得，专家得了不起，玩了多少年紫砂似的。

非也!

第一把收藏意义的紫砂，于我而言，确实早在1993年才拥有过一把。当时虽然拥有，一直没有珍惜过。那年，五月份我生日当天，收到了女朋友，也就是日后老婆的生日礼物——一把高建芳全手工花货紫砂壶（高建芳乃蒋蓉大师嫡传弟子）。壶身灿然，为生机盎然的绿色葡萄，上面卧着一个松鼠（我老婆是属鼠的）。由于制壶者在形与神关系方面处理得极好，不仅仅形似，而且趣味十足。

记得我收到礼物后，即时还挺高兴，还说，如果松鼠卧在梅花上，就更好了，因为我姓梅嘛。等我问了价格，心头子陡然一沉，脸蛋子猛然一耷拉——2800！

“不就2800，不贵嘛，现在哪对男女朋友随便买个礼物都是这个价，你心里沉啥啊？”有看官肯定会不屑。

别忘了，在1993年，2800可不是一个小数目。当时我和女朋友都在银行工作，我研究生毕业，工资也不过1000出头；而她的工资，每月才800左右。也就是说，为了给我过生日，她花了超出她月工资三倍的价格，悄悄提前到当时深圳唯一售卖文玩奢侈品的商店“博雅”仔细挑选，最后给我买了一个基本没有任何实用价值的紫砂壶。

一把紫砂壶，又贵又没用，难怪我不高兴。如今回首思之，倍加感动，倒不是因为那把壶到今天涨价了多少，而是回味当时老婆的那片心意——贫贱夫妻百事哀。世事艰难，当时多事，而我老婆20岁的小姑娘，还要时刻面对我阴晴不定的一张“狗”脸，也真难为她了！

在我的青年时代，尤其是刚刚参加工作的时候，我身上总是改不掉由奶奶带大孩子的那种少爷羔子的习气，大手大脚，奢侈浪费，吃穿讲究，大概也是为了迎合我的那种习气，为了让我自我感觉好、能高兴，我老婆当时才会花那么多的钱给我买那么没有实用功用的东西。

“吾妻之美我者，私我也！”当然，感念之情，其实心内存之。不过，当时那把紫砂壶我根本没有用过一次，放入锦盒之后，即束之高阁了。

不是有句话吗，“紫砂壶，买来不用等于摔碎”，也对，也不对。对者，紫砂不养护不使用，差不多水泥一小堆，不拿紫砂壶侍茶，紫砂也就没有了生命；否者，不用也就不会碰，虽然上面没有岁月小痕迹，也凝固了那段时光在壶身。日后，等我真喜欢紫砂了，抚摩把玩，看它渐渐在我手中涵香纳味，看它渐渐光泽浑朴，看它渐渐古润。往日依稀，情感尤浓……

自从1997年福州之行我喜欢乌龙茶之后，爱屋及乌，有段时间内我确实开始喜欢紫砂，研究紫砂，但生活的奔波很快窒息掉了那种闲情逸致。

凡事皆有轮回。2009年初秋时分，受人感染，忽然之间再一次大大沉迷于紫砂壶。

紫砂瘾重新勾起，说来话长，还是因为我老友单西田。单西田这位老友，金融天才，其实原本他对于风花雪月的事物不是很感兴趣。平日到我办公室喝茶，对于紫砂茶杯茶壶啥的，硬磕愣放，几近摔砸，没有任何感觉。他，只对收益率、市盈率、实用率啥的感兴趣。

有一次，这哥们偶然到深圳专门卖工艺品的市场艺展中心瞎逛，忽然就开始对紫砂壶、黄花梨茶盘啥的大感兴趣了。

单西田40多岁的人了，一天之间难道就从胡雪岩变成李渔？当然，世上没有无缘无故的爱，也没有无缘无故的恨，凡人身上，当然没有发生如此质的飞越。原来，他喜欢上了艺展中心开店的湖南妹子阿左妹。这姑娘，人小鬼大，长袖善舞，开了个10平米左右的小店铺，专门售卖黄花梨和紫砂壶。

爱要怎么说出口，爱了确实很难受。老家伙恋爱，和老房子着火一样，不得了不得了，呼呼的火苗子顿时燃烧了理智。一个月之内，单西田也从一个刻板的、不知情趣为何物的物质至上主义者，忽然变性，变成了文震亨、李渔加张岱式的人物。

金融老才子单西田，已经40多；那开店的阿左妹，才20出头，水灵灵一双大眼睛，娇滴滴一口湖南普通话，惹得我这个老朋友每周都要去艺展三四次“买东西”。

如果单西田花大价钱买湖南妹子的东西，也谈不上什么不好。这个世界的金钱就是这样流通的，喜动不喜静；再说，即使好梦成真，即使我们这个老哥们和阿左妹共享于飞之乐，那也是西门庆鼓捣潘金莲，一个愿做，一个愿挨，和我等一帮朋友没啥关系——等等，还真有关系——为了给心上人阿左妹带去更多的客户，为了降低恋爱成本，从一个纯经济学家的利益和思维出发，单西田软硬兼施，没事就拉着我和几个朋友去艺展阿左妹那里消费，拿我等当电灯泡当肉托。

别说，阿左妹不仅长着一张狐媚俏脸，人家店里面的东西也是五花八门，乱花渐欲迷人眼，货多让人情迷迷。特别紫砂壶一类，大大小小，紫泥、朱泥、红泥、清水泥、黑星土、段泥，无所不包。抚摩着这些真真假假的紫砂壶，我早已压抑住的购买欲也一下子腾蹿上来。

单西田老友去过艺展阿左妹店铺数十次过后，光买壶就花了几近 10 万，似乎还是没能沾到阿左妹毫毛。渴望加失望加盼望，最终他的望“眼”欲穿变得稍稍理性，他就开始撺掇我们这些朋友和他一起消费。

为了形成真切的消费传染，单西田当着我们的面，掏出一大沓现金，大概 12000 左右，作慷慨状，要在阿左妹那里买一把大概是上世纪 60 年代海南出品的老算盘。

什么老算盘这么贵？

黄花梨的！

“这把老算盘上过漆，不像黄花梨木质啊……”老友赵天授表示怀疑。

“嗯，看上去残旧，能值1万多块钱？”老友常务志表情有些鄙夷。

“十五档算盘，这些珠子没上漆没打蜡，肯定是黄花梨的。价格嘛，有些贵了。不过，‘广东琼山县日用制品厂’出品，嗯，商标对路，从前海南属于广东省……”我假装内行，为单西田稍稍解围。

阿左妹秋波荡漾，笑意盈盈。“太对了，就看这商标，看地址，‘府城镇新华路’，肯定就是开门老海南黄花梨算盘！”接着，她扭头对着赵天授说：“您要不信，我现在拿粗砂纸来，当面打磨，把算盘框子上面的漆打磨下去，闻闻味儿，看看纹理，让您知道什么是正宗海南黄花梨！”

常务志接着表示他有“涵养”的异议。“这算盘，我认为，百分之七八十吧，是海南黄花梨的。不过，算盘这种东西，日常用品罢了，又不是文玩，哪里能值这么多钱？”

单西田腮边咬肌滚动，切齿而无语。显然，他拉我们摊平他恋爱成本的初衷似乎难以实现。

阿左妹眼中波光凛冽，寒星一闪，随即笑上眉梢。“这位胖先生说得对，黄花梨算盘从前是不值钱，10多年前才200块钱一把呢，呵呵，我男朋友……不，我从前男朋友他爸爸就是专门在海南捣腾黄花梨木器的，他就曾说过，当初他买了一仓库的黄花梨旧算盘，算下来平均价是 80 块钱一把。呵呵，那是从前的旧黄历了。从前 80 块钱是一个人两个月的工资，像我们单大哥这种大玩家，12000 不过是你两天的工资……”

“算盘确实不算文玩，似乎这个价格也有些贵，不过呢，我买这把算盘是为了尽孝心，我爸爸家里从前老苦了，他上中学的时候到县城里面念书，人家都有算盘，我们家里买不起，当时我爷爷只能自己烧制一个泥算盘让我爸爸用……”单西田追忆似水流年。

“呀！单大哥，你真是孝子，算了，给你便宜点，报答你这份孝心，不要 12000 了，收你 11800！”阿左妹这个湘妹子真不得了，她脸儿如醉，眼波似水，小燕子一般，轻轻掠走单西田手中那沓钞票，从中唰唰抽出两张还给了老哥们。

别说，消费这种行为真有传染力。看到单西田拿着那把黄花梨算盘摩挲不已，我和常务志、赵天授几个人有些手热眼热，也跃跃欲试。

不过，常务志是个买东西的人精，赵天授在坊间外号“150”(一般他只消费这个价格的“古玩”)，只有我属于真傻真冲动那种。

黄花梨的东西，说句实话，阿左妹店铺里面我还真没看上什么，就是对她红木柜子里面琳琅满目的紫砂壶情有独钟。掂来看去，我看上一把 130 毫升的朱泥水平壶。

“梅先生您真的好眼力！您肯定是紫砂壶老玩家了！这把壶

是最好的赵庄朱泥，您看您看，颜色略泛橘光，有点发黄的感觉，又温润又透明，质感多好啊……”阿左妹天生做生意的材料，夸起自己东西来头头是道。

“根据我多年经验，朱泥假货最多！”老友赵天授在一旁有些悻悻，“这把壶，倒不是加了铁红粉那种红泥假冒的朱泥，我感觉烧造的温度不够……”

虽然赵天授外号“150”，平日尖酸小气，但他的鉴赏能力绝对和他的财迷智商一样非常之高。

阿左妹没急，单西田倒先急了。“什么真的假的，什么温度不够，我看是你眼力不够！梅爷，这把朱泥壶绝对好，绝对颜色对，别看我对紫砂研究不多，可是我老丈人……不，我从前的老丈人，那可是专家，他退休前当过扬州一家漆器厂的厂长，家里有不少紫砂壶，去年还带给过我一把呢。如果你喜欢紫砂壶，我送给你，不，你拿我喜欢的东西，我们交换吧……”

“无皱不成朱”，据我从网上搜寻得到的、隐约记得的知识，听说朱泥由于性质收缩和砂浆比率的关系，壶身有“节皱纹”，好像卫生纸贴过一样。仔细看手中这把壶，确实有许多微细、紧密的皱纹而且是自然收缩的感觉，浆面泛金，晶莹润泽，让我爱不释手。

“9000 块，不贵。”阿左妹看出了我对这把壶的喜爱。

“不贵，真不贵！”单西田夫妻店男店主一般在旁边当托儿，“看我这把破算盘都要 12000，这么一把美轮美奂、能看又能喝的朱泥壶，才 9000 块，太便宜了……”

“一口价，4800！”摒弃阿左妹的干扰和单西田的怂恿，我以一个老玩家老买家的近乎蛮横态度还价。从 9000 到 4800，几乎腰斩，其实说明我潜意识之中也不是特别想买。

“算了，给你了！”阿左妹语气中充满失望，眼里却掩饰不住得意。

听阿左妹如此爽快答应，我知道自己又买贵了。

赵天授、常务志两位老友嘿嘿，鄙夷不屑。

单西田若有所思。我几乎还去五折的价钱，估计让他思虑起他所买黄花梨旧算盘的真实价格。

“不怕买贵了，就怕买不对了……”我边掏钱，边自我解嘲。

“几位大哥，紫砂壶有灵性呦，‘开壶’很重要，新壶拿回去不能直接泡茶，第一步呢，用矿泉水煮，最少也要煮一个小时，用文火煮，这样做壶身气孔就释放出新壶的土味和杂质；第二步呢，用老豆腐煮，至少也要一个小时呦，新壶火气就没有了；第三步呢，买根甘蔗，要嫩的呦，至少煮一个小时；别忙，还有第四步，最后还要用茶叶煮新壶，一个小时呦……我们家老公，不，我从前男朋友的老爸爸，他从前新买紫砂壶，没有使用之前都在清水中浸泡三四天，每天换水好几次呢。紫砂壶是经过 1000 多度高温烧制，窑内烧制的时候有铁质渗出呦，不清除干净这些铁质，对人体有害不说，还会让茶水变味呦……”

估计是几笔生意赚了不少，阿左妹大掉书袋，边拿包装锦盒安置朱泥壶和单西田的老算盘，边唠唠叨叨，给我们普及开新壶的知识。

买个新紫砂壶，喝茶而已，哪里这么啰嗦！

刚刚回到办公室，为了即时感受赵庄朱泥绵密柔滑的砂感和热水冲淋之时所将展现的娇嫩鲜红颜色，我马上拿出新买的朱泥壶，找了一撮台湾书商送给我的上好台湾红茶，电水壶坐开了一壶开水，哧溜一声，冲入。

咔啪一声！电光石火之间，我倒没有看到新买朱泥水平壶壶身紫光游移的遽现，没有看到传说中的朱泥神秘迷人风韵，却在那一声又闷又脆响声过后，眼睁睁看到壶身从底下裂开一道缝隙。刚刚浇入的开水，汩汩而出，烫得我的老红木茶桌嗞嗞直冒气……

见此情景，我脸色大变。

“呵呵，4800，没了。”赵天授幸灾乐祸。

这把从阿左妹店铺里面买来的朱泥紫砂壶，我不仅买贵了，还买不对了！

难道不是朱泥？难道是加粉染色假朱泥？

这把壶，还真是朱泥！不过，其实真让赵天授那张乌鸦嘴给说对了。

“紫砂壶能被开水烫裂了，咄咄怪事。”常务志抚摩自己的胖脸有些茫然，“哦，对了，我似乎听说紫砂壶中只有朱泥壶会裂，使用前应该先拿热水浇淋壶身外面……也不对，那是在冬天的北方，我们这里是深圳啊，又是大热天的……”

“完了，如果不裂还能到阿左妹那里去换把新壶，这下完了……”只有单西田有些厚道，倒真替我表示了一些惋惜之情。

气急败坏，我还真不能表现出来。当，是自己上的，怪不得别人。呆愣半晌，皮松肉紧，我只能嘿嘿一笑，佯装魏晋名士了。

日后，我找到专家去问，得知我买的这把紫砂壶，确是朱泥所造，但匠人烧制的时候为了追求成品率，怕在炉内烧爆裂了，所以温度不够。低温烧制的制成品朱泥壶，其实是个只能看不能用的东西。当时我 100 度开水冲进去，如此低温烧制看似温润可人的朱泥壶，登时难忍收缩率，不裂才怪！

水涨船高诱物欲

愈挫愈奋。坏了这把朱泥壶，倒勾起我一腔购买紫砂壶的“杀心”。于是，为了满足炽热的物质占有欲，我提前休年假，坐飞机飞往南京。

南京真热啊，站在室外阳光下一分钟，就感觉被烤糊了一样。深圳也热，那是湿热，这里可是真正的干热。秋老虎的热，赶不上我这种被消费欲望燃烧的燥热，二热相抵相争，后者占了上风。

有看官肯定心生疑窦：“紫砂壶产地在宜兴，你去南京干啥？”

紫砂壶产地确实在宜兴，但是在宜兴下面的丁蜀镇。相比南京、无锡和上海三个机场，坐飞机到南京然后去丁蜀镇最为便捷。不是批量购买紫砂壶的老客，还真没这知识！

于是，脑海中荡漾着真正的朱泥紫砂壶的倩影，我乘车直奔丁蜀镇，一种刚刚入门的进货商人的狂热，到这个紫砂壶大本营狂购了一顿……

冒着40度以上的高温，迎着因刚刚发布的紫砂泥料接近枯竭的传言而疯涨的市场价格，我走街串巷，先去丁蜀镇紫砂厂的老厂区老旧楼房探访了个个以工作室命名的小黑屋，接着逛遍了迷宫般的无比硕大的紫砂专营大市场。行行重行行，梅大王差点在丁蜀镇中暑而“殂”。(为什么用“殂”，有看官问。《资治通鉴》有胡三省释义：帝王临崩，未有大一统天下，死时曰“殂”。大王如中暑而殁，买壶事业未竟，当然也要称“殂”！)

据阿左妹讲，要在紫砂壶产地买稍微便宜的壶，千万别让“熟人”带，因为在一个成熟的、物欲的、势利的市场中，没有“熟人”，只有宰熟。

那么，怎么做才可以避免挨大宰呢？

自己佯装开店进货的买家！

别说，这招似乎管用，得知我是深圳开店铺的买家，那些紫砂商铺的店主都抱着拉住长期进货客户的意思，基本按照行内批发价卖我“样品”。饶是登山练出的戴宗脚力，顶着暑热，热汗滴紫砂，累得我一天下来也是几近虚脱。

最终，花了大几万银子，我买回好几把紫砂壶（主要是朱泥的，赵庄的，小煤窑的，据说都是上好朱泥，朱泥原矿）和千奇百怪一堆紫砂小玩意儿。

抚摩着如许多的紫砂壶和紫砂玩意儿，想起钱起的诗，感觉自己还是物欲时代物欲的人，古人意境，难觅影踪：

竹下忘言对紫茶，全胜羽客醉流霞。尘心洗尽兴难尽，一树蝉声片影斜。

有个哲学家说过："我们生活中每一步的结果，都是每一圈涟漪，都源自某天某人向你命运池塘中投入的某颗石子……"从经济角度看，这次无锡丁蜀镇之行最大的收获，不是在当地的收获，而是老友单西田赠予我的收获。

那么，我会有什么意想不到的收获呢？

我显摆无锡买来的一堆紫砂壶、紫砂器，红红绿绿，轰轰烈烈，摆满一桌子加半地，各位朋友都来观赏。

单西田对于一把段泥的子冶石瓢非常感兴趣，爱不释手。这种紫砂壶壶体确实巧妙，乃三角形对照变化的典范：身筒与盖，合为一个大三角；把圈为三角；钮为三角；三足鼎立也为三角，甚至直流和身筒也构成一种虚拟三角。当然，单西田老友可能并非钟情于子冶石瓢器形的流畅与和谐，也不是对壶体清奇脱俗的那种“骨力”着迷，潜意识当中，他可能想到的是他所追求所喜爱所花钱的阿左妹与他自身婚姻状况之间的另一种虚拟“三角”……

“这把壶，不贵吧？”单西田试探问。

“就这把壶贵。”我都有点吊人奸商的意思了，顾客喜欢哪样东西，哪样东西就最好最贵。

“有多贵？”

“你看，用的泥是‘大红袍’，真正珍稀紫砂泥。这把壶，就这把壶，比所有其它东西加在一起都贵！”(其实我说了谎，这把壶由于非名人所制，价格才 1 万不到。)

看我如此斩钉截铁，深谙经济之道的单西田退缩了。良久，他从随身袋子里掏出一把壶。“我拿这把壶和你换吧，你那把壶不是名家壶，我这把壶，去年我老丈人送我的，作者是丁蜀镇一个名家，中青年名家，叫范什么来着……”

本来，我不可能和单西田进行壶壶交换的，因为我到丁蜀镇本地购买的这把子冶石瓢，乃老紫砂厂中一个工作室内老工人所做，费力费时，器形特别完美。这把壶，自然光下，可见壶身简洁刻绘纵横梅枝，氤氲着一种刚健秀美的风骨，逸趣非凡，熠熠生辉，大有遗世独立之意。

但是，当单西田拿出他那把壶的时候，也让我怦然心动——这把清水泥春暖壶，光货，表面没有任何纹饰，壶盖与壶身嵌合紧密，器型端庄沉稳，壶盖旋转顺滑。“方非一式，圆不一样”，线条挺括流畅、厚薄分明。

光壶，容不得任何瑕疵，因为它没有雕饰可以掩盖外表的缺欠，所以局部细节处理要特别谨慎，否则就“露怯”。一把好光壶，让人一看就会产生愉悦的美感。内行人都知道，紫砂壶中，上乘光货作品，最考制作者技艺和功力，这就和考大师傅炒菜要考炒青菜一样的意思。

由于我父亲乃大学美学教授，家中美学书籍就排了几大书架，从小我就读过无数美学专业词汇。而我知道，审美心理学有个重要的词汇：移情。也就是说，当我们聚精会神“观照”一个客体对象时，由于审美的移情作用，会把自我生命的内涵和情趣移注到那个对象里去，由此一来，原本无生命、无情趣的客体外物，一下子就蕴含了丰富的意义，而“本体”的我呢，也在过程中达到了审美的愉悦，甚至物我两忘。

“相看两不厌，只有敬亭山。”摆满一桌子的东西，相看两不忘，唯有这把壶。

估计看出了我眼神中的沉迷和贪婪，单西田脑子里经济弦又开始绷紧了。“哦，我对老丈人送我的这把壶还没有做‘功课’呢，我要上网查查，作者范什么来着……范伟群，到底是什么背景，说不定还是个大师呢……如果是大师作品，就不和你换了……”

还好，当时幸亏有贵人相助，我有个好朋友叫文华，他当时就拿手机上网搜索，在“淘宝网”搜索，搜到的结果，范伟群类似的壶并不贵，七八千块钱的样子。也幸亏他是搜淘宝网，上面不少赝品，故而才有这个价钱。

依据直觉，我非常非常喜欢范伟群这把壶。和单西田“交易”过后，我上网细查，发现这位范伟群确实挺有名，乃清末民初制壶大家范大生嫡孙。紫砂壶制作这行业，没有家族遗传，没有文化遗传，还真不好说能出上乘之品。

未待单西田开通他那经济学家的大脑，我果断拍板：换了！

“呵呵，我也是看中你这把壶上面所刻梅花了，知道吗，阿左妹的名字里面，就有个‘梅’字，我要送这把壶给她，当生日礼物呢……如果我提前说，或许你要跟我加价多换东西呢……happy birthday to you……”单西田很得意。

原来如此。老房子着火火苗子旺；老男人爱情发烧低智商。

“是啊，我也是忍痛让你，你阿左妹名字里面有‘梅’，而我姓梅啊，把雕有梅花的壶让给你，我心里多不好受啊……”我故作沉痛，其实心里挺高兴。如果因为自己姓梅而买带梅花纹饰的中国古董，那绝对是不可能完成的任务。即使你拥有比尔·盖茨的财富，也买不完其中一小小部分——自宋朝之后，梅花在中国文化中，是头等精神符号！

“你这把春暖壶，是你老丈人免费送你的，我这把壶是我冒着酷暑在丁蜀镇淘来的，无论从经济上还是感情上看，我都吃亏了……”和老友文华交换了一下小眼神，我对单西田说。

…………

“那把壶，范伟群的壶，我吃亏了！！！”

过了大概几个月，单西田有一天发疯一般冲进我的办公室，很失态地挥舞着手臂嚷嚷着。这位大基金公司的基金经理，每次赔公家的钱都是以千万、亿万计，也没见他这么悲伤过。

接过他用彩色打印机打印出来的一条消息，我恍然：最近范伟群紫砂壶拍卖，一把类似他和我交换的那把紫砂壶光壶，拍出了15万的高价！

恰好，老友文华当时还在坐，见单西田如此失态，很是讽刺了他几句：“什么吃亏占便宜的！当时我可是证人，人家梅大王义薄云天的，当时根本不知道你那把白来的壶价值几何，也没有预知范伟群作品今天拍卖价格的能力，人家就是看你喜欢，为了让你爱情更上层楼，才和你换壶的……男子汉大丈夫，一言九鼎，吐个唾沫是颗钉，你至于吗，难道要梅大王退回你那把壶不成？”

闻听此语有理，单西田讪讪，随即哈哈。“逗你们玩呢……我哪里有反悔的道理，无所谓赔赚，反正那把壶我也是不花钱得来的……不过，老丈人送我的东西，我随便就给换了，怕日后我老婆知道此事后，呵呵，怕她打我……”

老友文华还总结：“世事轮回，暗室莫要欺心。你看，人家梅大王被你拉着去阿左妹那里消费，买个4800的茶壶，回来就裂了；接着，你自己主动找上门，非要拿个价值10多万的茶壶换人家梅大王极其喜爱的茶壶，当时也不知道价值不对等啊，冥冥之中，老实人不吃亏啊……”

于是，我们三个人哈哈，皆大欢喜的样子。

正说着话，赵天授施施然来，还拉着一个专业照人像的摄影师——当时我在《百家讲坛》录制的《梅毅话英雄·鲜为人知的杨家将》即将播出，编导让我必须照几张特“摆”的照片做宣传片用。为此，我才央求老友赵天授找个他熟悉的业内专业摄影家来帮忙。

老友赵天授，专业也是金融，业余时间几乎全部投入人体拍摄，但他只拍女裸体，故而似我这种穿衣服的男人体他断然拒绝拍摄。毕竟老友鬼鬼，他自己拒绝后有些不好意思，就找了一位业内付费的专业摄影师来给我拍“玉照”。

“大美不言啊，养壶急不得，要想养好壶，有外养，还有内养，内外兼修，才能养出好壶。”单西田毕竟不负阿左妹，近来紫砂壶知识大涨，理论一套一套的，比说起房中术还要幸福和兴奋。

“内养，外养，这么复杂啊？”我问。

赵天授和他找来的摄影师也都落座，听单西田神侃。

“内养，就是泡好茶喽，一个壶养一种茶喽；外养吗，肯定就要勤泡茶，勤擦拭。时时用细纱布擦拭壶里面散出的水汽和流淌在壶身的茶痕，久而久之，壶里面的茶油也就顺势吸附于壶壁之中，慢慢往外透，壶壁肯定金玉生辉！”

显然，时间不是很长，单西田经过小爱人阿左妹的指导和自己的悉心学习，无论紫砂理论还是实践，都有质的提高。

说着话，单西田拿起我桌子上面他认为和我换上当了的那把范伟群所制紫砂壶，开始大夸起来：“你们看，这把壶，血肉丰满，结构匀称，英气逼人！才几个月时间，瞧瞧，真是好壶，这颜色变的，润泽流淌，跟里面有血管子似的……”

岂料，单西田话音甫落，跟随赵天授而来的摄影师冷冷一句话，很是耐人寻味：

“紫砂壶吗，也就是一团泥烧成，用不着弄得太玄虚了。即使是农村村民泥烧的尿盆，你天天往里面浇热尿，温度不会太高吧，日久也会变色，也会透亮，也会润泽！……我不是瞎胡说啊，我学化学专业出身，还插过队，下过乡，也用过泥尿壶，近10年来，大大小小买了几百把紫砂壶，我也懂玩紫砂壶呦……”

第三章　掌上旋日月　时光欲倒流

掌上旋日月，时光欲倒流。周身气血涌，何年是白头？

这首诗，内容虽然浅白易懂，但对于普通读者来说，读后多数会不明就里，如坠五里云雾之中。啥，还“掌上旋日月”？太阳月亮的，能在手掌上转？

但如此四句打油诗，对于文玩核桃的玩家来说，特别是北京爷们，那就耳熟能详。他们会炫晃着手里嘎嘎作响的玩意儿，津津乐道：“瞧，人家乾隆爷写的诗，皇帝都玩这个！”

也就是说，诗中所谓“掌上旋日月”，就是玩家手里转晃的文玩核桃。

那么，这首诗，真的是乾隆所作吗？

肯定不是。

其人其事，虽然是文学史上一个大笑话，但乾隆确实算得上“诗霸”级人物。这个乾隆，25岁登极，在位长达60年，做太上皇4年，也就是说，他实际执政时间达64年之久。皇帝之中，前无古人！

活了这么久，祸害、玷污了无数历史古画文物之余，乾隆又属于那种文学老中青，随时随地发骚发情。文学荷尔蒙发达，发情发骚，他就写诗，写那些高级打油诗。据学者统计，记入他名下的诗，多达41800首。说起来挺吓人挺唬人，他一个人的歪诗，超过整个《全唐诗》诗歌总数。

从量上说，历史上唯一能和乾隆相比的，只有宋朝诗人陆游，而陆放翁一辈子所写，不过9300余首。就这样，陆爷一辈子勤勤恳恳自己写的诗，数量也不到天天政务繁忙加吃喝玩乐的乾隆所作诗歌的四分之一。幸亏清朝没有方舟子，也不敢有方舟子，没人能对装蒜的皇帝老儿质疑。

钱锺书先生在《谈艺录》中评价过乾隆的诗："清高宗亦以文为诗，语助拖沓，令人作呕。"此评甚为中肯！先不说乾隆4万多首诗多为沈德潜等阿谀马屁文臣当枪手代做，就是他本人有感而发所写诗文，要不浅白粗俗，要不佶屈聱牙，诗歌水平根本就属于七八流，甚至不入流！

由于谀臣沈德潜捉刀得力，乾隆特别高兴，沈老头子退休后，也特尊称其为"大老"(如今黑社会"大佬"一词，或许追根溯源出于乾隆)，赐诗中也吹捧这位枪手说"我爱沈德潜，淳风挹古初"等句。其实挺悲摧，乾隆连如此浅薄的吹捧，都出自李白"吾爱孟夫子，风流天下闻"。

不过，沈德潜死后，乾隆不放心，让人拿沈的遗诗来读，猛然发现，老沈也属于九泉之下不甘寂寞之人，把平时为自己捉刀的诗歌全部放入自己遗著诗集中，显然准备死后刊印发行。而自己昔日让老沈捉刀的诗作，竟然全部收辑在里面。

震怒之下，乾隆还不好马上为此发作。心中大不满之际，清廷正好查办江南举人徐述夔《一柱楼集》，因为里面有所谓的“悖逆语”。瞌睡来枕头，乾隆借题发挥，捕风捉影乃其强项，于是有罪推定，抓住把柄，沈德潜曾经为这本文集作过序，因此下诏，“夺德潜赠官，罢祠削谥，仆其墓碑”。

老沈这个人瑞老枪手，还算命好，善终床箦，就是死后差点被旧主子挫骨扬灰。

可见，大凡作家，无论是谁，都怕被人说是抄袭或者代笔。连贵为皇帝的文学老年乾隆尚且如此恼羞成怒，更别说当今被方舟子曝光的人了。

清朝历史，乾隆这个“爱”诗皇帝的存在，对于中国文学史和中国文人来说，是个极大的悲剧。他虽然是个蹩脚诗人，但他懂诗，能从诗中嗅出“文字狱”来。清朝历史上文字狱 160 多件，乾隆一朝就有 130 多件之多，可谓骇人听闻。而他所谓爱文化、保文化的《四库全书》，修纂过程中毁书销书删书改书，堪比秦始皇的“焚书坑儒”。如此阴险毒辣的文化统治权谋，还被阎崇年老师等深爱大清朝的学者粉饰为“一代盛事”，实在让人叹息。

我们知道，仅明史一代历史的资料，乾隆朝就销毁无数档案资料，至今我们国家第一历史档案馆保存的明代档案，只剩下 3000 件（清朝本朝档案却有 1000 万件之多），明初和明中期的档案全部被乾隆和他手下御用奴才文人有目的销毁。

如果说乾隆是个蹩脚诗人，说他是个高级文盲，也不尽然。但他自己所作的诗歌，大多粉饰太平，装点门面，自己夸自个儿的统治时代是“盛世”，真真……可悲可笑的是，号称“诗霸”的皇帝，名下诗歌4万多，最后能够流传人口的，能脍炙人口的，一首诗都没有！

不，马上有看官眼毒，会愤怒指出：梅大王，你在这篇文章一开头“掌中旋日月”那四句文玩核桃打油诗，应该就是乾隆皇帝写的嘛！瞧，现在玩核桃的屠猪杀狗辈都会吟诵！

呵呵，这四句打油诗，虽然水平颇似乾隆皇帝，但还真不是他写的，不过讹传而已，“据传”而已。

查遍《四库全书简明目录》乾隆诗歌四个大集子，包括零散独编的所谓《御制诗集》，乾隆咏文玩葫芦的诗确实做过好几首，而盛夸文玩核桃的，根本不存在！

纵使深山更深处

我第一对真正的文玩核桃，2008年就有了。

那年秋天，我休假回北京，和我有20多年交情的中学同学萧大哥，开车带着我去内蒙古游玩。我们避暑消夏，吃了无数嫩羊肉，骑了数匹快马，很是爽了一把。

高兴之余，临别依依，在天津的一个大商场我买了条苏格兰生产的“粑粑瑞”围巾，赠送萧大哥，以示我诚挚的谢意。

接过围巾，戴在被肥肉所压颈椎劳损的脖子上，萧大哥挺高兴，也感动。人，都有投桃报李的意思，他扭头四顾，郑重捡起桌上一个锦盒，说："梅老弟，这个东西就送你吧，对健康非常非常有益……"

我打开一看，以为里面是啥精雕细琢的工艺品。结果不是，小棺材一样的锦盒中，静卧两个条棱毕现的大核桃，黄皮刺啦。

我嘿嘿。"啸，深圳有品种号称'挂绿'的荔枝，单个拍卖最高到 10 多万。你这两个核桃，不会也是稀奇品种吧，味道好吗……"

话音一落，萧大嫂都有些埋怨萧大哥："人家梅老弟送你这么贵的围巾，你回送人家两个破核桃，真行！"

萧大哥脸色泛红，也嘿嘿。"这种核桃，不能吃，听说好像是什么'文玩核桃'，拿手里搓着玩的。大学农学院一个教授送我的，说是什么山里挖来的野生品种，特别耐搓，手上穴位可多啊……"

"朋友情谊，'千里送鸡毛'都是贵重的惦念，可不能用价格来衡量……"我赶忙打岔。

虽然如此说，我还真没拿这对儿面目狰狞的核桃当回事儿。当时，找不到随手可转送的人，又不好在宾馆里面砸吃了或者扔了。

好在这对核桃个头不大，小盒子看上去挺可爱，我就迢迢带回深圳。从此，对于这对核桃来说，梅门一去深如海，锦盒入抽屉，锁入冷宫。"你说过两天来看我，结果一躺就是一年多……"

如果核桃能唱歌，它肯定这样说。

2010年秋天，老友文华到我办公室和我聊天，我在抽屉里面翻找东西，那装盛核桃的锦盒忽然被他发现。“……什么好东西，还藏着掖着的……嗬！什么稀罕核桃，还用锦盒装着，待我砸开，咱们哥俩一人一个！”

我赶忙制止。“这核桃是我一老哥们送我的，说是专门用来搓着玩的，大概和保定铁球差不多，不是吃的核桃……”

文华一听，随即上手搓之，揉之，嘎嘎作响。

讨厌二核相碰的冲耳噪音，我马上对他说：“我送你了！你拿回去搓，别在我耳边响，烦死了……”

马戏团耍花球一样，老友文华手中两个核桃上下飞舞，屁颠儿屁颠儿，施施然离开。

这两个核桃，如果过后没有再见到，肯定会永远消失在我的记忆之中。

大概过了一个多星期，文华又来。手中嘎嘎，还是那对核桃。

搭眼一瞧，我猛然发现，在我抽屉里面躺了一年多白惨惨、黄啦啦的核桃，经文华这么一搓，才几天啊，已经完全变色，金黄润泽，恰似小狮子脑袋一般，煞是可爱。

咦!

即时涌上我脑海里面的想法，就是马上把这对核桃索要回来。

“谢谢啊！”文华来个范伟似的一句。“这可是文玩核桃！学问大啊，搓之，揉之，赏玩之，我现在血压都不高了……谢谢啊！”

文玩核桃！

在这个互联网时代，光凭脑子思考是不管用的，还需要百度搜索。

我坐在电脑前，噼里啪啦一顿乱搜。乱花渐欲迷人眼，文玩核桃真特奇！

原来，能拿来在手中揉捏的文玩核桃，和市面上新疆小贩卖的食用核桃，无论是价格还是质地，都天差地别！那么多种类的核桃当中，只有东北一带所产的楸子、云贵川一带所产的铁核桃以及京津冀晋一带所产的麻核桃，因其外壳质地坚硬，才有可能当作揉搓所用的文玩核桃。其中，华北山区所产麻核桃，是文玩核桃中质地和品相最好的，其中四大名品，包括狮子头、官帽、公子帽和鸡心。

老友萧哥送我的那对核桃，应该属于最接近野生品种的狮子头。后来我才得知，那么“野”的野生狮子头，非常罕有，市场发展起来之后，基本都是嫁接品种了。野生品种的文玩核桃，皮特别厚，质地紧密，所以揉搓之时，声似金石琅琅。

唉，肠子悔青。看到文华一对狮子头核桃盘玩得美轮美奂，我自己立马也喜欢上这种东西了。索要回来不可能，再张口去找人家萧大哥要也不现实。气急败坏之余，对着老友文华发誓，我自己一定要去北京最专业的文玩市场，去买一对个大、皮瓷、纹路好的。我还要天天自己亲自盘玩，把它们盘成网上照片中一样类如紫润琥珀一般的“文物”！

也巧了，刚好有事去北京。下飞机第一件事情，我就风尘仆仆赶往核桃发售“圣地”——北京十里河市场。

十里河这个地方，距离我所熟悉的古董集中地潘家园市场，其实只有一公里之遥。10多年来，为了淘旧书和“古董”，我逛过潘家园无数次，却从来没有到过咫尺之遥的十里河（甚至先前都没听说过有这个市场）。

不是周末，又逢冬日严寒，十里河雅园国际市场，楼上楼下，基本没有什么客人。寻摸一会，我直奔其中看上去门面最大的一家店铺，开始寻找我心目中理想的核桃。

结果，问过几对核桃的价格，让我又懊悔又失望。懊悔的是，类似我送给文华老友的那对44毫米直径狮子头核桃，竟然价格高达七八千元一对；失望的是，我想象中的个大精美核桃，市场上已经难觅影踪。临近春节，店铺里面的上好核桃该卖的都卖了，品相好的东西，基本所剩无几。

和所有初上道者一样，当时我最渴望的文玩核桃，不是最好，而是最大。所以，我一直找寻“大”核桃。转来转去，又发现楼梯拐角处有个店，柜台深处，摆放个能转动的圆盘，上面不是什么名牌首饰或者手表，也不是田黄翡翠，而是一对直径够大、纹路够野，和我想象基本相符的大核桃。

射灯闪烁下，这对大核桃纹路疏密得当，宽边厚缘，配对均匀，质地紧密。如果拿这对核桃给文华老友看，非让他嫉妒死！

“这对儿核桃，您给我看看。”压抑住内心的喜欢，故作老玩家状，我对店主提出要求。

店主迟疑了片刻，大概在瞬间，他脑子里面也是千回百转，判断我是否行家，揣测我是否穷逼一枚。最终，business is business，生意就是生意，他还是弯下腰，从小转盘上小心翼翼地拿下一个核桃。就着灯光他再次仔细瞧了瞧，然后，也不直接递给我，轻轻放到了柜台上面一个绒面的小盘子里——这哪里是卖核桃，简直就是卖天价古董的架势。“您拿好了，这核桃接近51的，够个儿！”

店主所说的“51”，是指单个核桃的核肚直径51毫米。别说，就这么单个一个核桃，拿在手里非常沉手，涨手，很有坠感。也就是说，像我这样比较纤细的玉手，真要把这对核桃放在一只手里面把玩，很有些勉为其难，太大了。

“嗬，个头真够大，盘不好的话，掉在地上就可能摔尖儿啊……”假装特内行，我嘴里如此说。其实，也是替自己打退堂鼓不想买做个铺垫。

如此核桃，如此个头，如此品相，肯定便宜不了。即便如此，我还是故作漫不经心，随口问了一句：“这对儿，什么价儿？”

“15万！”

“15万？！”

“15万！”

靠靠靠靠！即使事先我有心理准备，知道好的文玩核桃能卖到成千上万，但无论如何，我也想不到个头远远不如一对保定铁球大的麻核桃，价格会高达15万！

要知道，当时，2010年冬，在广东江门购买一套四凳一桌的清中期老红木茶台，也不过就是15万这个价！而那套泰国老红木茶台，精雕细琢，工艺精湛，历经200年风霜，岁月包浆，能赏能用，又怎么能是这样一对穷山恶水之中山坡上自然生长出的核桃所能比拟的呢？

百思不得其解，我深觉店主是在骗人，是在蒙人。冷眼瞧瞧他，我心内涌起一股跳起脚来揍他一拳的冲动。

不过，那个一张脸颇似老葫芦的店主，倒没有一点催我买、骗我钱的意思。他表情冷淡，很小心从黑绒面上拿回那个核桃后，叹息说：“去年（2009）冬天大寒，特冷，河北等地山区好多嫁接好的核桃树都冻死了，能出这样一对核桃，配对儿这么好，颜色这么匀，没修过，没阴皮的，百万里挑一啦……”

即便他如此解释，15万，两个核桃，如此价格，还是超出了我的想象力。

怎么办？即使我本人到了文玩核桃的集中地北京十里河市场，还是得不到一对价钱合理、品相上品的核桃。越得不到，心越痒。

逡巡之间，解铃还需系铃人，想起了我老友萧大哥。平生第一对所谓的文玩核桃，可是他送我的啊。于是，操起电话，没有寒暄，我马上提出要求，希望他开车到北京找我，陪我一起跑一趟河北涞水。

为什么去涞水？因为那里是文玩核桃基地县！整个涞水县，有近3万户农民专门从事麻核桃种植，漫山遍野，大概有几十万株麻核桃树。国内文玩核桃市场中交易的核桃，有95%来自河北；而这其中的90%，都出自涞水一县。

有关麻核桃老家涞水的上述信息，是我十里河市场购买核桃未遂之后，猛查网上资讯之后得知的。幸亏，这文玩麻核桃不是产自西藏、新疆啥地方，如果有那么遥远，可就不能够即时即刻可及可去了。

老友萧大哥很热心，反正他在大学后勤部门工作，闲暇很多。放下电话，油门一踩，他马上开车到北京，没有一点风尘仆仆的倦色和懈怠，热情无限地来接我。

本来，他以为我让他开车来北京，是接我去野三坡啥地方逛逛冬山野水搞反季节旅游。见了面，听清楚我说要去涞水购买核桃，他开始大惑不解：

“文玩核桃？就是前年我送你的那种？好像现在不少人玩那个，你不都有了吗？唉，现在我老婆每次看我戴着你送给我的‘粑粑瑞’围巾，都会提起那对核桃，说我回赠你的礼物太轻……”

“核桃我是有了，你送我的东西，肯定不错啦……深圳我身边几个朋友也喜欢，这次去涞水，就是想多买几对回去送人的……”

不敢告诉萧大哥他送我的那对核桃已经被我转送给老友文华，我支吾着。同时，我更不好意思提醒萧大哥说，他送我的那对核桃，价值很不低，都能买两条“粑粑瑞”山羊绒围巾了。

随便吃了顿午饭，我和萧大哥从北京出发，奔往涞水县城。北京到涞水，不远，一百公里左右。高速路又顺，闲言碎语没讲几句，我们很快就到达目的地。

到达涞水县城，我们开车东找西找，似乎在中心区没看到任何专门店铺卖核桃，都是典型的县城商城，卖衣服卖摩托车啥的，大喇叭小喇叭猛叫，吵得人心烦躁。

转了一个来小时，也没有发现核桃专营商店，灰心丧气之余，我们去到了一个茶馆喝茶。可巧，老板热心肠，说他还真知道有个铺子专门卖核桃。

弯弯绕绕，在老板带路下，我们在县城一个专门售卖古典家具的集市旁边，终于找到那个店铺。店面不大，20平米左右，冷冷清清，里面没有一个顾客。看柜台的是个小伙子，告诉我们说，现在已经不是买文玩核桃的季节。涞水麻核桃的销售旺季，是秋末一个多月的时间段。

看看柜台，刺眼的黄绒布上面，零零碎碎摆着几十对核桃。忽然眼前一亮，我发现玻璃下面还真有三对特别大的核桃，直径大概都有48毫米左右，比起萧大哥送给我的那对，个头似乎还要大。一问价格，也超出我意料，才1800一对。回想北京十里河市场，42毫米的核桃都要2000左右一对。

果然产地货便宜，到了涞水县城，48毫米核桃才1800一对，价格好到大出我意料，也让我心里美得直笑。

价儿都没讲，我开袋掏钱，马上把那三对48毫米的大核桃悉数买下。

喝茶，买核桃，聊天，很快时间过去。扭头看外面，天色已经黑了下来。和萧大哥一商量，既然都来到麻核桃的最大产地涞水县了，再怎么的，也要去趟盛产核桃的山区亲自看看，说不定能买到更便宜、更优质的核桃。

如此一来，此次专程购买就只得再加上住宿成本了。明天进山，今天就不可能当天返回天津或者北京。于是，我和萧大哥只得在涞水县城内的宾馆住了一晚。其间，套用明朝白话小说的句子就是："一宿无话。"

转天大早，急急呵呵起床。胡乱吃了早餐，风风火火，我就和萧大哥带着无限向往的心情，开车奔向印象中社会主义金光大道般的核桃产地——涞水娄村满族乡。

出了县城，和想象中完全不一样，过了几个看上去灰不溜秋、不是很富裕的村庄，很快就上了山路。仔细一打听，到达那几个产麻核桃的村子，怎么也要开几十公里的盘山路。

上了山道，萧大哥面色顿时变得阴沉。要知道，他刚刚换的一辆别克新车，在如此狭窄崎岖的盘山道行驶，忽上忽下。依照萧大哥的思维方式，开车走这样的搓板路，人也就罢了，反正肉身子不值钱，坐在上面上上下下，就当锻炼减肥做泰式松骨按摩了。可车呢，车值钱啊，尤其新车新轱辘，可遭老罪了。

盘山路上好车破路，每晃动一下，萧大哥大脸蛋子就往下耷拉一块肉。

冬日白色小太阳下，颠颠簸簸，山路上还不断有碎石小嶙峋，拉煤大卡车接连不断，播土扬尘，呼啸而过。路边悬崖，似乎有几条羊肠小路，上面晃荡着好几条长着死羊眼的老山羊，它们都瞪着奇怪的眼睛，瞧着我们这辆艰难行驶在破路上的新别克小车，好久，好久。

萧大哥心疼他的车，我心疼自己的命。很小的时候，我曾在收音机听播讲浩然小说《金光大道》，印象中的社会主义新农村，都是小说中描绘的样子，永远是干净整洁，永远是山清水秀，永远是大红太阳下生机勃勃田园景色。结果，进入涞水山区，我才真切知道“穷山恶水”这四个字的真实涵义！

碎石弯路，衰草歪树，悬崖峭壁，北风呼啸。瞬时之间，我这个文玩核桃伪玩家一下子变成了哲学家，忽然想到人生的意义，忽然想到生命的脆弱……

为了买几对手里搓揉的文玩核桃，深山老林走一遭，悬崖峭壁身边绕，如果真出事掉下去粉身碎骨，似乎太不值，不值……

小心翼翼，几十公里山路走了近两个小时，终于走出大山，远远看到了出产麻核桃的村庄。忽然之间，形形色色文玩核桃宣传广告牌，随时随地映入眼帘，说是广告牌，其实基本都是当地农民用钉子钉木板上油漆所做，上面歪歪扭扭自己用白漆写字，宣传口号基本没有，主要信息，一个是“核桃”，然后就是卖家的电话号码。

随便停车进入村中任何一家，都有文玩核桃卖。甚至村头小卖部，也放一个破纸箱，成堆卖核桃，顾客可以自己挑拣配对地购买。不过，和我们在涞水县城听到看到的一样，这些剩货，大多是歪瓜裂枣的尾货。成形的好核桃基本没有，更别说大个头了，就是完整配对的核桃，似乎都很少见。

“你们来得太晚了，大买家们来得早，6 月初就到我们这几个村内交定金了。秋天核桃下树的时候，我们这里才叫热闹。你们北京、天津，对了，现在还有南方上海等地大买家，呼啦啦几千人往我们山里赶。哎哟那个人多呦，都拎着满袋子的现金，现金交易，一手交钱，一手交核桃，花几十万的，几百万的，都有。我这辈子，真看见几百万现金，还就是这几年……”

一位 50 多岁姓孙的村民如此说。边说，他还边给我们比划着盛装“几百万”大箱子的大小。看此人面善，家里干净，我就和萧大哥在他家里呆了下来，喝茶，看核桃，聊天。

坐定之后，我们发现，这位老孙头院里就种着三棵碗口粗细的核桃树。数九寒冬，树叶子几乎掉光，黑麻麻一点不起眼。仰头望去，我们竟然在院墙高处看到有两个摄像头，镜头直对着这三棵核桃树。

“如今我们这里，麻核桃种树最金贵，弄不好就让人偷了。别说偷，让人砍了枝条也不行啊。我这三棵树，去年刚从深山里面移栽到家里的，别人找到野生好品种，怕别人沾光，都是弄了苗之后把原树砍了。我心疼老树，花了不少钱，才把这三棵树从深山里弄进家里来……花钱也值啊，就这三棵树，我估摸着，每棵能结 300 左右的果儿，都是上好野生狮子头，明年秋天，卖个七八十万，应该没问题……”

“呜呜”两声叫唤，我和萧大哥陡然看到，院子角落中，有一条用铁链子拴住的大藏獒。大家伙长着一个狮子脑袋，蹬腿龇牙，呜呜低叫，几乎吓得我尿裤。

这阵势，这保护，从前只是在电视、报纸中看到海南黄花梨有这样“待遇”，还真不知道野生麻核桃树也稀罕到这地步了……

“2003 年那阵子，有北京贩子到我们村里收麻核桃，20 元一个核桃，天啊，我们当时卖一车柿子也就这个价儿！从前，村里的山里面，麻核桃野树多着呢，核桃掉了都沤烂在地上，狗不吃羊不看的，忽然就愣能卖钱啦……嘿嘿，到了 2007 年，青皮核桃开始卖 100 多一个了，北京贩子，还有天津贩子，照买不误！我们村民有孩子在北京上学的，回来说，十里河有个市场，我们这里卖 100 多一个的核桃，在那里叫文玩核桃，论对儿卖，一两千一对儿！从那时候起，我们几个村就没人再种那种能吃的核桃树了，柿子树也都任它烂在山上没人打理，家家开始种麻核桃，卖麻核桃……”老孙头谈兴甚浓。

喝茶聊天之间，老孙头给我们拿出来许多品种的麻核桃，有什么虎头、公子帽、白狮子、红狮子、苹果园等等，品种虽然全，个头都不大，几乎都是牛羊睾丸大小，小小圆圆，很难勾起我购买的欲望。

贼不走空。大老远走山路冒着生命危险开车来到涞水山村，怎么也要买几对回深圳。横挑竖拣，我最终还是从一堆核桃中找出两三对大概 39、40 毫米直径的。一问价，都是在千元左右。“不会吧，这么小的核桃，怎么会这么贵！”

“老三，来，把电脑拿来，给这两位大哥看看！”老孙头吆喝着。

稀里哗啦，门帘一挑，里屋闪出一个半大小伙子。他手里面拿着一个手提电脑，知道外屋有客待宰，页面显然早就搜索好了。一闪，淘宝网；再一闪，文玩天下……都是网上专业的文玩核桃售卖信息。

“您瞧，北京十里河二楼雅园国际，41 毫米白狮子，2500 元一对；42 毫米普通狮子头，2000 元；45 毫米的，就算‘精品’了，都要过万啊！至于‘南将石’类似品种，就更贵更贵了……”

别看老孙头典型一山村农民，可人家就是凭着一台电脑，对于大山之外百公里的北京文玩核桃市场，比我和萧大哥还要门清得多。所以，我在此奉劝刚入门或者即将入门的文玩核桃玩家们，千万别以为上山入村就能买到好货和便宜货，那是万万不能的事情。山高路险的，不值，不值。

互联网时代，任何信息都是互通的。便宜，就是当！

看我和萧大哥傻呆呆好久无语，老孙头又劝："您二位别瞧着网上的东西好看，好多贩子在网上发的图片，都不是他自己手里的货，不定从哪里拍来找来放在那里当幌子的。您真给他打了款，寄您的东西全都货不对板，到时候，您只能自认倒霉了……"

老孙头如此说，似乎连我心里想什么都想到了。他潜台词，也就是明明白白告诉我们，既然来了，还是应该在这个村里买几个地道的、便宜的、到位的真货。

"你家的核桃，还是太贵！"忽然我一拍脑袋，赶紧翻弄皮兜，掏出我在涞水县城所买的那三对48毫米的大核桃，摆在老孙头面前，"这么大的核桃，才1800一对！"

随便一搭眼，老孙头和他三儿子抑制不住哈哈大笑起来。这一笑不要紧，惹得他一大家子男男女女老老少少，近十口人，看叫驴一样，都到堂屋来看我们，指指点点，笑议我拿出来的三对大核桃。

"你们这三对核桃，是鸡心！核桃兴起来的最早那几年呢，鸡心野生品种质量好，还真挺贵。现在，几年嫁接下来，到处都是鸡心核桃，臭大街了！这么高桩皮薄的东西，我们村里早都没人种没人卖了！"

“鸡心？”我满腹狐疑。“我怎么看像公子帽呢？”

老孙头兀自笑着，走入里屋，很快拿出一对核桃，大小和我买的差不多。“瞧，这也是鸡心，早两年的，皮比你那三对厚多了，好，这对我就白送您了！北京市场，好像就是十里河市场外面摊位上，48 的鸡心，也就卖 200 一对！”

我心内一阵悲凉。这种悲凉感，在我玩物丧志的多年购物过程中，每每涌现。

心凉了，欲热了。上一当也是上，上两当也是上。都到涞水山村了，能不花钱吗？掏钱，买。

拉拉杂杂，在老孙头家里喝着茶，聊着天，挑挑拣拣，矬子里面拔将军，最后还是买了七八对 40 毫米左右的核桃，花了大概万把块钱。

依次放在手里转来捏去，总觉得不过瘾。天津人就是好面子。回到深圳，我没有一对个大纹好的核桃炫耀，怎么也得拿回去一个给诸友显摆吧。

踱来踱去，我看中了老孙头他家大电视上一个玻璃盒子摆放的单个大核桃。据我目测，大概有 49 毫米左右。

老孙头摇头，拨浪鼓一样。“不卖，不卖。这个核桃是单只的，不卖。我都放三四年了，49 毫米大小的老款野生狮子头，您瞧瞧，水龙纹，闷尖，矮桩，大底座，边宽肉厚，如果配上对，这么的好品相，最少能卖四五万块钱！”

他越不卖，我越想买。

“我听说，一棵树上的果儿，如果上午和下午分别剥青皮，两个核桃都会有色差。你这么大的一个单个核桃，今年都过去了，你都找不到。明年即使能再找另外一个配对，肯定色差特别大特别大，不如，你现在卖给我算了。都快过年了，手里有现金多好啊……”上了山，上了当，忽然，我智商也提高了，嘴皮子溜了。

“……你说得倒是有理，有些道理，可你不知道啊，如果我能再找到这么大核桃配上对儿，可以分别盘。要先盘新找到的那个，盘得差不多，再盘我手里这个，慢慢色差就能变一样了……”虽然如此说，看得出来，老孙头确实被我刚才一席话说心动了。

一般来说，到了年底，农村村民都缺现金。卖，老孙头肯定可以卖了，现在就是价钱多少的问题。

为了体现更大的诚意，看到老孙头的老婆在旁边笑嘻嘻，手里也拿着一对核桃揉玩，我就接过来看。这对核桃也就 39 毫米，可甫一入手，感觉两块小石头似的，沉甸甸，声脆核沉。

我对老孙头说：“连你老婆手里这对小核桃我也要了，凑个整数吧。”

“哎呀你好眼力，这对核桃是南将石啊，我涿鹿县娘家舅舅送的。行家都知道，涿鹿谢家堡乡有个南将石村，山上面，有一棵生长大概有 200 多年的野生狮子头麻核桃树。我小时候常在那棵树下面玩，每年秋天落下千来只核桃，当时俺还砸过壳吃过呢，皮子厚厚的，里面只有一点儿桃仁。当时那棵核桃树上的果儿，都是扔掉烧火的东西。谁知道，后来这棵树被天津一个姓郭的核桃贩子发现，拿到天津、北京给行家玩，一下子就火了，南将石，现在是市面上最好的品种咧……”

虽然是农村老娘们，老孙头的老婆经过几年市场锤炼，也是能说会道。当然，人家倒不是十里河商贩那样编故事，山里人家说麻核桃，本来就有故事。

好品种，还就是不一样。握在我手里这对小核桃，丰满矮壮，纹路清晰，木质细腻，已经被老孙头老婆揉出了包浆。野生南将石，外壳特别细腻厚实，上色也慢，故而被油腻腻村妇大手盘玩四五年，依旧金黄色而非枣红色。

好说歹说，我使出浑身解数，劝说老孙头把那个单个大核桃卖给我，包括明年我们再带别的客人来，包括赌咒发誓，说明年秋天我们一定在他家里包棵核桃树啥的……

最终，以 8000 块的价格，我买下了那枚 49 毫米大的单个狮子头大核桃。另外，又给他老婆 2000 块，我拿了她手里那对小南将石。

老孙头老婆扭捏半晌，很有些舍不得。临近年底，最终她还是舍物拿钱，把 2000 块当成了自己年节“私房钱”。

名不虚传，好货不便宜。闭上眼睛，攥着这个 49 毫米大核桃在手心，感觉它揉上去，如同羊脂白玉那样细润。日光下，张开手掌细看，被盘玩了几年，大核桃几乎带有透明感的紫红色，也就是接近传说中的琥珀色了……

岁月养来琥珀光

从上山到下山，陪我开车深入涞水山村的萧大哥，一直沉默寡言。他大肉脸蛋子嘟噜着，丘吉尔二战时候一样表情，特阴沉特深沉。特别是当我以8000现金购买那一个核桃之时，他脸上几乎可以拧出水来。

多年老友，我不敢得罪。内心忖度，萧大哥不高兴原因，无非有二：第一，涞水山路崎岖不平，事先没有告知他。新车遭罪，爱车人车主自然不喜；第二，先前他送我那对核桃，忽然得知价值数千，心有不甘焉……

“大哥，回到北京，找个4S店，我花钱帮你保养一下车吧，新车走这种山路，确实怪我事先没有在网上研究清楚……你送我那对核桃，真的不错，不过呢，我现在懂点核桃知识了，似乎那是一种野生鸡心的品种，应该不是太贵……”

沉默良久，萧大哥叹息一声：“一个核桃8000块！市面上新疆小贩卖核桃，都是论斤卖，25一斤。8000块钱，都能买一车了！唉，什么核桃啊，加个‘文玩’两字就这么值钱了……唉，我那对核桃送你之后，今年我还和原先送我核桃的农学院教授吃过一次饭，我还涎皮赖脸地跟人家再讨要过。当时他说，‘现在那种质地的野生核桃太难找了，能找到配好对的，学院领导都忙乎着往上送市里领导了’。我当时还挺纳闷，什么破核桃啊，还值得送给市里领导……原来如此啊，真是的，送领导一对好核桃，比送真金白银现钱还体面，既可以直接说让领导揉搓核桃锻炼身体，还可以和明码标价给钱差不多……”

原来，此次涞水山村之行，让萧大哥默然无语和醍醐灌顶的，是这些觉悟，是这些醒悟。显然，我刚才揣测，以小人之心度人家君子之腹了……

回到深圳之后，我在一个茶馆大摆核桃席，大大小小核桃铺满了一个八仙桌，当着我老友文华、赵亚明、田颇等人的面，很是显摆了一回。同时，我拿出手机，给他们翻看我们从北京关山度若飞般开车到涞水的冒险历险照片，还有到深山村中买核桃的照片。

北京、涞水一行，我对于文玩核桃的知识大长。事无巨细，我都一一讲给几位老同事听，惟独我在涞水县城受骗上当高价购买那三对鸡心大核桃的事情，没和他们交心坦白。

也真奇怪，文华、赵亚明、田颇三位爷，听我讲述涞水冬日上山买核桃历险记之后，啧啧称奇。新人爱大个，他们不约而同，愣是都看中那三对硕大鸡心核桃，并哀求我（真的是哀求我），原价卖给他们。

看着自求入彀的三位老同事，我良心只是发现了一小下，当时，也真很想告诉他们，这三对大核桃是不值那么多钱的、我买打眼的鸡心品种，真想告诉他们，我买贵了也买错了。

不过，抬起头来，再看看他们殷切的眼神，有邪的笑容，以及三个人拿着大空心鸡心核桃窝在手里爱不释手揉搓的样子，我就不忍心不骗他们了。

“……好吧，原价卖给你们吧……”

三位老同事欢呼雀跃，给钱特别爽快特别急，就怕我扭头爽约不卖给他们似的。

特别是一向精打细算的赵兄亚明，平素屎里挑豆般精细和节俭，花钱的事情从来没有马虎过。他鹰隼般的眼睛飞快扫视数遍不算，由于他爸爸是搞建筑的，家里专业工具齐全。此次听说我从河北山区带回数对文玩核桃，更是有备而来。他掏出一个游标卡尺，刘谦魔术出手一般，趁文华和田颇下手前，把六个核桃拢成一堆，飞快出手，先用卡尺量过，再横摆竖看，最终，挑拣出一对儿相对来讲个头最大、配对最齐的核桃。

眼花缭乱之际，亚明兄已经收尺入怀，选择成功，大核桃一手一个，握在手里使劲揉捏，嘎嘎不止。

“哈哈哈，梅兄真辛苦你了，冒着生命危险上山买核桃，又原价卖给我们，讲义气，讲义气，义薄云天！”那天告别之时，也是这位亚明兄，脚下踩着弹簧一样，欢呼雀跃，蹦跳而去……

转天一大早上班，我却发现这位亚明兄脸色阴沉，显然早已经来到我办公室门口候着，大狼狗一般瞪我，汹汹质问：

“你买的核桃有问题！你瞧，我早上起来就发现，有一个核桃开口裂开了……”

发现他不是因为品种问题生气，我暗松一口气，倒没急没怕，反客为主，呵呵而言："你肯定用水刷核桃了！"

亚明支吾。"你怎么知道的？……我老婆爱干净，她说，农村买来的东西，脏乎乎的，确实她帮我用水刷洗了核桃一遍，用吹风筒吹干……"

"你去网上搜索一下，文玩核桃的大忌，就是沾水吹风，这对儿核桃，个大馅厚，又是今年没有上手的新核桃，不裂才怪！玩核桃的术语，这叫'开口笑'，呵呵，听上去还挺吉利的，您就收着吧！"

大买卖人一样，我毅然回绝亚明兄退货的要求，顺便还教训般给他普及了一下核桃的盘玩知识。

被我喝叱一顿，亚明怅然而归。买东西吃亏，对于亚明兄来说，平生罕见。一朝被蛇咬，十年念香蕉。自此，他悉心钻研文玩核桃知识，头发在三天内都白了数十根。

"唉，清洗核桃应该用清水，先把纹路里黑脏的东西泡软，再用牙签仔细挑出，拿牙刷沾水反复刷几次，就好了。而且洗完后不能马上盘，需要阴干放入塑料袋里面抹点核桃油，呆几天再盘玩。可我丑老婆给我拿洗涤灵泡，大鞋刷子猛刷猛擦，不裂才怪！对，给核桃上油不能太多，最好买几个吃的核桃剥开壳后把核桃仁捏碎，用口罩布包着往文玩核桃上面蹭，待油慢慢吃进去，就不影响以后核桃的上色……盘玩的时候，要'文盘'，就这样，不能嘎嘎出声，那叫'武盘'，盘久了核桃纹路就磨平了……"祥林嫂一样，亚明兄反过来给我普及核桃知识。

令人鼻酸的是，直到今天，我这位亲爱的亚明兄依旧蒙在鼓里。他还不知道，被他盘玩两三年之久、颜色已经美轮美奂、一只依旧开口小笑的大核桃，依旧是价值200元左右的鸡心核桃！

每次看到亚明兄一只手盘玩，一只手小心翼翼上下翼护着的样子，不知道为什么，我都心内涌起一阵酸楚，无端端想起莫泊桑小说《项链》中倒霉可怜的女主人公……

花儿为什么这样红，核桃为什么这么贵！

毕竟我搞了这么多年金融工作，也正是这次去涞水山区购买核桃之后，我开始对文玩核桃的价格、价值以及盘玩知识，深入细致研究了一大番。我发现，这几年文玩麻核桃价格每年不少于百分之几十的增长速度，最主要原因，在于通货膨胀年代，和任何物品一样，文玩核桃也成为"投资品"！

和玩老古董老家具的时髦不一样，直到2005年前后，文玩核桃市场才开始火起来。京津地区是传统文玩核桃流行区，人闲钱多，核桃这种手里把玩的物件，才日益被钱多人精的投资者看中。

麻核桃进入投资领域，一发不可收拾。从2005年开始，万元以下的麻核桃，价格上逐年递增两到三成。而且，越贵的就越贵，那些45毫米以上的精品核桃，每年涨幅更大，一年比一年翻倍往上涨。至今，还在年年上涨。2010年，我在十里河所看15万的核桃，当时相对而言还比较稀缺。如今，随便到哪家店铺，10万以上的核桃都有那么几对。

自从那次去涞水之后，日后我去北京多次，每次闲暇之余，我也很关注文玩核桃市场。什么十里河雅园国际、华声天桥市场、大钟寺、潘家园、报国寺、新官园市场等等，到处留下我孜孜不倦的“倩影”。

从前老北京时期，八旗子弟等闲人都以盘玩麻核桃为时髦，当时还有句话：“贝勒手中三样宝，扳指、核桃、笼中鸟。”瞧，贝勒爷都玩，平头百姓，也跟风玩。当时好核桃也贵，老少爷们玩不起好的贵的，但玩得起便宜的。所以，真正流传到今天的老核桃，乌润紫红如琥珀的，不少是现在特别不值钱的楸子和铁核桃品种。

核桃这东西，原名胡桃，历史上还被称为“羌桃”、“万岁子”、“长寿果”。西晋张华著《博物志》，说“张骞使西域，得还胡桃种”；南朝陶弘景《名医别录》中记载：“此果出自羌湖，汉时张骞出使西域，始得终还，移植秦中，渐及东土……”书中的“羌湖”，古时指一大片地方，包括现在东欧、中亚一些地区。但凡说起核桃，都是张骞从西域引进。上世纪70年代我国挖掘磁山文化遗址，发现7000多年前中国境内已经有核桃种籽。大概西域核桃质地优良，所以从汉朝时起国人但凡说起核桃必称西域。

张骞刚把核桃引进中原时，既然是“胡”地所产，所以名为“胡核”。十六国时期，羯族石勒占据中原大片地区，建立后赵帝国，他出身羯胡，非常忌讳“胡”字，下诏把“胡桃”改为“核桃”，由此核桃一名延续至今。其实，即使石勒不改，到了深讳“胡”字的隋炀帝，也会改名。不过，杨广大文人出身，如果核桃名字由他而改，可能更雅致、更拗口了。

文玩核桃，仔细研究起来，质、形、色、个，那真是一样不能差。

所谓“质”，两核轻轻碰撞，声音瓷实脆响，宛若金石；所谓“形”，按照品种不同，纹路要疏密匀称，配对和谐；所谓“色”，要赏心悦目，不能有色差；而所谓“个”，这个标准，其实乃近年核桃贩子们有意挑兴起来的。整个清朝时期，盘玩文玩核桃讲究的，只有“质”、“形”、“色”前三样，以手握大小适中为妙。这个判断，我说了不算，从故宫中保存的那些王爷们进献给皇帝的核桃大小就可以看出。

现如今，文玩核桃市场中，商贩们无不讲求个大，除了新手跟风好奇因素提升以外，主要是商人为了卖钱，生生造出“大”的新概念，以大为奇，以大为美，以大为贵。

真正上手盘玩核桃，即使一个大手爷们，两个46毫米核桃握在手里就足够了。48、49毫米以及以上的核桃，如果真拿在手里盘玩，外加价格高昂因素，揉来捏去，那就不是享受，简直是提心吊胆受罪了——随时随地，两个大核桃都会有掉地摔尖儿的危险性！只要摔了尖儿，一对大核桃的价值，可以从15万跌到1.5万！

把玩核桃，有健身功效吗？当然，网上、店内的核桃贩子无不吹嘘说揉核桃能延缓衰老，还能预防心血管疾病，甚至避免中风，往往夸大其词。不过，一对核桃在手，揉、搓、压、扎、捏、蹭、滚，掌上穴位受刺激，确实可以强身健体，舒脉通络，特别是对于吾辈终日俯首书桌看电脑的人，舒筋活血不说，也能静思怡情。

世界上没有哪国人像我们中国人一样热爱生活，也没有哪国人像我们一样，能把日常生活中看似普通甚至是废弃物，手手把玩，口口相传，最终形而上为爱如眼珠的“珍宝”。

文玩核桃何以有如此魅力呢?

人的因素!

看那些没上过手的麻核桃，白不呲咧的。可是，一经玩家把玩揉捏，即日日不同。少者半年，多则一两年，一对发白无光泽的核桃，就开始慢慢变色挂瓷。开始是淡褐色，继而咖啡色，汗浸油沁，逐渐就开始有枣红色露头。

如果能玩上五六年以上，一对原本无光无色的干枯麻核桃，就会变得温润如红玉，透亮如琥珀，晶莹剔透，让人难分难舍。

老玉石、老家具出包浆，很正常。活人本身，乃包浆最大的“媒介”。特别是木器，包浆形成很能理解，包括紫檀、黄花梨、酸枝木等高级木材，它们本身就有油性，积年累月，使用过程中，木料内部蕴含的油量外浸，加上人们汗渍触摸，空气中灰尘沁附，慢慢就形成薄而坚实的脂肪层，这就是所谓的“包浆”了。

可奇怪的是，文玩核桃，也就是麻核桃，乃是由一种非“油性”大的外壳所成，它内部油核也非常小。内部小小核肉，也在把玩过程中早已沙化。有医学理论研究称，核桃皮还有一种抑制霉菌的功用，按照这种“非油”灭菌的功能推理，文玩核桃上面包裹的那层“包浆”，来得确实不容易。

说起核桃“包浆”，行内人圈内人，口口声声都说是玩家们手掌中的汗液浸润所致。懂点科学知识的人都知道，人体汗腺多达500万个，其中三分之二的汗腺都在手掌上。汗腺，一种管状结构，包括分泌部和排泄部。分泌部在真皮和皮下组织中，由细管子盘曲而成；排泄部开口处呈漏斗状，是分泌部通向皮肤表面的细管，称为“汗孔”。我们手上的汗液，就是通过这些汗孔排泄的。

汗液成分，科学分析起来没什么神秘物质，主要成分是水，包括微量的无机盐、尿素以及尿酸等。

而核桃外壳呢，主要成分有木素、纤维素和半纤维素，这些都是碳水化合物；其它的，外壳内还含有核桃醌、氢化胡桃醌、β-葡萄糖甙、鞣质、没食子酸等有机化合物。

弄清楚汗液和核桃外壳成分后，就让人更加怀疑手汗养核桃的说法。我老友文华有着一双大汗手，前前后后，我转给他十多对核桃。只要是没上过手的新核桃，最后经他汗手一盘，统统被他养成乌突突发黑颜色。显然，过多的手汗，对于盘玩核桃不是好事。也就是说，一对上好的文玩核桃，在文华老友一双大汗手之中，即使他这辈子玩到死，也绝对见不到晶莹透润的琥珀色。

而我从涞水老孙头他老婆手里买来的那对南将石核桃，本来已经上瓷，再经文华盘玩之后，那就完全不一样了，三转两转，光华愈显。

为此，根据我自己盘玩核桃的经验，我认为，手上有温度的油脂，揉搓过程中蹭磨力度，最后加上汗液日积月累的沁泽，才是核桃挂瓷包浆终极因素。

至于文玩核桃的价值，不爱1元是浪费，爱就10万也不贵。对于核桃商贩来说，当然总爱编故事，诸如早期他们都会提及某次央视《鉴宝》节目，有一对乾隆皇帝玩过的山核桃，专家当场给出了17万元估价云云。这还是前几年的段子，如今，十里河中档商铺几乎每家都有几对标价十多万的核桃，十多万就不稀奇了。所以，新编故事中，乾隆把玩过的老核桃，都卖到上百万了！

这些故事，我认为，都是骗人的把戏。乾隆玩过核桃吗？可能玩过！但他玩盘核桃，没见诸文献或者时人的笔记。

和文玩核桃不一样，葫芦似乎是清朝皇家最爱，从康熙到乾隆，爷孙三代都是葫芦爱好者，连设宴接见英国佬马葛尔尼，赐物中都有几只葫芦器。而且，故宫有实物可证，乾隆自己也写有好多首诗歌，猛夸文玩葫芦。

当然，十里河市场卖葫芦的商贩，没一个能背诵真乾隆真写出来的葫芦诗，太佶屈聱牙了：

回也资瓢饮，陶人岂藉凭。玉成原有自，瓠落又何曾。纳约传贵制，随圆泯锐棱。爱兹淳朴器，更切木从绳。(《咏壶卢器》)

这样咏葫芦的诗，比起核桃贩子朗朗上口的“掌中旋日月”，显然不能流行。而且，文玩核桃古董和文玩葫芦古董最大的区别，还在于文玩核桃上面不能刻款，鉴别起来，那就难比登天。当年孙殿英将军把乾隆东陵刨开，尸体喂狗了。否则，挖出乾隆尸体弄些 DNA，再与所谓的乾隆御用核桃上能搞到的 DNA 配上对，就真能证明某对核桃是这位皇帝玩过的——这太难太难了！

所以，现在如果哪个大骗子大商贩要卖高价老核桃，仅仅编故事说哪对文玩核桃是乾隆玩过的，根本不算数。他应该寻摸一个曾在宫里住过的乾隆御用盒子，那才能骗得了人……

核桃配对也疯狂

对于各种玩物，我这个人品性躁急，没有太久的耐心，但凡一样东西玩懂、玩透了，我的兴趣也就随之消失。

玩了一年多文玩核桃，逛遍京津冀，踏破铁鞋，掏烂钱兜，我前前后后买了上百对核桃。除了赠送朋友之外，最好的十几对核桃，我都逐一转给了我老朋友文华。最终我自己剩下的，只有那个花 8000 元在涞水老孙头家里所买的单个大狮子头，以及一对 45 毫米纹路优美的水龙纹狮子头。

出行外地，我一般都会揣着那49毫米单个大狮子头，一是可以单个放在手里揉搓，二是可以在任何古玩城、花鸟市场等地方拿出来炫耀，让那些贩子们很是对我刮目相看。

2012年春节期间，我回天津老家陪我妈过年。老友萧大哥听说我回来，热情无限，马上和我见面。听说我又开始喜欢上文玩葫芦了，他自告奋勇，马上表示说要开车拉着我逛遍北京十里河、天津鼓楼、保定徐水，以及山东济南——这些地方，都是文玩葫芦市场集中地。

朋友情谊，真是浓比肉汤啊!

大年初八，萧大哥拉着我先奔北京十里河市场。半年没见，看书识字，他似乎对文玩核桃的知识猛增不少。同时，余光看到我手中搓揉的那个在涞水老孙头处购买的单个大狮子头，萧大哥一手扶着方向盘，还一手拿过去，边开车边细看那个东西。

萧大哥行车之时分神看核桃，车轮不时跑偏，很是让我害怕了一阵子。

路途之上，他告诉我说，自从那次涞水之行过后，他也对文玩核桃发生兴趣，甚至，他还在北京、天津等地的文玩市场仔细逛过、看过，还亲自参与赌过“青皮”。

所谓“赌青皮”，和玉石商贩赌石以及核桃商贩包核桃树一样，都有赌博的性质。不过，赌青皮核桃，毕竟属于一种小赌，刺激，但不疯狂。小钱麻将一样，怡情小赌而已。

我曾经在秋天的十里河市场见过“赌青皮”场面，买卖规矩很简单，任何人，只要花上几百一千，就可以在商贩摊子上面那成堆的青皮核桃中选出一对来赌。青皮核桃外表差不多大，剥开之后，结果各个不同，但无论大小好坏，买家都要认。

我也曾亲眼看到过一个客人花1000块买了两只54毫米大小的青皮白狮子核桃原果儿，剥开后，通体有43毫米大小，配对齐整，不歪不斜，底座平稳，没有阴皮痕迹。这样的货色，阴缩之后也会有42毫米，放到市场上，怎么也能卖个七八千。双手黝黑黝黑，那肥哥们大脸兴奋得通红通红。他的手之所以那么黑，是因为青皮核桃的汁液在接触空气后产生化学反应，会变成黑色。不过，这种好运气，很是罕见。

“赌青皮”这种事儿，是小商贩才玩的，大核商往往不屑一顾。原因很简单，拿出来赌的青皮核桃，基本都是挑剩下之后才放出去的，属于“劣中选优”。

所以，参与“赌青皮”的人，往往都是普通外行玩家，买两只青皮能够配对的几率少之又少，至少要买上10只青皮才能配成一对整齐的文玩核桃。“赌青皮”的最后结果，一般是傻老客赔钱赚起哄，围观者开心。

听萧大哥津津乐道赌青皮核桃，似乎他还北京、天津两地都跑过，却没听他说得到过什么便宜。为此，我也能猜得出，显然萧大哥从小赌中没得到任何金钱方面的好处，只可能得到了赌博一样的好玩和刺激。

我心中有些暗悔，恐怕是自己那次带着萧大哥的涞水之行让他染上了赌瘾。

行行重行行。

两人兴冲冲谈论中的感兴趣的话题，北京十里河花鸟文玩市场，到了。

大冷天进入一楼，这里还有不少卖鱼缸的店铺，我的眼镜上面即刻蒙上一层雾气。

萧大哥神偷一样的快捷，伸手就从我手里挖走那个单个大狮子头核桃，并急乎乎对我说："你先慢慢转，二楼有个熟悉的店主，我先上去遛遛，咱们一会儿会合！"

"好，好。"对于伸手掏我核桃的事情，我也没怎么多想。擦干净眼镜上的雾气之后，我在一楼近门口的柜子摊位慢慢逛，慢慢看。

大概十多分钟后，电话响起。萧大哥音声急切而又兴奋，告诉我二楼某家店铺的号码，让我马上去二楼和他会合，说有"大惊喜"给我。

以为他为我找到了什么又好又便宜的文玩葫芦，我翻蹄亮掌，兴冲冲上了二楼。

按照号码找到了那家店铺，却发现是一家专卖文玩核桃的。店主是个身形如猿的大姐，安徽人，身材粗壮，肩宽背厚，说话有些大舌头。

"哈哈，梅老弟，我替你那只大核桃找到买家了！4万！"萧大哥大脸蛋子红润异常，比我兜里的过年红包还红。

女店主似乎也高兴，正用店铺里面的点钞机点算 4 万现金给萧大哥看。

“我店里这只 49 的狮子头，都放了四年多了，一直配不上对儿。去年秋天，我配过一个，可入冬之后那个新核桃抽抽了一个多毫米，又不成对了。你们拿来的这个正好，也是几年的老核桃，老款狮子头，颜色、形状都对。呵呵，大家高兴，大家都高兴……”

别看大姐大舌头，表述起来逻辑很清晰。

萧大哥在关注那大沓的钞票同时，特别关注我的脸色。“老弟，你在涞水山村 eight thousand 买的单个大核桃，我亲眼所见啊，现在值 4 万了，也就一年多，我替你做主了，咱们两个 half half，好买卖吧……”

虽然萧大哥只是中专毕业，但他高中所学的英语没都吃了，现如今还记得不少单词。加上多年以来，他一直在大学里面搞后勤工作，耳濡目染，嘴里随便都能往外蹦数个英语单词。

为避免女店主听懂我们当时在涞水的购买价格和他准备和我对半分钱的数目，留洋归来“海龟”一样，跟我说话，萧大哥还整一半英语一半汉语。

“怎么样，happy 吧？高兴吧？”萧大哥使劲问我。

我有些皮松肉紧，很感尴尬。看萧大哥不经过我同意，和女店主钱货两讫都“交割”了，我也不好发作。

毕竟，这是一个我搓捏了一年多的心爱大核桃，上面有我的汗，我的油，我的感情啊。

“这钱，咱们也别 half half 了，4 万都归你了！”我这样说，委婉表达我对萧大哥擅自做主卖我核桃的小小愤怒。

萧大哥笑容有些凝结。

女店主人精一个，嘿嘿不停，两只手一手一个，不停把玩两个孪生兄弟一样配对的大核桃。“萧大哥来了好几次了，说他有个和我这个单只核桃一样的大核桃，我还真不信。四年前，我这只单个核桃才花 4000，呵呵，现在真金白银，我拿出 4 万块收你们这个，不少啦，知足吧……”

我静心仔细一想，先前去涞水害得萧大哥开新车走山路颠簸心疼，过后又害得萧大哥对核桃着迷上瘾，天津、北京两地乱跑花钱“赌青皮”。这 4 万块，也算对萧大哥一点补偿的心意了。

佳人难再得，佳物更难得。思及大核桃已经不是自己的了，我心内深深叹息一声。

离别之时，分外依依。细看这对刚刚配成一对的老款狮子头，矮桩厚边，红润可人。端庄厚重，闷尖平座，厚实硕大，纹路深美。除了两个核桃稍稍有些色差之外，几乎没有瑕疵！

无论如何，对于女店主得便宜卖乖，我还是有些不忿：“这对狮子头，过你手再一卖，怎么也得八九万吧……”

“呵呵，说句实话，有个盖楼的老板早就撂下话儿了，这品相这个头，怎么也要他 10 万！”安徽女店主舌头虽然不利索，脑子却极快。

看我表情悻悻，女店主又加上一句：“这位大哥，4 万块你嫌少？要不，你们还给我那4万，再给我6万，我就把这个单只核桃卖给你，有本事，你们也把它们卖了！”

这句话，把我噎得不轻，又不好当着萧大哥发作，我只能灰溜溜走出店铺，说我去转转文玩葫芦，愣把萧大哥单独留给了才比吕不韦加陶朱公的女店主……

大概过了半个小时，萧大哥和我再次会合，脸蛋子更红，又是一脸神秘加兴奋。“我把刚赚的4万又投资出去，花3万5千，把女老板那单只的核桃买回来了……”

我有些糊涂。“哪个单只？”

“就是去年她自己找的和那大核桃配对的那单只核桃，过冬后抽抽了，其实也特大，我卡尺量过了，有48毫米呢……咱哥俩开车，再去几趟涞水，到那些上次没去到的村里找找，或者去涿鹿，门头沟，蓟县，反正是河北、天津、北京地区这些产核桃的村子，都距离北京、天津不远，咱们上山下乡，都去转转，肯定能找到和这个配对的。女老板说了，如果配上对儿，她6万回收！”

萧大哥真是财迷心窍。多少钱收暂且不提，对于我们这种业余玩家来说，先前在涞水老孙头家里找到那只单个大核桃，都属于巧遇。在文玩核桃价格日益趋高的今天，抱着配对挣钱的目的去找纹路相同、品种相同、个头相同的一个核桃，大海捞针，太难太难！

我深深知道，当文玩变成了“挣钱”，雅兴肯定就会和痛苦的欲望相连了。

“现在寒假，我没事儿干，你也闲着，我们去涞水吧，核桃赚钱，钱赚核桃，来来回回，又玩又赚钱，多好啊……”

失心疯一样，萧大哥絮絮叨叨。

文玩核桃术语

做：指对核桃进行人为加工，诸如：上颜色，修尖，补裂。

白尖：因为核桃太嫩就摘了，顶端就会有白尖。这种白尖不能盘玩出来。

筋儿：指核桃的棱翼。

偏：指核桃长歪了。

熟：就是为了做旧把核桃煮过或者炸过。

尖：核桃尖，也有叫“咀”的。

底：核桃底部叫底座，俗称“底儿”。

眼：核桃的底孔俗称“眼儿”，也有叫“脐”、“后门”的，粗俗的称呼是“屁眼”。

漏脐儿：指核桃底部脐儿里面的蒂干缩掉空了，造成核桃下面是空的，此种核桃品相不好。

封底：就是用胶或者蜡烛油把底部脐眼封起来，目的在于阻止漏脐儿，也能促进核桃变色。

黄皮：跟阴皮类似，也是核桃皮色的一种缺陷。指核桃表面一些突起忽然变成很浅的黄色，界限分明。这种核桃揉时间久了，其它部分的皮都变红了，而黄皮却颜色不变，影响美观和价值。

磨过底：有核桃贩子信奉“站得住的核桃才是好核桃”，把一些核桃底部的突起不平处磨去，以便核桃站得起来。

缩了、抽了：核桃水分含量大，买回来后通常会在半年内缩小数毫米，且在此期间极容易裂开。

窝底：指核桃底部以脐眼为中心凹进去，是一种很好的底座形式。

大边：也称厚边，指核桃棱翼的宽度和厚度，一般来说，棱翼越大越宽越好。

纹：纹路，纹理，指核桃纹的粗细。至于纹理粗细，好坏没有定论，顾客各有所好。不过，纹路越深越好，也是核桃玩家的共识。

手头：即指核桃的重量，在手中感觉越沉越好，但新核桃因水分很大，也很显沉。

抓：京城玩家，买核桃不说买，而说抓。

打手：指核桃的分量重，揉的过程中有撞手的感觉。

配：两只核桃组合成一对，叫配。

咯手：指品相极差的核桃，觉得在别人面前揉很没面子。

品相：一对核桃的品质与相貌的总体概念。

四大名核：一般指狮子头、官帽、鸡心、公子帽四种文玩核桃。

砂仁：核桃经过多年的盘玩，文玩核桃内部的核仁粉碎成沙状，摇之沙沙作响，也称沙化。

第四章　丹青滋味长

明朝大文士董其昌书法、绘画俱佳，他在《画禅室随笔》中曾感慨：“日临树一二株，石山土坡随意皴染，五十后大成。犹未能作人物、舟车、屋宇，以为一恨。喜有元镇（倪瓒）在前，为我护短。不者，百喙莫解矣。”

转译成白话文：（我）自恃勤力，每天都会临摹、绘写古树一二株，皴染山水，从不停歇，50岁后，我在山水画方面已经取得卓然成就。即便不倦如此，我依旧不能画人物、车船和屋宇，很感到遗憾啊。可以宽慰的是，有前辈倪瓒也是如此，可以以此为借口为自己护短。否则，言及绘画实践和技巧（不能画人物等），真是百口莫辩……

2008年以来，从泼墨挥洒第一幅钟馗开始，我本人也开始对绘画痴迷，故而对于历史上著名人物的绘画理论和实践，颇有切身之感受。

董其昌挥毫弄笔50年，依旧不能画人物、车船等具象；而我呢，在2008年冬日时分某闲暇之余，诸友在座，白地宣纸，平生第一次泼墨挥洒，一幅钟馗立马而就。毛发耸然，气韵生动，立时博取喝彩声一片——出于虚荣和自得，自此，丹青绘画成为乐趣，一发不可收拾矣。

耳中不绝夸赞，艺术荷尔蒙激素陡增。纸墨未干，我下楼立马买来一卷宣纸，开始临摹勾勒陈老莲《水浒叶子》。很可能宿根早植，我边看边临，中锋运笔，十来分钟，就画就一幅《九纹龙史进》。置笔摊纸，远瞧细看，恍若天成！

身边诸友临观，无不啧啧。不过，他们皆认定我从前受过专业绘画基础训练，此时挥毫泼墨，乃当众卖弄耳。

实际上呢，我除了上小学的时候不好好学习趴在课桌上偷画“小人书”以外，确实没有受过任何专业绘画训练。如今人到中年，偶然提笔初临，对人物整体姿态和线条的掌握，确实超出常人。

当然，物质刺激成为日后我想当文人“画家”的因素之一——我友亚明，自幼喜欢水浒人物，看我小人临摹得“栩栩如生”，自告奋勇，说要拿两瓶茅台，换我16页白描临摹陈老莲《水浒叶子》。

没有丝毫犹豫，我就答应了他。我和亚明兄一样，平时根本不喝酒。他不好酒，等于把屋内占地方的“垃圾”转给我；我不喝酒，拿画易酒，无非想效仿民国文人，让自己涂鸦换得“润笔”，博自己一噱。这笔小交易，可谓皆大欢喜。

转天，亚明兄一手一盒，抱着两瓶在他们家厨房大概放了有十几二十年的茅台，喜滋滋而来。

两个盒子，看上去都是油不拉花。红星正牌，地方国营，外面包棉纸，盒子虽然破旧，“品相”虽然很差，但茅台原包装确未开封。

低头思忖，16页《水浒叶子》，反正我两天就能描摹出来。茅台，毕竟是茅台，两瓶还能值个千儿八百的。心中虽然对于亚明拿来的这两瓶“旧”茅台盒子有些不悦，我依旧把临摹画作交给他。

我呢，当时在中国互联网因为书写历史，已经是威名赫赫的“赫连勃勃大王”。如此“大”名头，亚明兄把我国画“大作”仔仔细细翻看一遍之后，便提跃着大平正方的屁股，蹦跳而去。

这笔当时看上去似乎双赢的交易，过了两年，亚明兄就大叫后悔。2010年开始，茅台价格被炒得蒸蒸日上。日后更上层楼，很贵很贵。

两瓶80年代茅台酒，如果存放到现在，肯定也值个3万左右。为此，冰雪聪明的亚明兄，每言及这笔“交易”，就叹息不已：“那两瓶茅台，在我们家厨房角落里面放了那么多年，真真我鬼迷心窍，换你几张风格完全没成熟的临摹破画，放到今天，茅台可是值大钱的东西……”

亚明叹息，我也郁闷——那两瓶茅台外包装盒太油腻了，思及不可能当礼物送人，没过两天我就当矿泉水“施舍”了——当时正好赶上搬买红木家具，看几个搬运工热汗直流工作卖力，我这个人天生同情劳动人民，结完账后，老白干一样，我把那两瓶酒送给搬家公司搬家的工头了。我估计，两瓶好酒，当晚就进入哥几个腹中……

那一年，我真和茅台酒有缘分。深秋时分，我到北京老友吴欢处看望，恰好有人刚刚送了他一瓶30年前出产的陈酒茅台。欢哥和我一样，也是不嗜酒之人，看那酒瓶子放在画案上碍眼，他随手就送给了我。欢哥给的礼物，不好意思不拿着啊。恰好老友萧大哥开车到北京接我去内蒙古，我就随手送给了他。萧大哥本人也不是真爱酒的酒虫，半路上我们到达锡林浩特，晚上吃手把羊肉，他就把那瓶30年茅台开了。开了，喝了，糟蹋了。

萧大哥仅仅喝了一小半，喝高了上厕所的时候弄翻饭桌，又糟蹋了一大半。而我呢，滴酒未沾……

每每说起这等旧事，让我几个嗜酒的老友无不扼腕切齿……

不过，我友亚明兄也不算太吃亏。我当时临摹陈老莲《水浒叶子》，大概正属于高级艺术人才“开天眼”的才能横溢之时，愣能看着左手边翻开的16大开图版，丝毫不用铅笔打草稿，右手直接以毛笔蘸墨临摹，一挥而就。至今回看，笔笔有力，中锋落纸，铁线勾勒，力道老辣！

反观今日，我真能画得有模有样了，但每次临仿或者“创作”之前，必须用铅笔打个大概的草稿，然后才能濡墨下毛笔。如此经营，造型虽然准确，但昔日一挥而就的能耐，恰如我的青春，小鸟一样啊，不回来，消失无踪永不回来……

南宗北宗皆是空

说起中国绘画，从前的我，总觉云烟过眼不经心。笔墨实践基本没有，没事翻翻昂贵的画册，随意浏览。当然，在理论方面，我对中国古代画论很早就烂熟于心——我父亲本人是美学教授，家里有关美学、艺术哲学的书籍，多不胜数。我大学毕业后，还曾经准备报考南开大学美学研究生。可惜，当年那个专业的导师忽然重病停止招生，我才去考别的院校外语类研究生。为此，考研突击之际，我也曾经系统研习过包括中国画论在内的中国古代美学原理书籍。

说起中国绘画理论，对明清两代甚至一直到今天都产生重大影响的，非董其昌南北宗画论莫属。当我自己开始泼墨动笔之后，又反过来回溯昔日纸上谈兵的古代绘画理论，深觉董其昌画论偏颇，大有可商榷之处。

所谓“南北宗”，原是佛教称谓。佛教传入中国后，到唐代成熟，形成南、北两大宗派。北宗居于政府虎翼之下，倾向小乘实利；南宗兴于草泽，偏于大乘空学。北宗主张实打实的渐修，坐禅诵经一样不能少；南宗主张“心即佛”，慧能一口一个“顿悟”。

董其昌呢，正是移花接木，把佛教禅宗“南北宗”借喻于书画理论，其本意，想借当时士大夫耳熟能详的几个佛教禅宗名词，突出非职业画匠的“文人画”艺术风格。

士大夫出身的董其昌，以己度人，就将唐朝诗人王维比作画界南宗之祖，杰出人物包括荆浩、关仝、董源、巨然、米芾父子以及元四家。而北宗呢，他把李思训这样的青绿勾填画法职业画家作为魁杰，认为北派代表人物包括赵伯驹、李唐、刘松年、马远、夏圭等人。

画法方面，董其昌认定南宗一派在绘画中崇尚士气重笔墨，心性率真，轻视绘画功力。相比之下，北宗一派则看重线条“精工”，讲求圭角锐利，喜欢严整画艺基础之上的大斧劈皴。

董其昌的“南北宗”理论，确实影响了数代画家，明清诸多山水名家群，灿若繁星，诸如“四王吴恽”、石涛、八大山人、“扬州八怪”、晚清“海派”以及“岭南画派”，都深受董其昌理论熏染，自称“直抒胸臆”，所作绘画多柔媚软秀，用笔简洁，设色清丽，风格秀润古雅。

由于缺乏绘画基本功，身为官员士大夫的董其昌，当然不可能像专业画师那样有着深厚的绘画功底。所以，他一直强调南宗画派的以“淡”为宗，并把董源和米芾推为至高至上，夸说董源之画“最为高雅，不在斤斤细巧”，并说米芾“睥睨千古，不让右丞（王维）”。

我本人研究历史出身，虽然不是历史专业出身，在某些方面基本也“臻于”甚至超出了“专业”的水平。所以，对于艺术史的阅读，我不像一般读者只是看人名和简介，我喜欢刨根问底。

那么，董其昌崇奉董源、米芾，是他一己偏嗜还是尊崇二人的绘画风格呢？其实都不是。

董源也姓董，董其昌为此荣显董姓，张口闭口“吾家北苑”（董源在南唐李璟时当过北苑副使，后世尊称其为“董北苑”）。董源生于董其昌之前500年，拉500年前一董姓画师为“家人”，董其昌其实也属于乱认祖宗；而米芾呢，风格源自董源，学自董源，董其昌肯定顺带把大米小米也一并抬举了。

除了董源、米芾之外，董其昌还竭力推奉元代画家高克恭和倪瓒。可能有人会有疑问：高克恭生于元朝，其出身是西域回回，他不姓董，没啥宗派亲戚关系，为啥董其昌那么推崇他？这里面其实也有猫腻——董其昌曾祖母，乃高克恭玄孙女，其来有自，老董就对和自己有血统关系的高克恭大拍特举，说他在绘画方面乃“古今一人”。这种吹捧，尤其过分。即使当今国画系学生，对“高克恭”这名字知道的人也不是很多。

世上没有无缘无故的恨，也没有无缘无故的爱。那么，元末倪瓒，为什么又被董其昌如此青睐呢？

这和明末美学观念大有干系。当其时也，董其昌最推崇“枯澹”这个概念，而“元四家”中，倪瓒的山水画，算是最为“枯澹”(“枯澹”这个词，本来也是“南宗禅”精髓)。

“枯澹”一词，本来出自庄子哲学，“澹然无极，而众美从之”。后来“中土化”的禅宗，许多方面都化庄入禅，一心讲求“澹”美。再后的苏轼，也用“澹”美来喻文：“所贵乎枯澹者，谓其外枯而中膏，似澹而实美……”

由此推之，文人惺惺相惜，董其昌“枯澹”喻画，实得之于苏轼诗文比拟。董其昌本人画艺基本功不强，他更不可能推崇讲求笔法形似的北宗画派和追求精细画工的院体画，所以才力推轻描淡写“贵天真”的倪瓒。

董其昌，一典型中国文人，其人品虽然大有可值商榷之处，但他口中却一直讲求“清高”。清高，就是把文人的人品和个人尊严高于一切。如果为势利所动，为金钱所诱，所作之画，难免富艳谄媚，不入清流。

言虽如此，董其昌本人一直为势利所动诱，数十年来卖画卖字换得真金白银，甚至让人代笔作画作书，很是猛捞了许多笔。

相比之下，董其昌崇拜的倪瓒，人品确实属于一流。

我很早知道倪瓒这个人，是从一则明清笔记中的笑话留下印象：倪大才子洁癖无双。一夜忽然发情，召来一妓（非歌妓，乃下半身工作者），澡浴数次，准备弄那事。结果，倪“洁癖”总觉有异味，边扪边嗅，一而再、再而三、三而四地让美妓去洗澡。折腾一宿，只求兰香透体洁，早忘巫山一段情，啥事没干，早晨奉上大包银两把姑娘打发走……

待日后稍涉画史，我才知道，故事中这位倪爷，乃“元四家”之一（其余三位是黄公望、王蒙、吴镇），笔墨丹青，皆属逸品之流。同时，他的诗风创作，也很有成就，是元代后期殿军人物之一。除此以外，倪瓒的人生，诚可谓是部引人遐思的传奇。

倪瓒，字元镇，号云林，无锡人。他一生从未入仕或求取科举，所以有“处士”之称（未被污浊官场“开处”，诚大幸也）。倪瓒十世祖倪硕在西夏为官，宋朝景祐年间作为使臣入宋，被留不遣，便徙居淮甸，繁衍成当地大族。南宋建炎年间，其五世祖倪益携家避乱南迁，居于无锡。入元后，倪家人擅长经济之学，又有雄厚资财，货殖为业，成为无锡巨富。所以，倪瓒高祖、曾祖皆不仕，埋头挣钱。到其祖父倪椿、父亲倪炳那辈，借助元朝隆盛的商业氛围，家业越挣越大，倪家几乎成为江南地区的首富。

到倪瓒这辈，金钱不愁，又自幼受诗书礼乐熏陶，人品就一个字：好！他本人修性好学，雅节敦行，骨子里没有现代富商的刻薄和俗俚，广行善事，济贫扶困，善于周人之急，待客煦煦有恩，且无任何施恩求报的心机，所以，“人乐与之交”，声名极佳。

三辈培养一个贵族。倪瓒是小世良家熏陶而出，未尝有任何纨绔子恶习，基本达到了孔圣人“富而不骄”的标准。

金银如山，对于倪瓒这样的人，反而使他更能凭之享受高雅生活意趣。他平日所居的别墅，号“清秘阁”，幽迥绝尘，隐于翠山明湖之间，其中藏书数千卷，经史诸子，释老岐黄，终日书不辍手。在这古今中外超豪华的巨大“书房”内，楼上楼下，古鼎名琴陈列左右，松桂兰竹敷环缭绕，而屋外奇木修竹，蔚然深秀，负离子多得让人日日如同吸氧。为此，慕古人高遁之乐，倪瓒才自号“云林”。“每雨止风收，（他）杖履自随，逍遥容与，咏歌以娱，望之者，识其为世外人。”

与此前此后的假隐士不同，倪瓒并非以“隐”求“出”，他不缺钱，不缺名，真正是那种超然物外的达人，但求恬淡适意的生活。如此性情中人，自然是“神情朗朗如秋月之莹，意气蔼蔼如春阳之和”。

如此神仙中人，笔者只可想见，一生也未尝见到如此“真人”。正是无丝毫功利心介于怀中，倪瓒的书画才能又苍劲，又润妍，清幽无比，笔意中无有任何世俗尘滓之态。

为了自己居住舒适和招待朋友便利，倪瓒所建别墅多多，有云林堂、道闲仙亭、朱阳宾馆、雪鹤洞、海岳翁书画轩等等。我们今人想象力有限，以为上述建筑，皆是每处占地数亩、中有主建筑周围一圈假山水的豪华宾馆而已。其实，倪瓒每一处“胜境”，都方圆几百亩，真山真水真林木，涧水清清，鸟鸣声声，随便一处别墅都超过日本皇宫。

倪瓒确实有洁癖，其斋阁前所有植物，均派仆人时时涤濯，以清水浇淋。有花落下，则用长竿粘取弃之，惟恐人足侵污草地；他的书房清秘阁门外，备有丝履120双，专门供访客使用，一次过后即弃之；如果有贫寒儒士需要钱物，倪瓒一般都让佣人把钱远远放在庄园偏僻处，让索求的人自往取之，深恐钱污己衣己手；出门在外，他也是携带全部用具，绝不用他人提供的东西，惟恐不洁。倪名士的“用具”，不是什么毛巾牙刷椅子垫之类，而是以“书画船舫笔床茶灶”自随，每行均有仆人数十跟从。这倒不是摆谱儿，确实他要“自备”的东西太多。

至于日常生活，倪瓒洗一次手都要换水数十次，每天换衣数十次，确实“洁癖”到了“洁病”的地步。他所穿用的衣冠靴袜，也都用上等好香薰透，纯天然好味道，可以想见，他的袜子也要比别人的手帕还干净数倍。

这样的清雅高士，每日登上层楼，一壶在手，持之四眺，远浦遥峦，云霞万变，清雾腾涌，弹指万状。如此生活，我们今世俗人过上一天，定胜千年。

想古今中外无数达官贵贾，金银堆至北斗边，豪气直升九层天，但又有几个人能享受倪云林那种片刻清欢！

可惜，这种世外桃源、象牙塔中的生活，忽然于元末至正初年的一天中断了。这并非江南乱起后的被迫举措，乃是倪处士有天生预感，当天下看似太平无事之时，忽一日，倪瓒尽卖山田，把大部分金银赠予亲朋贫友。好好生活不过，他发狂疾一样变卖家产殆尽，皆散与旁人，并对人讲："天下多事矣，吾将遨游以玩世。"黄冠野服，从此往来五湖四海20余年。毕竟袋中钞银丰实，他每每借住梵舍道观，行踪不定，终于免于在元末战争中因家产之累被杀的命运。

乱世之间，倪瓒选择这种"另类"逃避，并不说明他对世事全无牵挂。山林之乐以外，他也深恨世间无豪杰、无英雄可以鼎定乾坤，维持大元统治。

朱元璋大明王朝建立后，倪瓒年岁已老，黄冠野服，混迹于编氓百姓。由于他未曾在元朝做过官，有幸躲过大明朝廷搜求。

74岁时，喝酒吃肉撑坏肚子（外加长期肝硬化），倪瓒客死于姻亲邹惟高家中，比孔圣人还多活了一岁。

如此人生如此人，难怪乎董其昌会把倪瓒奉为南宗扛鼎巨匠。

倪瓒一辈子好吃好喝好别墅，对于当时半隐半仕的董其昌当然不会太欣羡，最主要的，还是喜欢倪瓒绘画风格和自己很类似：倪瓒巨富出身，从来没考虑过卖画鬻字，所以他不可能忍受正规的绘画训练。所画山水，也是萧散超逸，荒寒空寂，不求形似；董其昌大官僚身份，当然不会放下身架拜画师为师，所以，他也以深恨“匠气”为名，泼墨勾勒，山水为娱，自得其乐。

如此究研，南宗文人画，往好处说，浅水遥岑，坡岸疏林，可谓画法疏简，幽淡天真。往死里夸，自然可以誉为简中寓繁，小中见大，甚至可以说这些文人画外似落寞，内蕴激情。往不好里说吗，呵呵，那就是基本功不够，巧于藏拙。

学过画、画过画的人，肯定知道，精工一路的画工，板凳要坐十年冷，不逼不苦，根本学不来！

偶随流水到花边

鬻字卖画，在传统士大夫眼里，似乎为文人画家所不屑。确实，历史上清洁高士不少见，比如“一门隐逸，高风振于晋宋”的戴逵戴安道，宁忍穷困，坚拒太宰武陵王召其鼓琴，（南朝）宋孝武帝时累征不就；唐朝四川画家王宰，以画为乐，善绘山水树石，从来不为权贵所促迫，赢得杜甫赞誉：“十日画一水，五日画一石。能事不受相促迫，王宰始肯留真迹”；五代李成，仕途失意后贫困潦倒，仍旧寄情于山水之间，惜墨如金，坚拒富人俗子重金买画……

但真实历史之中，上述高人，鲜之又鲜，赶上势利而又物质文化高度发展的时代，真能“既不可以利诱，复不可以势动”，太难，太难。

回望岁月烟尘，为人风流倜傥、能书善画、翩翩于浊世之中自在生活的，其实只有明朝唐伯虎一人。

唐寅唐伯虎，我们今人实际上对他认识得太少太少。苏东坡之后，千载一人而已！

说起唐伯虎，肯定会马上使人想起一位翩翩浊世佳公子，风流倜傥，浪漫非凡，不是“三笑点秋香”，就是周星驰戏巩俐，典型一个正面“西门大官人”加上狂傲“柳三变”的合成体，其人玉树临风，白面朗目，风花雪月之中，花丛锦绣陪衬，绝对联想不到“穷愁”、“厌世”、“潦倒”、“蹇涩”、“痛哭”、“宣泄”等诸多用于失意之人的词语。

唐寅好书画，工“春宫”，如此戏谑孟浪大家，恰恰又赶上“资本主义萌芽”得如火如荼的明朝中晚期，让不少后世失意文人浮想联翩，总觉能混上唐伯虎一样传说中的好生活，也真不枉一生白活了。特别是冯梦龙小说《唐解元一笑姻缘》，更把唐伯虎的传说定型，其后无聊文人及小说家们附会穿凿，所有“倜傥不羁”的风流事体，都算在这位大才子脑袋上。

果真如此吗？

查看清朝大臣张廷玉主编的《明史》，只是在卷二百八十六列传第一百七十四中才能看到唐寅的名字，而在这篇《文苑二》中，50多人的文士乱传中唐寅排倒数第十六，只有短短223个字，内容如下：

> 唐寅，字伯虎，一字子畏。性颖利，与里狂生张灵纵酒，不事诸生业。祝允明规之，乃闭户浃岁。举弘治十一年乡试第一，座主梁储奇其文，还朝示学士程敏政，敏政亦奇之。未几，敏政总裁会试，江阴富人徐经贿其家僮，得试题。事露，言者劾敏政，语连寅，下诏狱，谪为吏。寅耻不就，归家益放浪。宁王宸濠厚币聘之，寅察其有异志，佯狂使酒，露其丑秽。宸濠不能堪，放还。筑室桃花坞，与客日般饮其中，年五十四而卒。
>
> 寅诗文，初尚才情，晚年颓然自放，谓后人知我不在此，论者伤之。吴中自枝山辈以放诞不羁为世所指目，而文才轻艳，倾动流辈，传说者增益而附丽之，往往出名教外。

可见，真实历史中的唐伯虎，是个倒霉地牵涉进“考试舞弊案”后一蹶不起的落魄文人，即使有皇族大官人欣赏他，还是个最后被杀头的“志大才疏”王爷朱宸濠。

幸亏唐寅史书读得多，还不至于像李太白那样常想自己“但用东山谢安石，为君谈笑静胡沙”，傻不啦唧地附和永王李璘一样去搅浑水。于是唐伯虎装疯卖傻喝醉酒，连老二都露出来，才免于王爷青睐，最后被宁王爷“放归”。不久，宁王造反，很快被抓杀头，唐伯虎终于未被朝廷“秋后算账”。身虽穷死，总能善保首领，免于闹市人群中在看客的笑骂声中被大刀片子砍头。幸夫？悲夫？

由于正统士大夫认为唐寅“文才轻艳”，后世小说传奇好事者就把他当作“箭靶”式人物，啥风流事体都往他身上招呼。咦！平生未做过几多风流事，却枉博如许风流之名，悲哉！

历史上的唐伯虎，出身寒门，却聪颖超俗。明成化六年(1470)，唐伯虎生于苏州，名寅，字伯虎，后字子畏，号六如。其父唐广德是做小生意的苏州市民，母邱氏小家碧玉。在讲究门户出身的封建王朝，这种出身决定了唐寅只有努力奋发，通过科举才能考取“功名”，进入仕途，方能光宗耀祖，青云直上。

唐寅少年时代很聪颖，过目成诵，苦读经书，闲暇时也学画山水花鸟排遣。19岁时，唐寅娶徐氏为妻，两人感情甚洽。彼时，唐寅生活平静，读史观书之余，或是幻想自己成为汉唐边塞击敌立功的将领文士，或是沉醉于目前安恬的“春江花月夜”之中。

唐伯虎25岁那年，一年内父、母、妻、妹相继去世，对他精神打击很大，深感死生无常，对释理有了更深刻的感悟。悲痛之余，唐寅更加努力读书。

明弘治十一年（1498)，唐寅乡试中解元（第一名)。其时，他正是春风得意的时候，不仅自信心倍增，也名震江南。恰恰在唐寅人生的巅峰时刻，命运的阴影已悄然袭侵而来。

正当唐寅“一朝欣得意，联步上京华”之时，他进京会试。在路上，江阴巨富徐经徐大公子与这位唐大才子结成莫逆之交

（徐经虽是个有钱无才的主儿，他的曾孙徐霞客因《徐霞客游记》而万古名传。不过，至徐霞客时，徐家已中落）。据明人笔记《共山堂外纪》中记载：

> 江阴举人徐经者，其富甲江南，六如（唐寅）举乡试第一日，（徐）经奉之甚厚，遂同舟会试。至京，六如文誉籍甚，公卿造请者填咽街巷。徐经有优童数人，从六如日驰骋于都市中，都人属目者已众矣。况徐拥厚赀，其营求他径以进，不无有之。而六如疏狂，时漏言语，竟坐削籍。

从此片语，可以窥见唐寅当时也是年青疏狂，因文名显赫颇为自得，经不住一掷千金的富贵公子徐经奉承，两人一同乘船进京会试，而且终日高头大马往来，还有俊仆优童陪同，非常招摇，已经惹起不少人暗中反感、嫉恨。

“世路难行钱作马”，徐大公子大把金钱掷向主考官程敏政的家人，连“高考”试题都一窝端来，自然考卷做得上等。但还没有享受金榜题名的喜庆，不久就为人告发，双双锒铛入狱。

封建王朝晚期已是非常黑暗，但在科举考试方面丝毫没有商量的余地，皇帝、政府可以大肆公开卖官鬻爵搞“创收”，但常人花多少钱也不能“捐”个进士或解元。可以讲，在古代中国，“八股”科举虽然是中国文人的“桎梏”，但也是唯一清白的“净地”。泄题漏题的主考官，结果都会为皇上亲自下旨杀头。

由此可见，凡是涉及科举舞弊案，无论哪朝哪代都是不得了的重罪。徐家此时只能搬动金山，又大洒银两，加上最终案情也不明不白，自然不会再挨什么皮肉之苦，只是徐公子后半辈子只能回家做富翁了，仕进之路想也甭再想。

最惨的，当属我们这位没钱没势的大才子唐伯虎，被逮入狱后，大刑伺候，在他与好友文徵明的信中，淋漓尽致地详述了当时他的悲惨境状：

……至于天子震赫，召捕诏狱，身贯三木，卒吏如虎，举头抢地，洟泗横集。……海内遂以寅为不齿之士，握拳张胆，若赴仇敌，知与不知，毕指而唾，辱亦甚矣！

不久前还锦衣玉马的唐解元，本以为“春风得意马蹄疾”，殊不料锒铛入狱，身被刑具，还要面对如狼似虎的胥吏审问呵斥，遭受世人的指责唾骂。

经过一年多的审讯，虽然最终没有判定唐寅是本次考场舞弊案主犯，但干系是摆脱不掉的，他被除掉“士”籍，发配到浙江为吏。这种污辱，全然不是现在的大学毕业生从“人事局”划归“劳动局”管辖那么简单，几乎就是撕掉读书人赖以生存的“精神脸面”。

无论明王朝的统治机器多么残酷、多么毫无人性，中国知识分子“士可杀不可辱”的气节仍残存于我们这位柔弱江南文士的血脉之中。在抱怨自己“不能挽强执锐为国家出死命”之后，唐寅大才子奋然攘袂，顿足而起，断然坚拒“臣妾意态间”的官府“办事员”一职，愤然出走，开始了他漂泊的、辛酸的、不俗而又传奇的后半生！

悲摧啊悲摧，欲将年少待富贵，富贵不来年少去！唐寅 31 岁出狱后，而立之年却“倒立”，彷徨郁郁，又不好意思回家，就索性带着随身仅剩的几两碎银远游庐山、洞庭，盘桓一年有余，虽感“近乡情更怯”，最后也不得不回归故里。此后又气又累，大病一场，科举已经全然无望——他这么鼎鼎大名的才子，已经列入“黑名单”中的前几名。宋朝柳永还可以换个名字赶考，明代资讯已经非常发达，想效迹前人已是万万不能够。

穷愁之余，估计唐才子也想过“To be or not to be”类似的问题，最终还是觉得好死不如赖活着，开始卖文卖画为生，并且性情大变，破罐破摔，狎妓聚饮，无所不为。

明弘治十八年（1505），已经 36 岁的唐寅续娶沈氏，修建“桃花庵别墅”（看官，别看见“别墅”两个字就想到富商和贪官，明朝当时地价与房价，皆是中等人家都可负担，非与今时可比）。

卖文卖画之余，已经逐渐从人生低谷走出的唐寅，决定开始新生活。幸亏明中期资本主义萌芽状态已成，城市繁华，已经使文人无须只死钻仕进一条路，卖文卖画也能生存立足。

江南人住神仙地，雪月风花分四季；满城旗队看迎春，又见鳌山烧火树。千门挂彩六街红，凤笙鼍鼓喧春风。……侍儿烘酒暖银壶，小婢歌兰欲罢舞。黑貂裘，红氍毹，不知蓑笠渔翁苦？（《江南四季歌》）

似乎一觉醒来，惊悟周遭的人生是那样纷繁美好，惊喜之余，他难免发出“白驹过隙”的感慨。

唐寅 38 岁时，桃花庵别墅建成。虽仕进无门，毕竟身有所托，加之又值壮年，美景逸思，皆咏为诗，为其诗词中最著名的一首：

桃花坞里桃花庵，桃花庵里桃花仙；桃花仙人种桃树，又摘桃花换酒钱。……别人笑我忒风颠，我笑他人看不穿；不见五陵豪杰墓，无花无酒锄作田。（《桃花庵歌》）

1509 年，明正德四年，唐寅 40 岁。此后 10 年间，似乎诗人的生计不时陷入困窘之中。不像现在的名画家，炒作出名后，作品会越卖越高价，再往后就可以让学生、专业枪手代笔，自己临了修改几笔签个名照样大笔银子入袋。明朝的市井文人即使名气再大，总摆脱不了当时社会政治经济的影响。

正德皇帝朱厚照是明朝第十个皇帝，为人聪明过人，仪表清俊（从帝王画像上看朱家皇帝只有他一个人长得漂亮，其余都是朱元璋显性遗传不可更改的暴戾怪相），可他为政却极其荒唐古怪，是中国历史上出了名的荒诞天子。正德皇帝在位16年，却有7年在西北等地游荡玩乐，把大同称作“家里”，亲自给自己封赠“大将军”名号，并在边境邀击蒙古骑兵，竟也手刃过几名力大剽悍的蒙古人。他又不时微服私访，数入贵臣勋戚之家，随意巡幸，即使路边小店的美娇娘也照幸不误，后世文人据此撰有《游龙戏凤》的历史名剧。这位混世魔王还亲搏虎豹，宠养一帮武艺娴熟的“哥们”，同时，以贪污在历史享有盛名的大太监刘瑾，也出在他在位期间。

可以想见，正德期间，明朝已是从盛到衰的加速期，加之这位皇帝为了寻花问柳曾经“南巡”，致使苏杭、南京一带的经济更是雪上加霜。所有这些，或多或少会影响到当时以文画谋生的唐伯虎的生活状况。

> 笑舞狂歌五十年，花中行乐月中眠；漫劳海内传名字，谁论腰间缺酒钱？诗赋自惭称作者！众人多道我神仙；些须做得工夫处，莫损心头一寸天。(《言怀》二首)

在类似诗中，再也看不见满纸云霞，看不见达意潇洒，多的是“悲老大”、“病酒身”、“囊没钱”，而且终于意识到自己“落魄迂疏自可怜”，不仅如此，大才子开始哭穷抱怨，以“贫士”自居。尤其是奉寄老友孙思和的八首绝句，把当时诗人自己一家的贫寒窘涩描述得细致淋漓：

十朝风雨苦昏迷，八口妻孥并告饥；信是老天真戏我，无人来买扇头诗。(《风雨浃旬厨烟不继涤砚吮笔萧条若僧因题绝句八首奉寄孙思和》之一)

书画诗文总不工，偶然生计寓其中；肯嫌斗粟囊钱少，也济先生一日穷。(之二)

岁月流逝，过了知命之年，年华老去的唐才子大半辈子风霜雨雪，愁情寒意，经历过后，胸臆又峰回路转，渐趋开阔，反而变得旷达、闲适：

偶随流水到花边，便觉心情似昔年；春色自来皆梦里，人生何必尽尊前？平原席上三千客，金谷园中百万钱；俯仰繁华是陈迹，野花啼鸟谩留连。(《寻花》)

胸中无数才华，平生万般磨难，最终皆为怡然的达观所稀释，再不见激越愤慨，再不见书生意气，只有清新淡远，真正到了“松风流水天然调，抱得琴来不用弹”的境界。

自傲、自欺、自负，都消隐一空，吟咏之中，胸襟开朗，笑傲江湖，竟也超越了儒释道，浮云富贵，粪土王侯，连地府也无所畏惧，把死后大事当成又一次不经意的放浪漂流，如此高超的人生玄思，是何等的哲学超悟和精神解脱啊。

那么，如此身世坎坷、蹭蹬的唐寅大才子，到日后又如何暴得大名成为名士风流的代名词呢？

有关唐伯虎轶事，以明末作家冯梦龙《唐解元一笑姻缘》篇幅最长，后来不知怎么就成了“三笑点秋香”。此外，还见诸明朝一些非常不出名的文人笔记，如《蕉窗杂录》、《皇明世说新语》、《戒庵老人漫笔》、《风流逸响》、《诗话解颐》等，篇幅极少，往往只有几十字一个段落。据清朝学者考证，唐伯虎从未自刻过“江南第一风流才子”的图章，存世之印确系伪造。

至于他妻妾成群的传说，很可能因其续娶的夫人名叫“沈九娘”，后世无聊小道文人望文遐想，把“九娘”附会成“九个美娇娘”。

最早对唐伯虎才能做出评价的最著名人物，当属明朝“公安派”领袖人物袁宏道。但袁宏道当时对唐伯虎绘画天才没有什么感觉，封建时代，诗文最重要，所以袁宏道专门为唐伯虎诗文进行评点，并有《袁中郎先生批评唐伯虎汇集》共大约四卷刊印（似乎今已不存）。

其实，在唐伯虎活着的时候，他的书画在当时已经备受推崇，与他同时代而又稍晚些的大画家徐渭，也非常叹服这位前辈的绘画功力。

徐渭（1521—1593），浙江绍兴人，字文长，唐伯虎死时这位狂放的大画家才两岁。徐大画家一生屡遭厄运，以至于精神失常，还因误杀妻子几乎被处死。徐渭一生放荡不羁，才高八斗，仕途蹭蹬，所以后人把他与唐伯虎并列，称为“唐徐”。

在徐渭《唐伯虎古松水壁阁中人待客过画》诗中，他对唐寅前辈这样赏叹道：“南京解元唐伯虎，小涂大抹俱高古。”

但无论怎样，书法绘画这样的“雕虫小技”，其实均非唐寅自傲之资。封建时代，读书人最大的梦想是“朝为田舍郎，暮登天子堂”，考取功名，封妻荫子，流名万世。因此，他死前不久所作《梦》和《夜读》两首诗，把这位才子心事宣泄无遗：

> 二十年余别帝乡，夜来忽梦下科场；鸡虫得失心尤悸，笔砚飘零业已荒。自分已无三品料，若为空惹一番忙；钟声敲破邯郸景，依旧残灯照半床。（《梦》）
>
> 夜来欹枕细思量，独卧残灯漏转长；深虑鬓毛随世白，不知腰带几时黄？人言死后还三跳，我要生前做一场；名不显时心不朽，再挑灯火看文章。（《夜读》）

500余年后，日光灯下，笔者细读唐解元留存下来的几篇八股制义，如《苟日新，日日新，又日新》、《唯仁者能好人能恶人》等，佶屈聱牙，不忍卒读。文中虽然经意娴熟，八股运转自如，结构搭配巧妙，切题恰到好处，但终究读之令人感觉索然无味。即使是众多中举高官的明代文人，虽生前显赫，过后都无比落寞，其声名连唐伯虎一根毫毛也不如。

假使唐伯虎九泉有知，他最最感慨的，最最大惑不解的，乃他自己当时认为是雕虫小技的绘画，竟然能够给他赢得万世英名！

唐寅仕途落魄，文名依旧特盛。由此，他在绘画生涯早期，得拜吴门画派创始人沈周为师。后来，再拜周臣为师。

沈周以元人画为宗，周臣则以南宋院画为祖。有好“父”亦有好“儿”。唐伯虎恰能兼二师所长，在和周臣学习院体画的过程中，打下人物、楼宇、舟船这些具象素材的雄厚基础，落笔严谨雄浑，造型生动真实；而对老沈沈周的元人风格，更是无师自通，有师更通，画作墨色淋漓，简洁清朗，刚柔相济，极富韵律。画不多时，功力就几近圆熟。

虽然身为南人，但唐伯虎遍游名山大川，自然胸中有千山万壑，或气势磅礴，或清隽潇洒，使得他的山水画中充满了别的吴地画家没有的雄浑气象。

唐伯虎书法亦佳，学自赵孟頫，秀拔俊逸，清丽柔媚，所以，他的水墨花鸟，具有明净的墨韵，如明朝性灵小品文一般，清新活泼，生趣盎然。

最体现唐伯虎绘画功力的，自然是仕女和人物画。细观他重彩工笔人物画，线条劲细，敷色妍丽，气象高华，而且简繁相宜。由于写实功力极强，他笔下古代美人，自然富于神韵，明眸皓齿，跃然纸上。

由此观之，早在董其昌倡说南北宗之前，唐伯虎已经综合南北二派，他的笔下既有北宗风骨奇峭、旷远深厚的一面，也有南宗温秀柔和、华滋湿润的蕴含，可谓连结南北源流，扬长避短，

图1　清中期红木七星伴月灯笼腿玉香线圆桌（文华藏）

图 2　清晚期红木架几式书案（梅毅藏）

图 3　清中期红木玉香线大圆桌（梅毅藏）

图 4　清晚期紫檀梳妆台（梅毅藏）

图 5　清晚期红木镶白石靠背椅（梅毅藏）

图 6　清中期黄花梨南官帽椅一对（梅毅藏）

图 7　清中期紫檀蝙蝠橹福寿纹圈椅（梅毅藏）

图 8　范伟群春乐壶（梅毅藏）

图 9　郝大年款仿古壶（田颀藏）

图 10　段泥石瓢（梅毅藏）

图 11　黑星土水平壶

图 12　花货松鼠葡萄壶（梅毅藏）

图 13　单只老款狮子头（梅毅藏）

图 14　46 毫米直径官帽狮子头（文华藏）

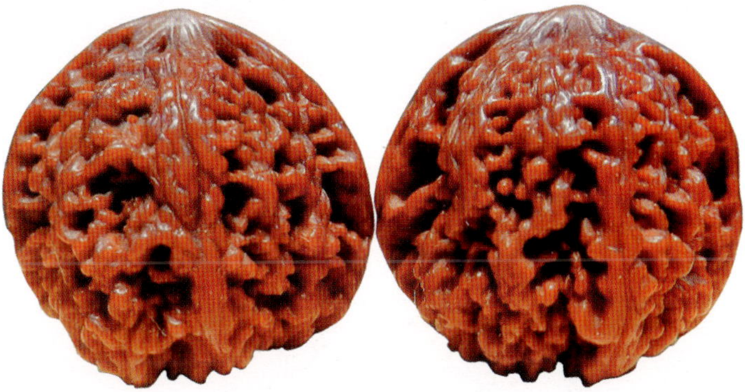

图 15　47 毫米直径满天星狮子头（文华藏）

图 16　孟蜀宫妓图（明，唐寅）

图 17　竹院品古图（明，仇英）

图 18　仿明宣宗岁朝佳兆图（梅毅画，吴欢题字）

图 19　关圣图（梅毅画，吴欢题字）

图 20　水月观音图（梅毅画，魏殿松题字）

图 21　山居图（梅毅画，魏殿松题字）

图 22　天津“老郝家”范制花模棒子（梅毅藏）

图 23　清晚期透雕象牙蒙芯“钟馗送福”(梅毅藏)

图 24　各种新老葫芦虫具（梅毅藏）

图 25　宣德熏炉（铜鎏金飞龙在天图）

图 26　沉香木雕山水笔筒（清）

图 27　沉香木雕骑狮佛（清）

图 28　橄榄核雕钟馗、寿星（清中期藏品）

图 29　清末象牙蒙芯及摆件（梅毅藏）

图 30　清中期竹雕刘海戏金蟾（梅毅藏）

图 31　清中期老葫芦（文华藏）

图 32　红太湖山子（文华藏）

臻于大成！

唐伯虎又不是画匠出身，诗文、书法均有独特造诣，极富书卷气，可称是真正的文人画。而且，在以书画表现文人幽深独特的自我表现意识方面，唐寅可谓独步天下！

如此才情如此画，唐寅似乎在当时和后世获得的评价并不是特别高，即使后代大文人如董其昌，只是说过这样不痛不痒的话："唐伯虎虽学李晞古（李唐），亦深于李伯时（公麟），故人物、舟车、楼观，无所不工。"就这几句话，还不见于董其昌本人著作，乃是由汪珂玉在《珊瑚网》一书中转述："董其昌云"！

经过亲身的绘画实践，我认为，唐伯虎至今身价之所以没有达到他应有的高度，还是在于他才能太高，性情太奇，身世太怪，为人所不能为，画人所非能画，诗文绘画通吃，自然缺少后世惺惺相惜的认同感。

艺术之所以有生命力，在于传播，在于得人，在于遇到最理想的欣赏者。而我之于唐伯虎，乃千古知己也。奋激感怀，大王也私刻一印：前身唐伯虎！

这印章，如果出现在群氓时代的互联网上，估计砖头顿飞，几天够盖摩天大厦的了。为何感慨如斯乎？谅也无他，感怀唐寅之千古不遇也！

自唐伯虎之后，自明至清到如今，诗书画艺俱佳者，罕有罕有。

董其昌自己工笔类精工画学不来，所以他大肆"崇南贬北"。

日后，他的书法得到康熙、乾隆等大爱，以至于南宗高于北宗、泼墨高于技巧之论，甚嚣尘上。在此情境下，唐伯虎天才顿悟式的画艺，更被文人士大夫有意无意之间认作是“匠气”。

唐解元天才大才，何来匠气？

当然，画人画楼画舟车不成，董其昌就想当然大叹说北宗一路画师苦而损寿，意思暗指那些太过勤力画精工之画的人，不仅辛苦，而且短命：“黄大痴九十（实为八十六）而貌如童颜，米友仁八十余神明不衰。”相对而言，他认定“仇英知命（五十岁），赵吴兴止六十余”，由此，他就判定画精工画的人活不长。

此说，近于谬论矣！

画精细画辛苦吗？不苦！李思训身为皇族，宋徽宗贵为皇帝，都爱院体精工细画，而且“以画为寄，以画为乐”；李公麟进士出身，风痹致仕后归居龙眠山庄，富足退隐，依旧手指作画为乐；与唐伯虎同时代的仇英，漆工出身，位卑不忘以画为乐，人物精丽艳逸，无愧古人！

画精细画短命吗？不短命！作画写字，神朗气清，运气周天，自然延缓衰老，而董其昌所谓“南宗”画者长寿、“北宗”画者“损寿”之说，完全以偏概全。

如果仔细考据，历史上被董其昌列为“北宗”大匠的李唐、马远，都耄耋之年依旧活蹦乱跳，运笔不衰。耗神费力的院画家，如明朝宫廷供奉画家李在（李以政），年年宫内行走，巨幅山水，人物精细，树木葱茏，依旧年至期颐；明朝宣德年间山水花鸟画首席画师、浙派创始人戴进，遭到同行妒忌排挤，被皇帝遣送故里，穷困潦倒多年，在杭州等地工笔龙鳞，也活到差不多80才死。

而被董其昌奉为“南宗”翘楚的人物，被他顶礼膜拜的米芾，活了不过50多。传说中南宗之祖王维，隐居写诗，泼墨自娱，寿不过花甲。而让董其昌万分心仪的大富贵名士倪瓒，也就活到70来岁，并非像想象中那样八九十的长寿。

所以，对人对文，无论是何大佬、大腕，都绝对不能盲信，盲从。

如果精研过明史和艺术史，可以发现，从明朝前期开始，包括明宣宗、明宪宗和明孝宗，都是绘画爱好者。特别是明宪宗朱见深，臻至专业水准。上之所好，下必甚焉。既然皇帝喜欢绘画，所以宣德、成化、弘治年间的宫廷绘画，也随之兴盛一时，蔚然大观。不少宫廷画师因画而荣，因画而显。

当时应召入宫的画家，都是闽、浙一带自幼受过专业基础培训的职业画家。既然是“职业”的，两宋精细院体画作，肯定是这些画家孩童时代就需要仿临的基本素材。这些人个个身怀绝技，绘画技巧精湛，无不擅长宋代那种精工致丽风格的工笔重彩花鸟画，并逐渐形成具有明代特色的“院体”工笔画风，在相当长时间内，成为有明一代画坛主流。

此种崇尚院体的风潮，延至明末，因私因公，董其昌都要改之易之，拔旗易帜。因私者，老董自己不擅于精工画作；因公者，推波助澜百多年，院体重彩已至衰退期，江山代有才人出，绘画风格，也到了该“变”的时候了。

上述原因，也是董其昌南北宗画论风起云涌重要文化背景之一。

造化古人皆吾师

虽然笔者对董其昌“南北宗”论颇有微词，但我认同他如下理论——绘画过程中，“自娱”功能非常重要！

我等“文人”，非以绘画纸墨谋生吃饭，自然要在泼墨淋漓间获取快乐。临古仿古，实在是初学者最佳的一种学习方法。

在古代，学习书法很方便，碑拓，石刻，木刻，花点银子就能办到。但绘画就大有限制，只有临摹一种方法。由于涉及精细工艺，临摹名画是技术活，批量生产更不可能。我国直到光绪年间，才有珂罗版印刷技术引进。光绪之前的中国文人，师法古人，或者说临摹，乃学习绘画最大的捷径。

董其昌名士文豪，一辈子大半时间都有足够的财力和精力寻找古画真品仿临。当然，于他而言，临仿古人，妙取神髓，既是研究，也是一种创作的形式。自他而后的穷酸文人，自然没有他那样的方便，那样的闲和钱。

而我们所处这个科技新发明“乱花渐欲迷人眼”的时代，如果想师法古人，太容易不过！除了荣宝斋等书画公司售卖价值不菲的古画石印、水印、日本照相印等几乎和真迹百分百相同的印刷品之外，我们还可以从坊间买来精细照相、扫描后刻印的光碟。

按钮一按，古代画家任何作品，都能放入大屏幕苹果机，随意缩小和放大。

借助计算机这种科技，在唐伯虎等人类似界画的精细工笔殿堂楼阁中，我们都可以看出前人需要借助真迹才能看到的细节——阑干台阶，看似横平竖直，仔细观察，一横一竖，都有书法笔锋。至此，我才恍悟古人所谓“书画同源”，信不诬也！由此，我才会相信昔日百思不解的故事：董其昌持苏轼书法真迹细观，发现每波画尽处隐隐有黍米珠一般的聚墨痕，思之察之，大有所悟。老董何种眼力，观察如此之细？据我忖度，明末西洋放大镜已经进口，想必老眼昏花董其昌正是凭借那种仪器才能察出苏东坡书法的细微之处……

中国书画实践，一是师古人，一是师造化。说白了，一是临摹古画，一是实地写生。

人到不惑始静心，时至中年方学画。于我而言，当然不可能学生哥一样拿个素描本对着美女裸体或者爬到黄山亲自对人对景勾勒。我和董其昌这位老前辈一样，喜于临仿，懒于写生。

所谓“学会唐诗三百首，不会写诗也会吟”。学画也是一样，古画看多了，临仿多了，研究多了，加上一定的悟性和练习，自然能够驾轻就熟。由于董其昌“不贵形似”南宗文人画的倡导，作为文人，更可不必孜孜研习地从素描透视等基本功做起。

根据我梅大王自己的观察，但凡学西画出身的国画名家，积劳成弊，所画人物，像则像矣，往往神韵缺失！诸如范曾大师，其笔下人物，无论耄耋老子，还是总角孩童，无论恶煞钟馗，还是美人婵娟，似乎都是一个妈生的，基本千人一面，其积弊，就来自西画人物的透视，来自对形似的过分追求而形成的呆板。

“我之所以爱画钟馗，本来最初是想画美人，越画越难看，改了画，画了改，改来改去，最后就改画成鬼脸钟馗了……”

学画之初，每每和朋友相会，出示涂鸦画卷之时，我都这样开玩笑。对于我的话，看画的朋友皆深信不疑。毕竟我赫连勃勃大王是坊间著作等身的畅销书作家，又是时常电视露脸的媒体人。如果画画再能有所成就，那肯定超出常人预期，就不算“正常人”了。

其实，我爱画钟馗，最大原因在于我喜欢这个传说中的人物形态。而且，我第一幅真正让诸友惊叹的画作，正是信笔涂鸦而成的写意钟馗。所以，在大概一年多时间内，我总是以钟馗为人物绘画的主要内容。

钟馗，豹头环眼，铁面虬髯，相貌奇丑，类似张飞，又似李逵，是我们民间传说中的驱鬼逐邪大神。

人们最为熟知的钟馗的来历版本，是来自明朝人所引的《唐逸史》，故事活灵活现：唐玄宗有一次从骊山回宫后，估计和杨贵妃纵欲过度，身体发病，一个多月都不见好。一天晚上，明皇忽然在梦中见到一小鬼盗走玉笛和爱妃杨贵妃的绣香囊，勃然大怒之际，又起不得身。情急之时，忽见一大鬼身穿蓝袍，虬髯蓬发，大踏步冲入殿中，伸手抓住那个偷东西小鬼，先剜出眼珠食之，接着把小鬼一口吞下。唐玄宗惊问：“你是何人？”大鬼回答：“我是钟馗，多次参与考试，都因面貌丑陋被黜，触阶而死，感谢皇上您下诏以蓝袍为我殓葬。如今吾身虽死，九泉之下，也要替皇上斩妖除孽。”言毕，大鬼化作一片红光消失。

唐玄宗醒后，疾病霍然而愈。为此，他诏令大画家吴道子按照他梦中人的形象，描绘钟馗图容。然后，他又下令把《钟馗捉鬼图》镂板印刷，广颁天下，宣扬钟馗神威。此后，每至岁末，百姓们都在自己大门上张贴钟馗神威图，以驱鬼避邪。

唐玄宗梦钟馗的故事，是明朝人转述。到了清朝，老钟馗又每每在端午节“值勤”。其实早在唐代，确实存有皇帝颁赐钟馗画像的习俗。我们钩沉历史文件，可以发现，唐玄宗时代的名臣张说就写过《谢赐钟馗及历日表》。而后，大诗人刘禹锡也撰写过两份类似文书：《为李中丞谢钟馗历日表》和《为杜相公谢钟馗历日表》。这两篇文书，记载了唐德宗时期颁发和悬挂钟馗画驱邪的年俗。在近代发现的敦煌遗书中，也有唐朝写本《除夕钟馗驱傩文》——这些都说明，在唐明皇时代，钟馗，已经是声名显赫的驱邪捉鬼大神。

但唐朝人所画的钟馗到底如何，现在我们看不到真迹。根据北宋鉴赏家郭若虚在《图画见闻志》所记，他在宫内浏览过唐朝时期的文物。吴道子笔下的钟馗，很是杀气腾腾：“衣蓝衫，革敦一足，眇一目，腰笏，巾首而蓬发，以左手捉鬼，以右手抉其鬼目。”

从民俗学方面推测，大概早在商周时期或者殷商时期，钟馗前身（或者原型）已经出现，最大可能是源自当时驱鬼的巫祝。到了唐朝，钟馗面丑心善捉鬼吃鬼的形象，源而流之，已经完全定型。

既然画钟馗，肯定要临仿古人画作。说起钟馗绘画，自唐以来，不少画家喜画此类题材，包括五代画家石恪，宋代画家高益、李雄，元朝画家龚开、颜辉、王蒙，明朝画家戴进、宪宗皇帝、仇英，清代画家罗聘、华岩、任颐，等等。

晚清任颐任伯年画钟馗画得不少，名声大，坊间印刷品也最为常见。但他所画钟馗，变形太过，过于马面长脸，为我所不喜。

我最早临摹的，乃明宪宗朱见深《岁朝佳兆图》。

《岁朝佳兆图》，原本为设色绢本，高 59.7 厘米，宽 35.5 厘米。此画右上方，有明宪宗朱见深御笔亲题：“柏柿如意。一脉春回暖气随，风云万里值明时。画图今日来佳兆，如意年年百事宜。”款署“成化辛丑文华殿御笔”，上钤“广运之宝”四方大印。

宪宗皇帝所画钟馗，面色漆黑，唇髭俏皮，深情生动威猛，还是不怒自威那种威；他目光犀利，紧盯头上飞来的翩翩红色蝙蝠，一手持如意，一手扶在小鬼的肩头；钟馗身上衣纹勾描洗练，落笔顿挫有力。小鬼亦步亦趋，身体为大鬼钟馗所凭据，神情谨肃，略显谄媚，双手捧一个盛有柿子和柏枝的托盘，寓意“百事（柏柿）如意”。

《岁朝佳兆图》的作者朱见深，乃明朝第八代皇帝，年号“成化”，庙号“宪宗”。此人乃英宗皇帝朱祁镇的长子，原名朱见濬，生于英宗正统十二年（1447）。少年时代，朱见深命运多舛。其父明英宗好大喜功，听信太监之言，在“土木堡之变”中被蒙古瓦刺部落生俘。危急之时，英宗皇帝的弟弟朱祁钰被于谦等大臣在北京立为新君，即景泰皇帝。为此，原先作为皇太子的朱见深太子就不能再当，被叔叔景泰帝封为“沂王”。

景泰八年（1457），一些文武大臣乘景泰皇帝患病，发动“夺门之变”，将明英宗重新扶上帝位。父亲复辟儿子自然重新上位，朱见深得以再次成为皇太子。天顺八年（1464），明英宗驾崩，年方17岁的朱见深即位。

宪宗皇帝朱见深品性倒算仁厚，登基不久，他就为被其父英宗皇帝冤杀的于谦平反，并为惊吓而死的叔叔景泰皇帝朱祁钰恢复了皇帝名号。

这幅《岁朝佳兆图》，画于成化十七年（1481）。“愿景”这个词儿，其实就是没什么想什么。当时的明朝，根本不是朱见深祈愿中的“百事如意”，而是“千疮百孔”。他继位数年间，明朝南北多个省份连遭天灾，成化十六年（1480），曾经生擒明英宗的蒙古族瓦刺部再次马蹄得得，一度逼侵大同，骚扰京师。可以想见，成化十七年新年，明宪宗所面临的，除了内忧，还有外患，简直是心如焦煎。为此，这位具有绘画天才的皇帝才提笔润墨，画下钟馗一幅，以祈祝“如意年年百事宜”！

朱见深这幅钟馗，功力老到，构图简明精要。最让人感觉可恶者，乃是乾隆皇帝恬不知耻的四方大印“乾隆御览之宝”盖在原画正上方，触目惊心，完全破坏了整幅画作的平衡，让人切齿不已。

《岁朝佳兆图》，我临仿有三幅之多，最佳的一幅，乃临仿在泥金纸上，熠熠生辉。

绘描之时，恰值盛夏，由于我所用纸张不是生宣，为了使钟馗的靴子有浸洇感，故意不开空调。大汗淋漓间，细细观看几层墨色的浸染挥发，慨叹撞墨技法，无非如此！真临真画，让我着实从实践中获取了绘画的喜悦。

我的这幅临仿画作，比起朱见深原画还要大得多，高 88 厘米，宽 54.5 厘米。我的书法极差，为免糟蹋画作，千里迢迢，坐飞机携去北京让老友吴欢题字。

欢哥看后，认为我临仿的这幅《岁朝佳兆图》，气韵生动，比起朱见深原作毫不逊色，且钟馗大脸刚毅威猛，更加憨厚凛然，动态十足。我临仿之作上面，少了乾隆几章不伦不类的大印，整幅画作看起来，更显疏朗自然。

爱不释手之余，欢哥欣然命笔，挥毫题字。

如此大幅作品，装池之后，诸友夸赞不已，个个争先，要求以物易物。

“梅大王，你别听他们的！他们手里那些烂紫砂、破寿山，无根无据，不值钱，根本换不来你这幅巨作！即使他们拿走这幅画，肯定随便看看就卷起来放回家压了箱子底，最后被虫蛀损毁，岂不枉耗你如此精力，埋没你如此天才……你换给我吧，我在龙华有个大别墅，客厅巨大，有进深有景深，大厅大屋子，挂放这幅钟馗大画才好看！”

老友文华最后几句话打动了我，作家、艺术家，虚荣心往往作祟，谁不希望自己的画作被人高高挂起来啊。在深圳城乡接合部龙华那疙瘩，文华确实有座小产权别墅，上下五层，地方真大，肯定有大好白墙悬挂。

软磨硬泡，文华老友实物竞价，打败诸友，最后拿出一方四面血红的贵州万山朱砂大印石作为交换，拿走我这幅临仿最好的《岁朝佳兆图》……

没过一周，文华悻悻然来，腋下夹着卷起成轴的我那幅《岁朝佳兆图》。

“梅大王，你这幅大画，我拿回家之后当天就挂在大厅里面了，嘀！绝了，蓬荜生辉，蓬荜生辉！”

来者不善。我冷冷看着他，只想听他“退货”的理由。

“……但是，但是啊，这幅钟馗大画第一天挂在我家里大厅，我儿子看见就哇哇大哭不止，哄都哄不住。我以为当时是晚上，这钟馗确实也大眼珠子吓人，就让老婆把孩子抱走。我想啊，第二天白天再让他看看，慢慢习惯就不哭了……”

“对呀，小孩子懂什么，才一岁吗，见东西少，你多挂几天，习惯肯定就不哭了……”

“……嗨，我儿子就是哭啊！我们家里有40多寸大电视，里面出现什么妖魔鬼怪他都不哭，看什么变形金刚啦，海绵宝宝啦，什么郭德纲啦，毕福剑啦，窦文涛啦，还有凤凰卫视‘锵锵三人行’里面那个戴眼镜长得像没毛大猩猩一样兜齿凹脸叫什么来着……反正，我儿子他看谁都不哭，惟独一抱进客厅，看到你画的这个大钟馗就吓得狂哭不止，哭得特悲特痛，没办法啊……”

我耸肩摊手。“那咋办呢？”

“呵呵，退货呗，不是，是换货，换回我那大块贵州朱砂印章石……”

“不行。”我斩钉截铁，“那块大印石，我寄到西安一个篆刻家那里去刻印了，‘赫连勃勃大王御用之宝’，一个字500块钱，你算算，总共5000块！我总不能把上面的字儿磨掉再还给你吧……”

“我靠，什么破篆刻家啊，一个字能值500块？我在北京潘家园刻字，一个字才30！”

“夏虫安可语冰！你到杭州问问，西泠印社的名家，刻一个字要几万呢……”

话虽如此说，我左右寻摸，拿回这幅《岁朝佳兆图》之后，确实不能不回送文华兄一件和他贵州朱砂石相类似的东西。

寻来寻去，我捡起窗台上放着的一块荔枝洞寿山石。“这块石头，是98年我花6000块买的，和你那块朱砂石就相抵了！”

“我靠，我那块万山朱砂，血红血红，市场价格在3万左右啊，你一块6000的破寿山就抵了？”

心内好大不情愿，老友文华也不得不接受现实，拿着那块寿山石反反复复看了多遍，最后骂骂咧咧摔门而去。

待文华走后，我把那幅《岁朝佳兆图》挂起，愈觉钟馗威风八面，飒飒英姿，鬼气森然，难怪“文小华”望之啼哭不已。

饶是不信怪力乱神，我还是买了一小瓶上好的朱砂，掺合画胶后，蘸于笔端，细细填描于钟馗的红色腰带、上方飞舞的蝙蝠，以及小鬼手捧的两个大柿子上面，希望藉此来辟邪招福。

此后不久，这幅钟馗大画，为我一位红颜知己索取，拿去挂在银湖颐园别墅一个大厅之内。

每当夕照之时，由于光线、纸张和景深的原因，画面金光闪闪，钟馗和小鬼，立体感极强，似乎都要从画面中下来，呼之欲出！

从来绘而优则鉴

临摹古画伊始，由于我善长勾勒人物，所以大多是钟馗、观音、罗汉等神佛人物题材。

我学国画，一无老师点拨，二无素描基础，完全是靠自己摸索，有时候完全就是凭空想当然。

学画之初，画册、画帖以及详细讲解勾勒步骤和上色步骤的专业教学课本，我买了不少。距离我所在公司几步之遥，就是深圳很大的一家名为“弘文”的文化用品公司。店面占了书城一整层，里面与国画、西画相关的东西，从画册到画笔画墨画颜料，应有尽有。

买东西买多了，我发现这个店内还售卖有关国画教学的光碟。买回几套细看，很想学学“正宗”国画基本技法，但看了三四张碟我就不看了。其中有关国画用笔、用墨、着色的过程和步骤，几乎和我自己摸索出来的一模一样。

于是乎，得意之时，忽忘形骸，我对身边诸友抚膺而叹：“泼墨挥毫，吾真有宿根矣！念吾前身，其果为唐伯虎乎？！”

画了一段时间的钟馗、罗汉、布袋和尚、和合二仙，从前自嘲的话，终于被诸友朋辈拿来笑我：

“看来梅大王画画有局限，二小扛房梁，顶这儿了！你看，美人你是画不成了，就爱画丑怪的人物，头脸画坏了没事儿，不叫画坏了，那叫艺术‘变形’，哈哈哈哈哈哈哈……”

我们天津人就是爱面子，拿别人玩笑话当真了。当天深夜，我就撅腚猫腰，几乎一宿没睡，翻检明人绘画，临仿出一幅《观音送子图》。

这幅画的原画，是我从广州西关古董市场所购一幅旧画，应该是民国初期较高水平的仿临画。仿画色暗纸旧，大概是当时

“苏州片子”一类的东西，落款虽然是任伯年，但绘画风格和任伯年似乎不大搭界。画中观音，面颊丰满，眉目慈祥，发髻高盘，身穿白衣，右臂轻托，抱着一个穿着红肚兜的娃娃。画中观音处于提踵行走状态，衣裾轻飘，仪态于端庄中呈现轻柔的动感。

虽然仿品一件，这幅画作流露出的那种明朝味道，确实让人叹息不已——当时民间为了糊口而造假赚两三小钱的画匠，放到今天，肯定都是大师级的人物！

此幅《观音送子图》，整体都不繁琐，观音和小童身体上的“零碎”也不多，正好给我做样本勾勒。仔细确定构图比例后，我先用铅笔打底稿，然后开始用淡墨勾线，仔细描绘出观音和娃娃的轮廓形态。

勾线不是件容易的活儿，不仅仅要讲究工细，还需要在勾线过程中体现出毛笔线条的力感和美感。刚开始画画的时候，觉得毛笔太难控制，我曾经为了省事而去买过那种很细很短的油画笔。我以为，笔毛短粗，可能更容易勾勒线条。真正下笔使用时，我发现，油画笔的笔毛没有弹性，反而勾不出国画的风神。

也就是说，油画笔短而尖细，看似好控制，可就勾描不出中国画“工细兼力”的味道。而且，墨不入笔，画出来的线条非常纤细柔弱。

所有勾线笔中，我最喜欢使用“周文”牌清河勾线笔，锋毫锐利，弹性十足，让人在绘画之时有酣畅的感觉。特别是我这样的初入门者，这个牌子的勾线笔，让我感觉到自己对长毫毛笔的掌控能力。

我书法奇差，平时写得一笔臭字，可我知道，在绘画的时候要画出味道，毛笔一定要用中锋，一气呵成下来，线条饱满而有弹性，力感十足，圆润浑厚。同时，我尽力避免用侧锋落纸。否则，线条粗细不匀，墨色粗黑，白描的画底子就不成功。

我刚刚开始勾勒人物的时候，使用中锋还真不习惯。但凡线条出现转折的地方，稍弄不好，都会出现侧锋。所以，画画的时候，聚精会神最重要，在下笔转折时，必须及时提笔，笔管轻转，毛笔笔锋才会平行圆转过来，如此就能够保持笔落中锋。

果真慧根天然。我在勾勒国画人物线条的时候，情不自禁，每勾一条线，都像模像样，不经意间，都有起笔、行笔和收笔三个动作。当然，人非生而知之，有时候我精神不集中，勾出的线就都会浮滑在纸面上，虚弱无力。为此，我买了多张八尺大的熟宣和生宣，闲暇无事，坚持练习一笔勾勒的技巧——在把笔尖按下去的同时，均匀用力压笔，同时向上虚提，压提平衡之时，再拖笔细描。最终，练习多日，终于能使自己笔下线条弘浑有力，不再出现侧锋败笔。

有了这点基本功，一幅人物白描下来，一气呵成，笔法流畅，大有铁线描的旨趣。

如此，画来画去，简笔观音仿临了十多幅，我开始挑战自己——仿临法海寺壁画精品：水月观音！

观音画数不胜数，什么是法海寺的水月观音呢？

法海寺在北京，位于石景山区翠微山南麓，明朝正统八年(1443)落成，是明英宗下令工部营缮修建，属于当时皇家兴建的大工程。法海寺外部建筑，大多在历史中损毁，它现存最让世人叹为观止的精华，要属大雄宝殿内保存完整的明代巨型壁画。

寺内共10幅壁画，面积多达200多平方米，其中有《三大士图》、《帝释梵天图》、《佛众赴会图》以及《祥云图》，内容包括佛教典籍中常见的佛众菩萨、飞天仙女、二十诸天、山水祥云以及动物花卉等等。这一系列壁画，由当时宫廷画士官宛福清、王恕等15人所绘。

本来，法海寺大雄宝殿内还有精美绝伦的三世佛和十八罗汉塑像。“文革”期间，一群红卫兵小将闯入，佛像皆惨遭砸毁。幸亏当时有吴姓看门人急中生智，毁佛救佛，自己也大嚷大叫去砸殿内佛像，才转移这些魔煞红小鬼们的注意力，最终使得殿内壁画未遭损毁。

法海寺壁画中，水月观音尤为美轮美奂——画中观音，袒胸露臂，表情温和柔美，曲右膝，盘左膝，庄重大方，具有一种出世超凡、让人心内震慑的超然美感。

水月观音，乃观世音菩萨三十三身像之一。而法海寺壁画上的水月观音，薄唇长眉，细细眼梢，向鬓角斜挑，高髻披帛，温柔中有俊俏，高贵中显亲切。为了造成金碧辉煌、华贵恢弘的效果，明朝画师多用朱砂、石青、石黄等石色。深思熟虑之后，经过多层叠晕和烘染，大量使用描金和沥粉贴金，最终达成光彩炳耀效果。

特别让人屏息叹美的，乃当时画工的勾线技巧，笔法老到纯熟，“铁线描”，“兰叶描”，“针头鼠尾描”，无不应用。大匠运笔，线条有时豪迈驰骋，一气呵成；有时则精准细腻，娇嫩轻柔之态，跃然壁上。这些细巧的部分，我临仿之时很难表达出来，特别是水月观音透明披纱上的图案，六菱花瓣，而每一花瓣都由40多根金线攒成，细如蛛丝，薄如蝉翼，加之贴金沥粉，耀人眼目，就连小花瓣之上的丝丝筋络也精彩毕现。

想要画出这些细节，难，难，难！

不过，我还是能够把原画人物比例临仿准确。水月观音手足纤细柔美，但她肌肉却丰腴健美，丰而不肥，媚而不腻。经过我长达三日的铅笔稿精描细绘，无论远观还是细瞧，基本能把原作的精气神收拢于纸上。

法海寺水月观音的脸部非常容易仿临，但她身上的璎珞、首饰、钏镯、花朵，以及衣服上那些炫人眼目的宝相花、龙云、团凤牡丹、忍冬花、菊花，以及各种锁子花纹和卷草花式，最磨人耐性。

最早一幅临仿作品，我把水月观音身上的璎珞、首饰和钏镯都省略了，只追求大型和比例正确。即便如此，这幅画添上颜色之后，观世音秋波流转，大相非相，仙貌庄严。

不过，由于第一次重彩着色，我经验不足，对石色把握有些失当，观音裙裾上面沉淀了一些深色印痕。为弥补欠漏，我买来价格昂贵的日本颜料金，堆填于印痕之上。福兮祸兮，如此一来，不仅掩盖了那些难以遮盖的瑕疵，最终还造成熠熠生辉的独特效果。

凡事万物皆有缘。这幅《水月观音》画成，我便照相传给我老朋友萧大哥。

恰巧，萧大哥有一密友田伟兄，慧眼独具，一下子就看中了这幅观音，当时，萧大哥就打电话跟我说田伟兄非常非常喜欢。

当时呢，我也是唇舌打滑收不住，随口说了一句："这幅画很大，我拿去装裱了。如有佛缘，什么时候你们能来深圳，我就赠送给田伟兄了……"

我佛慈悲！田伟兄心诚！

两天过后，自驾迢迢2300公里，田伟兄和我萧大哥，哥俩竟然一路奔波，开车从北京直抵深圳！

眼见哥俩千里迢迢、风尘仆仆来到我面前，果然覆水难收，出口难回。大丈夫吐口唾沫是个钉，况且佛前无妄语，我也不好翻悔。

毕竟田伟兄算是有缘人，我拱手把这幅《水月观音》赠予了他。

"……梅大王，如此神品，却之不恭，受之有愧。还好，我这些年来一直在内蒙搞工程，前几年到阿拉善转悠，和一家牧民成为朋友。那家里老爷子几十年前打过一匹狼，一顿大酒之后，把狼皮送给了我。我回到呼和浩特，让人把狼皮制成标本。既然你割爱给我这幅观音，我也把这匹狼拉来了……”

下楼，拉开车门一看，差点把我吓死。车后厢内，一匹大狼四脚稳稳站立，连头带尾，长约1.6米，身高似高加索巨犬，灰白毛色，红舌亮睛，虽然只剩躯壳，但昔日驰骋草原的精气神全在！

“这个这个……”我瞠目结舌。

“梅大王，这个蒙古草原狼的标本，你一定留下……”田伟兄罩上一个花床单，和萧大哥小心翼翼把大狼标本从车上搬了下来。“从前草原上的野狼多得成灾，解放后开荒种地，打死无数。最近一些年，内蒙古到处挖矿开采，狼越来越少，据说只剩下5000只不到了……”

“你平时不是爱搞收藏吗？收藏吗，就是越稀罕越好，越稀罕越贵！蒙古草原狼，全世界只有不到5000只，还不让随便杀猎，你拥有一只，岂不牛逼大了！”萧大哥也力劝我收下。

观音换大狼！佛法无边，冥冥之中，真不知这是何种法缘！

……萧大哥、田伟兄走后不多久，我呆坐在办公室内，看着大狼发愣。

忽然间，老友亚明熟人不讲理，蹬门闯入，猛然看到那只我还来不及搬回家的大狼。

“啊啊啊啊！”

“嗷”的一声，亚明蹦跳数尺开外，吓得面色惨白，体似筛糠。

呵呵。我忙告知说，这头大狼是标本。

“唉，太吓人了！如果它是动的，会让人以为是一条大狗，没那么害怕。如此这般，愣愣吐着血红舌头仰头不动，真能把活人吓死！”

喘定之后，亚明抱怨。

“标本嘛，舌头是假的，眼珠也是假的，但整个狼的身体，确实是真的！”

“咦，这狼值钱，值钱啊！我上半年到内蒙古出差，在鄂尔多斯飞机场的商店里面看到过一个草原狼标本，售价8万，个头儿才只有你这只狼一半大小……”

“草原狼不是保护动物么，这狼是我两个朋友从北方开车给我捎来的……机场真有卖？”我很怀疑亚明兄的记忆力。

“那还错得了！鄂尔多斯机场商店，一条狼标本，8万，那毛色还不如这只好呢，灰不喇唧的。你这条狼个大不说，背上毛色近乎纯白，好看，好看……”

经亚明兄这一说，这头大狼在我心中更有“经济”价值了。

我这一辈子，总是遇到这样的事情，本愿是“施”，最后总是有大“得”。冥冥之中，好人有好报！

“大狼嘛，好看是好看，够威够力，可惜不能带回家啊，那不成‘引狼入室’啦……要不，你送给我吧，我有一富豪朋友搞摄影的，他有个特大海上豪宅，可以放在豪宅大厅里面……”

人，谁比谁傻多少啊。对亚明的话，我嗤之以鼻……

于是，每每夜深，在大狼锐利无比目光的注视下，我提笔濡墨，再次开始临仿法海寺水月观音。

不过，随着我每一次的临摹，我的心就越诚，笔力也越自然从容，耐性也越持久。三四幅下来，法海寺原画中观音身上的种种细节，包括璎珞、首饰、钏镯、花朵以及衣服上各种琐细花纹，我都一一照临照仿，逼真还原了壁画中的许多精细部分。

让我也感到吃惊的是，就连观音头上的发丝，我都能用细勾线笔丝丝画出。拿放大镜细看，根根毛发走向规整，千根万根，如出头皮，清晰得不得了。提笔练习铁线描的功力，斯时顿显。如此精细画发髻，佛像画成之后，也不必担心观音头发部位因为积墨反光而要涂花青了——头发不是乌光的一团，而是根根不缠不绕的头发丝!

“董其昌时代人家有名人真迹可以仿临，你梅大王号称入门，有真品放在眼前描摹吗？”肯定有看官会好奇。

自从毕业后到深圳，稳定后，小钱、大钱，真买了不少东西，其间受骗多多，算是自娱自乐。这些年来，红木家具，古玉，紫砂壶，金银器，文玩核桃，文玩葫芦，核雕，寿山石，明清雕像，端砚，歙砚，等等，基本能收藏的种类，我都涉猎过。惟独瓷器和字画，我基本没有出过手。

瓷器不用说，水太深，总觉自己和瓷器隔一层，没事看看而已，最多买几件新瓷器，老东西基本不碰。书画也是，我从来没有购买欲。这行水深不说，我也知道，昔日如董其昌、吴湖帆、张大千等大家，他们收藏古画的初衷不是占有欲，对他们来说，拥有目的次要，主要在于可以自由鉴赏。临仿之际，确实提高自己的画品和画境。

现如今，假画多过真画，如果真想摹临古人，坊间有那么多光碟卖，鼠标一动，放大数倍依旧清晰，连每一个微细的笔触都能看得一清二楚，笔锋笔意一目了然。至于说到“拥有”层面，古画价格太过高企，我辈毕竟属于工薪阶层，基本买不起名画。

特别是在我自己慢慢学画、学会画画之后，总感觉市面上那些小名家的画，都不过尔尔。每遇朋友装修或者亲戚买新房，我完全可以自己濡墨挥毫画他几张后精裱送人。

特别是2008、2009两年，大概自己存有日后笔墨丹青自娱的预想，数趟下来，我在广州买了数十个清末、民国的老酸枝画框，其中不少还是成对的。这些老画框，纹饰精美，质地极优。清洗干净后，把托裱的国画放进老画框内，真真相得益彰。相比之下，现在随便装个花梨木的框子都要一两千块钱，基本和我当时购买那些老红木的价格相当。

诸友有时候也奉承我，特别是文华老友，谆谆而言：

“梅大王，写而优则画，你很有绘画悟性和天分，日后江郎才尽了，写不出文字了，画画卖也能挣大钱啊……你想啊，中国画从明清开始都是以人而显，以文而名，文人画嘛，写出那么多书，你是真正文人，修养深厚，肯定能画成上等的文人画。现在美院教授和民间名家啥的，都是系统培养出来的，都是画商炒作出来的。以后，你也让人炒作一下，凭借你从秦汉到民国写过中国断代史的根底，底蕴深啊，卖个一平尺 3 万 5 万的……”

每闻此言，不由嘿嘿，心中还是很觉得意。

奇怪的是，我这几年所画国画，基本都能给我换来“物质”报酬。特别是在 2009 年夏天，北京一个出版商出版我的《群氓时代》，在北京中关村图书大厦召开新闻发布会，现场请到雷达、肖复兴、解玺璋、白烨、吴欢等名人捧场，推介我的新书。

此前，我从深圳出发时突发奇想，决定带去北京三幅画作，在新闻发布会和书友见面会的时候“义卖”我几幅国画作品。

推介会开始，作者先自我介绍，接着，各位专家“夸奖”、品评我的新书，然后读者作者互动，活动逐渐接近尾声。而后，便到了举牌“拍卖”的关键环节。

我当时还想，这三幅作品，如果能够拍到 3000 块钱，我就感觉太满足矣。毕竟是新近开始学习绘画，当时又处于完全仿临的阶段，能有 3000 块钱的进项，我可以捐献给吴欢吴大哥辖下的中国人权发展基金会。

当时，场内连记者带读者，大概有近 200 号人。举牌伊始，争夺气氛热烈。每幅画底价是 1000，下面读者连连报价，价格嗖嗖上升。

如此之热烈场面，肯定不是因为我的画有多好，还是因为类似拍卖场的气氛使得人们群氓意识陡然生成——别人喜欢，自己更喜欢；别人想得到，自己更想得到。

总共拿去三张画，前两幅画，一幅拍了6000，一幅拍了8000。对此结果，我已经大喜过望。最后一张彩衣达摩，两个读者在那里较劲，最后拍到超出10000，还不停500、1000地往上叫。

读者叫的是价儿，拿出来可都是真金白银啊。我赫连勃勃大王何许人，画作质地又属于练习性质，哪里能值这么多钱！看着他们两个在那里叫价互掐，我自己都替他们心疼……

叫到最后，到14000了，我善良的“焦虑”，似乎也传染到别人。身为主持人的出版商一方很聪明，拿着话筒就问争画的两个人：“我们今天拍卖是义卖性质，收现金。你们两个有现金的一方，谁马上交钱，这幅画就是谁的！”

说来也巧，其中一个人还真没现金，毕竟14000块钱，谁逛书店带那么多钱！而携带现金来的一方，大概是事先看到了中关村图书大厦的预告，有备而来，他真带现钱了。所以，老哥们能够当场拍出现钱，拿画走人……

看着厚厚一沓近3万的现金，我心里面还是很感慨。当天吴欢大哥去日本玩票没能亲自到场，他委派齐白石的嫡孙女齐慧娟女士来，我就把那沓现金交给了她，托她转交给吴欢名下属于政协系统的中国人权发展基金会。

为此，当时不少家媒体、网站都有报道，题目大概都是类似《赫连勃勃大王国画作品义卖筹得近三万元无私捐献》云云，很是热闹了一小阵子。

自己的画有“价儿”了，钱，却没拿到自己手里。所以，事情热闹过了，也就过了，事后再没有什么太兴奋太特别的感觉。

当我回到深圳，倒是马上有惊喜。老友田颇，从网上看到我义卖字画的新闻，大感兴趣。尤其电脑屏幕上那几幅看不到实物的画，怎么看，他怎么觉得漂亮，就提出拿“东西”和我换画。“祝贺，祝贺，你现在画画都能换钱了，有才，有才……我也喜欢你的画，咱们多年友谊，你不可能让我拿钱买画。这么吧，我拿东西换你这张画！”

田颇老兄指着我办公室墙上挂的一幅罗汉图，表示要以物易物。

我倒没有被他的奉承弄昏头脑，很清醒。“拿‘东西’换我的画？没问题！就是看什么‘东西’啦，你们山西煤多，你给我拉一车皮，我能要吗？大煤块儿虽然值钱，你给我几吨，我也没地方烧啊……”

田颇对我调侃感觉挺有趣，仰头哈哈。“我当然不会拿大煤块子跟你换画，雅俗我总懂吧。我表弟的老婆是海南人，家里是做黄花梨家具的。这不，他们前些日子送我一个小官皮箱，成鸡肋了。我摆出来放办公室吧，不伦不类。放家里吧，不知道放哪儿。价格嘛，据说不便宜，怎么也万把块钱，我就换你这幅画吧，还能挂我办公室墙上补补壁……”

说着话，田颇兄给我看他手机上面的黄花梨官皮箱照片。

“换了！可以换的……”我老友文华，一直是我的幸运星。

他凑头一看，马上替我拍板了，然后意味深长地看了我一眼。

就在前两天，我还和文华逛过深圳黄宝岭古玩市场，当时在一家黄花梨杂件专营店铺，看到一个和这官皮箱几乎一模一样的越南黄花梨木官皮箱，都要价2万多。从田颇兄手机上面现实的纹理看，他准备从家里拿来和我换画的那一只，应该是海南油梨，在市场上没有个四五万，想都别想。

“我这幅画价值就别说了，拍卖也有价格了。题字也值钱啊，吴欢，大名士，吴祖光和新凤霞的儿子，全国政协委员，书法特值钱，不信你网上雅昌搜搜。还有，我这老酸枝的画框，现在也价值好几千块钱啊……你那个官皮箱，新的，我到底换不换呢？”

毕竟这么多年和古玩商斗智斗勇，我还真有些拿捏，假装托颐捧腮，沉吟半晌的样子。

“花梨木可挺值钱的，我听表弟妹说，人家爸爸就是家具厂老板才能有这货。当然，这不是什么大件，毕竟也是花梨木啊……你这画，不就趴那儿描一会就弄出来的嘛，真以为自己是齐白石啦……”

田颇兄表述他那件官皮箱，有时候“黄花梨”，有时候说“花梨木”，显然他对黄花梨还不太懂行。

“吃亏是福，吃亏是福。换了，换了……”老友文华在旁边给我当“托儿”。

盼星星，盼月亮。转天大早，我和文华翘首期盼着，果然田颇兄按时到达。

看他从提兜里面掏东西，我俩有些失望——高级礼品装的假皮革箱子，类似装紫砂壶送礼蒙人的那种，只不过个头更大而已。

不过，等那只官皮箱真被田颇从箱子里面再掏出来，我和文华的眼睛都亮了。

这个官皮箱的纹理、品相皆属上乘，全部榫卯结构，榫眼不是机器活儿，都是手工刨出来的眼儿，木色油润，不静不喧。白铜铜活，镶嵌齐整，整个箱子没有任何瑕疵，连蜡都没上，散发出新海南黄花梨独有的芬芳馥郁。最重要的，迎面两块板材都是独板，两个小鬼脸均匀对称的，没的说，这两块板是一大块板材切出来的，美感和谐，味道十足。

文华老兄意味深长，看着我微笑。

我努力抑制住自己的笑意，假模假样翻来覆去挑毛病。“做工还算凑合，就是太新了，没有古韵……”

“行了，反正你我东西都是白来的，你这张画我拿走喽！”田颇兄似乎很怕我翻悔，没等我动手，他自己撅着屁股踩个方凳，从我办公室白墙上取走了那幅《罗汉图》。

田颇刚走，我和文华兄拍手相庆。多年买东西换东西，骗人被骗的小乐趣，尽在这一刻显露无遗。

为了感谢文华兄给我当如此巨“托儿”，换得品相这么好的黄花梨官皮箱，我当即从书橱中取出一件东西作为报酬，奖赏他和我天衣无缝般的配合和“演出”。这是块寿山石工艺品，几年前我花3000块买的一个鱼化龙寿山石壶，整挖的一块石头，有壶有盖，严丝合缝。

“瞧刚才田颇扛画急走的样子，就怕你不换啊。骗人到这境界，就差不多大成了，我俩都能开店合作卖东西捣腾古玩了。”文华笑语。

我也笑。

正言笑间，老友亚明探头探脑，腋下夹着一堆东西进来，摇头摆尾，欲言又止的样子。

“嗬，我这里中午可真热闹啊，本来要睡觉的，田颇刚走，你又来了……”我做出闭门谢客状。

“哦，文华也在啊，正好你们一块给我掌掌眼！”亚明左右瞧看，回身又把门紧紧关上。这哥们属于“（诸葛）猪狗一生惟谨慎”那种。不过，他的小心翼翼姿势，总让人觉得是鬼鬼祟祟。

“你能有什么好东西，还掌掌眼，呵呵。”文华笑。

“我爸爸的好东西……这几年电视里面到处都是鉴宝节目，老头儿看得着迷了，他自己也迷上古董了。这不，背着我妈妈，花了10多万块，买了这些东西。还不敢跟我妈实说价格，只说是他买旧书的时候夹在书里面白给的……”

亚明兄刚刚打开一个小卷轴没半尺，我和文华异口同声：“假的！”

“二位大哥，东西还没看真切，怎么就下结论？！”亚明有些生气。

没法不是假的。他刚打开了半尺的卷轴，不是别人作品，是陈少梅的《二十四孝图》！

“你爸这个卷轴多少钱买的？”我问。

亚明使劲翻了翻大眼珠子。“5万，请专家鉴定后弄了证书，5千，一共5万5千！”

“陈少梅《二十四孝图》，2004年就拍卖拍了500多万！你爸花5万多买的，能是真的吗？”

“这个事情我网上也查过，我爸也问过专家……据说，据说啊，陈少梅不止画了一卷，说不定这是他画的另外一个版本……”

“为了赚你爸爸那5000块钱，如果我是专家，我也说你爸的画是真的……你瞧瞧这画工，笔力拖沓，绵软无力，显然是河南专业村里面的低仿作品，不可能是陈少梅画的……你再不死心，就给我出机票钱吧，我去北京让专人给你鉴定！”我说。

“呵呵，你再骗我？你再骗我爸5000鉴定费？反正专家说话都是假的……”亚明警惕性很高。

“吴欢老哥们，知道吧，你瞧瞧，他给我题过多少画啊，”我指指墙壁四周，“他的表哥，就是陈少梅的亲儿子，叫陈长智，我上个月还在欢哥家里见过他，要不，我去北京让真正陈家嫡传后代给你鉴定一下，人家陈长智先生也是画家！”

听我如此说，亚明连忙摆手说“算了”不迭。

“唉，我爸爸也是财迷心窍，没事干吗不好，爱上陷阱最多的古玩了！天天往黄宝岭跑，比我妈我老婆逛商场都勤。黄宝岭二楼有个老娘们，中年妇女，比于丹老师都能说，还别说，有几分老姿色，长得也像于丹，没事就给我爸爸灌迷魂汤。这不，看我爸从别人那里买了假陈少梅的画，又撺掇老头儿在她店里买了几张董其昌的画。董其昌的画，多有名啊，能在黄宝岭那地方吗……”

抱怨着，亚明又拿出三四张画给我和文华看。

这几张画不用看，假，是肯定假的。董其昌的东西，第一不可能出现在深圳黄宝岭古玩市场，第二不可能被亚明他财迷老爸得到。

北京故宫博物院藏有董其昌绘画83件，其中24件是假的。不过，人家那假画级别高，造假年份早，也属于文物。

我们之所以不怕熏到，给亚明机会让他打开那几张酱油色的“古画”，主要想看看几张假画作假的级别和层次。

中国古代画论有关的知识，我太丰富了。近来又自己画画，虽然眼高手低，寻常的鉴别力还是有的。

“呵呵，还《溪山行旅图》呢，你看，画面右下角画一条船，非常工细，船内还有一个舟子，就凭这点，就不对！董其昌在他自己《画禅室随笔》中说过，他自己‘未能作人物、舟车、屋宇’，不可能画船，因为他不会画船！舟子渔夫之流，他一直认为太俗，不入流，不入画。肯定是假画！你再看，这幅画纸张薄脆，做旧的，人家董其昌荣华富贵一辈子，家里用于作画的纸绢都是什么精印朱丝、乌丝、长笺、金笺、斗方云母笺，哪里有这样差的纸呢……”

终于找到卖弄知识的机会，我褒贬不停。

文华也拿起一张假画，大加揶揄。“这张也不对，拿起来马上一股酱油味道，董其昌不可能画亭台楼阁这样类似界画的东西。老董大名士大官儿，怎么可能趴在桌子上画这种精细的东西？当然，你这张画底子可能是电脑做的，清朝的画，换的董其昌的款，这字儿也不对啊，我也看过好多明清字帖，董其昌的字儿似乎‘生拙’一些，这字是瘦金体，宋徽宗转世了，呵呵……”

我和文华一席话，把亚明都说累了。他长叹一声，坐在凳上，皱着眉头想了想，最终拿出一幅看上去有些自来旧的卷轴，打开之前还说：“董其昌的画，能落在我爸爸手里的可能性确实不大，据说给他代笔的人挺多。这张画，我仔细研究半天了，感觉还有些真实，说不定是当时给他代笔的人画的……我爸爸买这幅画，就是从黄宝岭那老娘们那里买的，花了 8 万块，据说包真包退！”

我和文华都摇头。“包真包退，就没人做古玩行了！”

“呵呵，《秋林书屋图》，名画，乾隆还临仿过这幅画呢……”我展开画幅，不禁莞尔。“……你看，这画的背面还是新纸呢。”

“据说是重新托裱的，所以底子是新纸。”亚明赶忙解释。

“这还真不是董其昌的代笔画作！真是老董的枪手代笔，也值钱，什么赵左，吴振，赵迥，叶有年，僧常莹，吴易，王鉴，王时敏，名头都不小，技术都挺高，无论谁代的笔，都有看头，往往水平甚至比董其昌本人画作水平要高得多！”

“你别掉书袋卖关子了，到底真的假的吧？”

“这原画在故宫博物院呢，是一件相对有水平的画师仿画的，不是明仿，是清仿。你看，下面署名是‘董元宰’，本来应该董其昌字‘玄宰’，老董活到明朝快亡国的时候才死，他也不会预知清朝会有个康熙皇帝叫‘玄烨’，更不会为了避清朝帝讳，在自己活着的时候把自己‘玄宰’改成‘元宰’！”

亚明脸色有些润朗起来。“这么说，是康熙时候仿的董其昌，嗯，也算古物，不算上当，不算太上当。嗯，你们看，画上还钤有乾隆、嘉庆、宣统帝三代皇帝玉玺，三条‘龙’的‘龙’目，都曾经瞧过欣赏过这幅画，连骗三‘龙’，水平高，水平高……”

我很有些不屑。“这画也就能骗骗乾隆那类货色了，嘉庆和宣统，都算随声附和，‘先帝’都欣赏，他们肯定要当真。这幅画功底，也就一般，房舍、桥梁用笔太工，尺子估计都用上了；山石、林木的笔法又太软熟，没啥内涵和功力。老董精品作品还是很不错的，他书法写得好，所以总爱书法入画，远树荒山，爱以横笔点叶，看似草草，其实章法俱备。元画临仿得多了，他画山水树石也挺灵变，很有倪瓒画风。不似这张画，临仿的人湿笔用太多了，甜腻腻粘答答的感觉……”

亚明连连点头。“说的是，说的是，你有空去我家里，劝劝我爸爸，也给他扫扫盲，普及一下书画鉴定和古玩鉴定知识，省得他净让黄宝岭那些伶牙俐齿老娘们骗！有几个老娘们真能说啊，红舌乱飞，个个都像于丹。”

“呵呵，我可不敢劝你爸爸。那些兜卖古物的有些中老年妇女可会说可能说了，蕾丝箍紧乳，秋波荡肿目，你父亲老房子再一着火，心荡神摇的，大银子花出去过后，如果我告诉他所买‘名画’都是假的，告诉他 10 多万的东西一文不值，他老人家还不‘嗷’的一声过去了……”

闻言，亚明忽然色变，手中卷画动作停止，问：“就这幅画，这幅《秋林书屋图》，是康熙时代高仿的吧？值 8 万吧？”

“原画是高仿的，你这幅画和高仿原画百分百一样！不过，它还真不是手工临仿的。日本有种技术，照相后宣纸复印，挺复杂的，也就是说，它是印刷品……你别急，别急啊，这幅画还真不便宜，我去年在北京琉璃厂一个公家开的画店看过这样的画，这么大尺幅，真不便宜……”

“不便宜？不便宜是多少，总要有个价儿吧！”亚明急赤白脸，真要和我翻脸的样子。

“8000！”

第五章　虫子“害”人

梅大王年青时，曾看贝托鲁齐导演的电影《末代皇帝》，里面许多镜头很有刺激感，至今记忆犹新。据说，电影为了追求原汁原味的真实，当时实打实请了许多清史专家，根据考据意见进行拍摄。影片中，许多场面都是在故宫实地拍摄。当然，我们中国现在“阔”了，对大鼻子老外也不像昔日那样想干啥就干啥地“娇宠”，文物保护意识日益浓厚，哪个外国导演想再效仿贝托鲁齐那种“外宾贵宾”待遇，很难，很难。

根据当时参与者的某些回忆文章，贝托鲁齐对于电影道具特别认真，似乎连小皇帝坐垫，都找纯绿豆粉做内胆，完全复制当时清朝宫内习俗。虽然戏里有演员怀旧如此夸说，但意大利导演拍的这个片子，禁不住推敲的地方还是很多——包括历史人物形貌、化妆、服装、首饰以及礼仪细节等等。等我年长后稍懂历史，感觉到电影许多地方都很不靠谱。

不靠谱是不靠谱，《末代皇帝》很多镜头处理非常吸引观众眼球。特别最后一个镜头，让人回味悠长——老年溥仪回到故宫太和殿，在一个红领巾少年儿童面前笑意滋滋地炫耀，从他孩提登基的宝座底下，变戏法似的拿出一个蝈蝈葫芦！

说实话，这溥仪从宝座底下变出蝈蝈葫芦的情节，也没什么靠不靠谱。文学、影视，虚构吗，都可以艺术再现生活和人性。

意大利导演很有电影天分，毕竟是中国故事，有些细节处理还是很不严谨。我从一个文玩杂项爱好者的角度，回头去看这个情节，发现贝托鲁齐确实疏忽——溥仪小皇帝当初何等尊贵，大清天子啊！

清朝八旗子弟、王公贵族都玩葫芦，皇帝小时候玩的蝈蝈葫芦，又怎么可能像电影中尊龙掏出来的那么一个普通蝈蝈葫芦！

太不上档次！

玉罐金笼喂养频

> 当年如隆福寺街之富友轩，大沟巷之至友轩，盐店大院之宝和轩，义懋大院之三和堂，花儿市之万历园，白塔寺内之喇嘛茶馆，皆养虫家聚会之所。如到稍迟，掀帘入门，顿觉虫声盈耳。
>
> 解衣入座，自怀中取出葫芦置面前，盖先至者已将葫芦摆满桌面。老于此道者葫芦初放稳，虫已鼓翅，不疾不徐，声声入耳，有顷，鸣稍缓，更入怀以煦之。待取出，又鸣如初。如是数遭，直至散去。盖人之冷暖与虫之冷暖，已化为一，可谓真正之人与虫化。庄周化蝶，不过栩栩一梦，岂能专美于前耶！

数年前，生计奔波，读王世襄先生这篇文章，没什么特别感觉。莞尔之余，觉得民国京城爷们们，依旧八旗旧风，养鸟斗虫，玩物丧志。

王先生的著作，林林总总，港版、台版、大陆版，我基本收齐。连那本毛笔字影印毛毛草草关于古代髹漆技艺之“水书”(《髹饰录解说：中国传统漆工艺研究》)，我都买了。惟独的，香港壹出版社印行的《说葫芦》，我没有购入。大概2005年左右，我到香港逛旧书店。《说葫芦》放在书架上，当时才1000港币不到，印刷精美，品相齐全。翻了翻，对葫芦没感觉，没兴趣，没研究，就放下了。

这两年，等我开始对葫芦器感兴趣了，香港各大书店，再无这本书的踪迹。搜看孔夫子旧书网，这本“鸣虫玩器圣经”，已经涨到6000元到8000元。

前数年，我一直研究古家具，读王世襄先生《锦灰堆》、《锦灰二堆》，但凡谈鸣虫、葫芦以及养鸽子的内容，我基本都跳过不看——一是不懂，二是觉得玩物丧志无聊。如今忽然感兴趣了，再看王先生关于葫芦的几篇文章，短短三四千言，基本都是浓缩精华。时下坊间市面上，那些所谓的文玩葫芦“专业”书籍，全彩图印刷精美那种，堂堂皇皇几本书内容，连文物葫芦照片都是东抄西挪，见识、文笔加起来，都赶不上王先生一篇文章分量。

在我年青时代读研究生时，曾经一度着迷《世说新语》。我记得，《言语》中有这么一则：

简文入华林园，顾谓左右曰：“会心处不必在远。翳然林水，便自有濠濮间想也。觉鸟兽虫鱼，自来亲人。”

书中“简文”，指东晋简文帝司马昱。有一次，他游览皇家宫苑华林园，见山光水色，云蒸霞蔚，禁不住对身边侍从讲出上述几句话，大概意思就是说：能怡然自乐者，不必行之迢迢，会心就够了。林深水静，如此这般，情不自禁，让人想起古代贤哲庄子在濠梁之间欣赏游鱼之乐和濮上钓鱼的那种乐趣，更觉大自然鸟兽禽鱼，恬然可亲……

抛开简文帝司马昱悲摧一生不讲，魏晋人物的美学观和人生观，皆无一例外，爱慕自然，珍重生命。日后，中国文化中“濠濮间想”一词，就成了别有会心、自得其乐的同义词。

渐行渐近。王世襄先生所记旧京爷们们的玩虫乐趣，实际上依旧是“濠濮间想”的传承和变异。人生自古有情痴，此恨不关风与月！

“鸣虫”，从科学角度说，在我国种类繁多，我们一般人能够想到的，大概只有蛐蛐和蝈蝈这类东西。中学课本有《促织》一文，极尽血泪渲染，似乎老百姓为了给官家交差，绞尽脑汁四处寻摸逮这种虫子，倾家荡产不说，还会搭上人命数条；历史上，又有亡国皇帝宋徽宗、明朝慵懒宣德帝以及亡国宰相贾似道，这三个人对蛐蛐鸣虫的独特爱好，更让具有一定知识层次的人对鸣虫嗤之以鼻。包括我本人，恨和尚憎及袈裟，从前谈起这些小虫子，都言之愤愤。

成见这种东西，误人，误人。

鸣虫鸣叫，是我们古代农业中国重要的报时器。古人的时令节气，都在叫声之中。《诗经·豳风·七月》里写道：“五月斯螽动股，六月莎鸡振羽，七月在野，八月在宇，九月在户，十月蟋蟀入我床下。”

感时应候，虫声唧唧，鸣虫，乃大自然动人心弦的殷勤歌者。

当然，大自然中善于鸣唱的昆虫种类很多，而我国古代开始形成驯养玩赏传统的鸣虫，主要有以下数种：属于蟋蟀科的蟋蟀、油葫芦、金钟儿、梆子头，还有金铃、竹铃等各种铃虫；属于螽斯科的蝈蝈、扎嘴儿、纺织娘等。

这些鸣虫，在生物学上都属于直翅目，每年一代，虫卵于春夏四五月间孵化，六七月间长成成虫。原野之中，它们之所以“迪迪呜呜”鸣叫，不是为了博取人类欢心，而是和种类繁衍有关——为寻找伴侣，雄虫摩擦翅膀发声，传递“性”信息，盛鸣期（俗称“旺叫期”），大约持续一两个月。

完成交配后，鸣虫可谓“精尽而亡”，很快衰朽死亡。所以，无论是蝈蝈还是蛐蛐，叫声不是从它们嘴里传出来的，而是从身上翅膀发出的音声。

史上最有名、身价最高的蟋蟀，也就是蛐蛐，这“天下第一虫”，别名特别特别多。

明朝大文士刘侗《帝京景物略》卷三记载："考促织，《尔雅》曰：'蟋，天鸡。'李巡曰：'酸鸡。'郭璞曰：'莎鸡'，一曰'樗鸡'。《方言》曰：'蛀蛚，一曰蜻蛚。'《尔雅翼》曰：'蟋蟀生野中，好吟于土石砖甓下，斗则矜鸣，其声如织，故幽州谓之促织也。'"此外，古文中也常称蛐蛐为"蛩"，在北方方言中，皆是耳熟能详两个字：蛐蛐。

蛐蛐，这个虫儿，追溯起来，挺牛的，文学史上总有它的身影：

中国最古老最伟大的诗歌集《诗经》中《国风·唐风》，竟然有《蟋蟀》一章："蟋蟀在堂，岁聿其莫"、"蟋蟀在堂，岁聿其逝"、"蟋蟀在堂，役车其休"；《诗经·豳风·七月》又有："七月在野，八月在宇，九月在户，十月蟋蟀入我床下"；《古诗十九首》第七："明月皎夜光，促织鸣东壁。玉衡指孟冬，众星何历历"，第十二："四时更变化，岁暮一何速！晨风怀苦心，蟋蟀伤局促"；阮籍《咏怀八十二首》："开秋肇凉气，蟋蟀鸣床帷。感物怀殷忧，悄悄令心悲。多言焉所告，繁辞将诉谁"；唐朝杜甫吟叹："促织甚细微，哀音何动人"；白居易吟咏："西窗独暗坐，满耳新蛩声"；李子卿有《听秋虫赋》："逆旅愁听，鸣蛩四壁；欲解寒衣，萧然泪滴"；张随《蟋蟀鸣西堂赋》："岁云秋矣，秋亦暮止。西堂寂听之时，蟋蟀寒吟之始。纷稍稍以惊节，洞嘤嘤以横耳"；宋朝姜夔更以词叹物："露湿铜铺，苔侵石井，都是曾听伊处。哀音似诉……西窗又吹暗雨，为谁频断续，相和砧杵”……

天凉岁暮，夜晚凄清，蟋蟀秋虫，鸣叫哀声。在我们古人耳中，蟋蟀的叫声，最易引起他们对逝水华年的伤感。为此，他们歌咏复沓，感物伤时。自从《诗经》“蟋蟀在堂，岁聿其逝”开始，蟋蟀，就成为秋日景象和秋日心情的标识。由此，继而引发“万里悲秋常作客”等动人遐思，极具象征意义，成为中国文学中一大重要母题！

审美经验中，有“移情说”。蟋蟀，昆虫也，它本身并没有感情，鸣叫也非关喜怒哀乐，但一俟夏去秋来，寒风惊飘，落地黄叶，蟋蟀鸣声四起，多愁善感的人们，顿起无限惆怅。

人生在世，如轻尘栖弱草，白驹之过隙，静听虫鸣，思及此理，能不悲乎！

古人何时在野外捕捉蟋蟀归市坊或者宅中听赏鸣叫，文献上似乎没有专门记载，不过，唐玄宗时代，似乎已经蔚然成风。五代文人王仁裕《开元天宝遗事》记载：“每至秋时，宫中妃妾辈皆以小金笼捉蟋蟀，闭于笼中，置之枕函畔，夜听其声。庶民之家亦皆效之。”(即使此书为宋人伪作，唐帝宫内秘事或有虚构铺陈，蟋蟀事应无可疑)

可见，唐明皇时代国力强盛，宫内嫔妃都用金丝绣笼装盛蟋蟀，夜听其声以解寂寞。庶民百姓，也争相仿效。

蟋蟀音声，其实大有差别。早秋蟋蟀，清澈嘹亮，让人顿起振奋之感；夕阳晚秋，清露寒夜，蟋蟀之声，如泣如诉，如哀歌，如颤音时断时续。

从听蟋蟀音声到“斗蛐蛐”，从何时而起，再牛的学者也无法给出一个切实精确的时间考据。唐朝至五代，皇室、贵族以及民众笼养室内，欣赏蛐蛐鸣叫，肯定确有其事，但还无诗句、文献证实那数百年间有斗蟋蟀的记述。到了北宋，宋徽宗大画家、大诗人、大鉴赏家、亡国之君，耻居下流，众恶归焉。为此，民间总有他酷爱斗蟋蟀的传说，细细钩沉正史和北宋时人笔记，却没有类似记载。

延至南宋，养蟋蟀，斗蟋蟀，已经蔚然大观矣——叶绍翁《夜书所见》曾记：“萧萧梧叶送寒声，江上秋风动客情。知有儿童挑促织，夜深篱落一灯明。”显然，宋代孩童，晚间在家里斗玩蟋蟀，已经成为一种风俗；大豪客张镃《满庭芳·促织儿》追忆：“儿时曾记得，呼灯灌穴，敛步随音。任满身花影，犹自追寻。携向华堂戏斗，亭台小、笼巧妆金。”蛐蛐笼子质地他没有直说，“妆金”二字，道出了贵族子弟儿童的蛐蛐笼子上面以纯金为饰，肯定豪贵无比；而张镃密友姜夔则记曰：“蟋蟀，中都呼为促织，善斗。好事者或以三二十万钱致一枚，镂象齿为楼观以贮之。”

值得注意的是，在南宋，装盛蛐蛐竟然以象牙雕刻的楼观为笼，可谓穷极工巧。也就是说，一头顶级蟋蟀，价格达二三十万钱——南宋中前期，一斗米也就是 200 钱！

要知道，在宋高宗赵构南渡之初米价最贵的时刻，每斗米也不过是300钱不到。偏安一隅之后，西湖暖风一吹，歌舞升平，文恬武嬉，人民惰懒，一头顶级蟋蟀，价格竟然能买一万斗上好的白米！

上之所好，下必甚焉。逐渐，江南地区斗养蟋蟀，也慢慢成为一种专门行业：

> 促织盛出，都民好养，或用银丝为笼，或作楼台为笼，或黑退光笼，或瓦盆竹笼，或金漆笼，板笼甚多。每日早晨，多于官巷南北作市，常有三五十火斗者，乡民争捉入城货卖，斗赢三两个，便望卖一两贯钱。若生得大，更会斗，便有一两银卖。每日如此。九月尽，天寒方休。（《西湖老人繁胜录》）

当然，最专业的蟋蟀专著，还要推大名人贾似道的《促织经》。这本书，分为上下两卷，大概有14000字左右。共分七个类别：论赋，论形，论色，决胜，论养，论斗，论病。每大类下又分子目，体例非常完整。专业人士读之，如沐春风。

贾似道原本《促织经》，我们今人已经不知具体内容。现行这本书，由明朝浙江文人周履靖续增过内容。即便如此，贾宰相的养虫基本原则和思想，尽在其中，乃世界上第一本关于蟋蟀研究的昆虫学专著！

刨除以人论文的偏见，开宗明义，贾似道对于蛐蛐的赞誉，确也蕴含许多人生哲理：

> 促织之为物也，暖则在郊，寒则附人，若有识其时者。拂其首则尾应之，拂其尾则首应之，似有解人意者。甚至合类额颃，以决胜负，而英猛之态甚可观也。岂常物之微者若是班乎？此君子之所以取而爱之者，不为诬也。愚尝论之：天下有不容尽之物，君子有独好之理。……或在壁，或在户，或在宇，或入床下，因时而有感。夫一物之微，而能察乎阴阳动静之宜，备手战斗攻取之义，是能超于物者也甚矣！促织之可取也远矣！

在贾似道看来，小小鸣虫蟋蟀，能够识天时，解人意，供赏玩。悦而爱之，他还从斗蟋之法，最终“悟”出“治国之道”这样的高度！人无癖者，不可以与之深交。倘若贾宰相没有败军误国的尴尬事，其于蟋蟀之溺，日后肯定也会成为一段佳话。

蛐蛐遇到贾似道，佳虫遇奸臣，似乎是悲剧。其实，贾爷本人，更是一出大悲剧。

小时候，祖母喜欢看京剧，总带着我去戏院和电影院。当时，我对于那些脸谱、唱腔、念白、布景什么的皆不感兴趣，更分不清曹操、严嵩或者贾似道——凡是“权臣”，总一张大白脸，外加三角眼，耸着两个大肩，慢踱方步，似乎没什么不同。不过，电影《李慧娘》给我留下深刻的印象：貌美的女主人公，看见玉人一样的书生，情不自禁，娇赞了一声“美哉呀少年”，就被“大白脸”（贾似道）把脑袋切下，装在一个托盘（或者匣子）里给妻妾“观赏”以示“警诫”。

不过，少年时代的我，是非观念不是很强，只是觉得那颗美丽的脑袋又吓人又刺激。至于那“大白脸”，当时根本记不住他的名字，反正不是曹操。

后来读史，才知道“大白脸”是贾似道，南宋亡国的祸首之一，乃宋理宗妃贾贵妃的弟弟，宋度宗得立的“恩公”。正是他把持朝政，扣押元使，隐瞒败报，才使得南宋的国势一日不如一日，终于走到亡国的尽头。

贾似道杀美人割脑袋之事，最早见于小说体的宋元间笔记《钱塘遗事》，原文很短，兹录于下：

> 贾似道居西湖之上，尝倚楼望湖，诸姬皆从。适二人道装羽扇，乘小舟由湖登岸。一姬曰：“美哉二少年！”似道曰：“尔愿事之，当令纳聘。”姬笑而无言。逾时，令人持一合，唤诸姬至前曰：“适为某姬受聘。”启视之，则姬之头也。诸姬皆战栗。

原文寥寥，只有87个字。到了明朝万历年间，剧作家周朝俊有《红梅记》一剧，其中有一个女主角名李慧娘，为贾似道相府侍妾，游湖时春心荡漾，看中美才子裴禹，心生情愫……

此时，原本 87 个字的“小说笔记”，已被衍化成有名有姓有男女主人公有细致情节的戏文，特别是李慧娘那几句“道情”，现在听上去那么大胆、露骨、“反封建”：“俺和他欢会在西廊下，行了些云雨，勾了些风华！”到了清代，又有无名氏撰写《鬼神传》，书中第十二回已经详详细细勾勒出完整的故事，也是京剧《李慧娘》内容最终。《鬼神传》第十三回中，详细地描述了李慧娘被杀后到阎王前诉冤，最后为鬼为魂，救了穷书生，杀了贾平章，报仇雪恨。当然，新时代的京剧中，删除了不少“封建糟粕”，只突出了李慧娘这位“被压迫妇女的复仇精神和反抗性格”。

戏剧、小说毕竟是虚构，李慧娘真那么刚烈，也不会到相府去作妾。真实的贾似道，既不是丑恶的“大白脸”，也并非被李慧娘率阎罗殿小鬼勾魂致死。

历史上的贾似道，仪表堂堂，长身玉立，相貌酷似北宋名臣韩琦。他最后的下场，是被押送官郑虎臣虐杀于流放途中，非死于美女之手。

这位蛐蛐大家贾爷贾似道，后人说起来，无论学者还是民俗学家，都会说他是裙带关系得官，凭靠漂亮姐姐在宋理宗宫中得宠，年青时代要风得风，要雨得雨，似乎听上去是个无行的轻狂衙内。其实，贾似道出身绝非贫贱无行之家，其父乃南宋制置使贾涉，是军区司令兼政委级别的高官。贾涉之父贾伟，也是宋朝忠臣。特别是贾涉，为南宋朝廷坚守淮西，半生血战，居功甚伟，操劳病死之后，获赠龙图阁学士、光禄大夫。所以，贾似道算是真正响当当的高士（加烈士）子弟。

贾似道年青时，恃宠不检，整日流连妓家。但一个“官二代”、“官三代”青年荒唐，也不算太出格，谁都有年少轻狂的时候啊。淳祐元年（1241），贾似道20余岁即为湖广总领；淳祐五年（1245），以学士身份为沿江制置副使；又迁京湖制置使，调度赏罚，中规中矩，显示出他是很有才干的人才；淳祐十年（1250），他以端明殿学士身份移镇两淮，时才30多。青年得志，一路陡开，虽然少不了姐姐宫中受宠的因素，但贾似道本人绝非草包，镇治一方，很有成效。

当然，政治生涯后期的贾似道，蒙古铁马彻地来，正值南宋统治江河日下之时。有他宋也亡，没他宋也亡。可身为当朝宰辅，不思励精图治，反而骄奢淫逸，沉溺蟋蟀罐中，“坏人”之名，也不算全冤枉他。

让贾似道想不到的是，在他死后，中国人，特别是文人士大夫，对于蟋蟀这种东西日益沉溺，比贾爷更甚！

明清两朝，有关蟋蟀的研究专著一本一本地印行——明朝有袁宏道《促织志》，刘侗《促织志》；清朝有金文锦《促织经》，石莲《蟋蟀秘要》，朱翠庭《蟋蟀谱》，秦偶曾《功虫录》，方旭《促织谱》，钱步曾《百甘虫吟》；进入民国，更有无名氏编纂的《游戏大观》，李文翀《蟋蟀谱》。1931年，李石孙纂辑、徐元礼参校《蟋蟀谱》，泱泱12卷印行上市。此书，乃蛐蛐知识和品评集大成者，详细介绍蟋蟀种类达117种——爱虫有心人，如果真有闲工夫读过这些书，就可以发现，自明至清到民国，所有关于蟋蟀的专著，还是跳不出当年贾似道贾爷那本《促织经》窠臼，基本都以那本专著精髓增益而成。至于文才和文采，后世诸书和贾似道《促织经》相比，判若云泥！

恩怨尽时方论定。再回首读贾爷《题促织二首》，华言玉句，别有滋味在心头：

玉绳低转过南楼，人在冰壶夜色幽。湛湛露华凉似洗，啾啾蛩韵巧如讴。絮叨高下恣情诉，断续悠扬不肯休。叫彻五更寻隐处，自封门户共雌俦。

玉罐金笼喂养频，王孙珍爱日相亲。争雄肯负东君意，决胜宁辞一芥身。鼓翼有声如唱凯，洗钳重搦似生嗔。大哉天地生群物，羡尔区区志不伦。

其实，玩蟋蟀和好书法，喜麻将和好读书，癖好所钟，原本无甚区别，都是消磨荷尔蒙的好去处。不做无聊之事，何遣有涯之生！假如唐太宗李世民像他表叔隋炀帝杨广那般二世亡国，笔墨书法之好，估计也会成为后人抨击的借口之一……

鸣虫声声一庭秋

说了半天蛐蛐，看官肯定会问：你小时候玩过蛐蛐吗？

当然玩过！天津人，能不玩蛐蛐嘛！

听老人讲，解放前，天津、北京等地，蛐蛐局子特别多，斗蛐蛐成为一种休闲行业，盛行一时。我小的时候，尚处于“革命年代”，斗蛐蛐的游戏，基本是我们这些中小学生的专利玩乐。身边大人，很少敢有当众不务正业斗蛐蛐玩的。倒有一些退休老头儿，很闲很自在，总是三三两两聚在一堆小孩子身边，看我们斗蛐蛐，时时给予专业指点。这些老者，在解放前不少人都是蛐蛐资深玩家。

印象中，我迷蛐蛐的时间并不长，大概也就是小学三四年级的时候迷过一阵。当时家里有几个蛐蛐罐，据说是我爷爷和大爷爷留下的。现在想起来，它们长年被我哥哥当盛玻璃弹球的罐子，几乎都蹦盖烂底的。只有两个品相不错，盖子都严丝合缝，基本没磕没碰。

现在说起老蛐蛐罐，言必称“赵子玉罐”。当时我们家里那几个罐子，都有“赵子玉”款儿。可能有看官不屑：“嚯，就你们家阔，什么好东西你们家都有，你都能记得住？！”

我之所以记得住“赵子玉”这三个字，正因为那几个罐子都有“古燕赵子玉制”、“古燕赵子玉造”的款识。那时成天爱看《三国》小人书，当时我还总混淆，还纳闷，赵子龙他们家，还有个兄弟“赵子玉”做蛐蛐罐，真匪夷所思啊！所以，每每加入斗蛐蛐的战阵，我都会双手托罐，放声大叫“常山赵子龙来也！”……

至于我爷爷、大爷爷二位爷玩的那些蛐蛐罐，到底是真“赵子玉”还是仿“赵子玉”，我就不得而知了，因为清代到民国，仿“赵子玉”款儿的蛐蛐罐多了去了。那些罐子别提现在根本连踪影毫毛都不见，自从我上中学后，就再也没有看到过它们任何残片！

据我姑姑讲，我爷爷上个世纪40年代，大概有三四年的工夫呆在北京做棉花、纺织品等生意，还在京城买过一个四合院（那时候房子不是特别值钱），也陆陆续续买了不少“玩意儿”存放其中，包括我爷爷还在大宅院里面养了一房“小的”。我少年时代斗蛐蛐用的那些老罐子，估计都是我爷爷那时在北京置办的吧。

后来，我查赵子玉所制蛐蛐罐，名贵品种包括什么鳝鱼黄、瓜皮绿、绿泥、倭瓜黄、藕荷色等等。我们家里那几个，色黄如鳝，应该都属“鳝鱼黄”品种。

记得我小时候，很羡慕蛐蛐住的那些“小房子”——浆皮亮光的罐子，加上过笼、水槽等“家具”，幻想着，如果自己变成蛐蛐，天天在如此阴凉的罐子里面住，一定好舒服好舒服。即使到了今天，我鼻子里面，依旧残存着童年时代闻嗅过的味道，那种蛐蛐罐里面散发出来的特殊味道的泥土气息……

斗赏蛐蛐，自上个世纪80年代开始，在京津地区恢复很快。但几乎整个90年代到今天，我一直在岭南工作谋生，完全远离了先前慵懒的生活环境。

有一次回天津，我堂弟开车接我，曾经说起过天津大丰桥那边秋天有专门玩斗蛐蛐、赌蛐蛐的场所。据说，那里的蛐蛐赌摊，工具齐全。现在不用戥子了，换成比戥子更准的电子秤。两个蛐蛐过完秤，就可以下注赌博了。津门赌风也是世传，有人专靠斗蛐蛐吃饭，盛季一天都能赚上万块钱。天津的蛐蛐赌博，也有出千诈骗的，有人会给蛐蛐提前喂药喂“兴奋剂”。什么药，一般人不知道，反正敌方蛐蛐闻到这种味道之后，战战兢兢，根本就不敢上前张嘴咬斗……

直到今天，我们天津出产的蛐蛐罐依旧全国有名，还有不少制罐名家。蛐蛐罐在古代，种类很多，有泥陶的，石的，瓷的，玉的，雕漆的，戗金的，等等。

近代以来，蛐蛐罐基本都用澄浆泥罐。每每言及蛐蛐罐制造方法，一般人都会引用邓之诚《骨董琐记》所记：“制澄泥砚：缝绢囊置汾水中，逾年而后取出，沙泥之细者已实囊矣，陶为砚，水不涸焉。”也就是说，和制作澄泥砚一样，蛐蛐罐也是淘澄细泥做成。

这种工艺做出来的罐子，细腻，滋润，透气性能良好，罐内罐外壁间滑润，不伤蟋蟀须爪。异想天开，我沉迷紫砂壶的那段时间内，曾经在宜兴丁蜀镇买过一个紫砂蛐蛐罐，润泽晶莹似玉，古色古香。不过，我从来没有用这个紫砂蛐蛐罐养过虫，也不知道实际养起虫来效果如何，只放在窗前当摆设了。

文物级的蛐蛐罐，现在还有不少，博物馆展出的时候，我们都还能亲眼目睹，其炼泥之精，制作之工，不逊瓷器、铜器、玉器以及紫砂等妙品。蛐蛐罐制罐名家，名头最大的，明朝有“万礼张”(张和清)，清朝康熙朝有赵子玉。赵子玉蛐蛐罐真品和子玉款的仿品，现在很容易得见，北方哪个古玩市场都能看到，淘换到。但明朝“万礼张”蛐蛐罐，我只在王世襄先生《蟋蟀谱集成》之《秋虫六忆》中读过看过图版，实物从来没有见到过。而王先生所写的诗，至今记忆犹新：

万礼张盆碧玉池，鹦花过笼庇雄雌。缩身恨乏壶公术，容我悠然住几时。

2007年，我写明史《纵欲时代》，曾经系统研读过明朝工艺史，发现明宣宗不仅爱瓷器、铜器，也爱蛐蛐罐。不过，明朝时代皇家用罐，似乎是戗金工艺的，这在吴伟业《宣宗御用戗金蟋蟀盆歌》一诗中可以得证：

宣宗在御升平初，便殿进览豳风图。暖阁才人笼蟋蟀，昼长无事为欢娱。定州花甆赐汤沐，玉粒琼浆供饮啄。戗金髹漆隐双龙，果厂雕盆锦香褥。……

吴伟业明末清初人，他对于大明朝皇帝的记忆，不像蒲松龄那样，肯定没有故意的歪曲和渲染。历史上，明宣宗朱瞻基这个人，确实很喜欢斗蟋蟀，还曾经专门下密诏给苏州知府况锺（此人历史上有清官之名），让他进贡千只蟋蟀入宫。我当时很感奇怪的是，吴地民风柔弱，蛐蛐难道好斗吗？不知道这位皇帝爷，凭什么喜欢苏州蛐蛐……

与吴伟业同时代的文人吕毖，著有《明朝小史》。其中卷六《宣宗纪》里面，记载这样一个真实故事：宣宗皇帝喜欢斗蛐蛐，在江南一带广为征求。当时，蛐蛐价格腾贵，达到数十两银子一个。枫桥地方有一粮长，因遭州郡长官督遣，千方百计钩寻，终于找到一个上佳的蛐蛐，便用自己平时所乘骏马换得此虫。放到家里后，粮长妻子非常好奇，她认为，丈夫用骏马换得的蛐蛐，肯定不同凡虫，就偷偷打开罐子来看。罐盖刚刚掀开，蛐蛐一跃而出，三跳两跳，再也找不到。大惧之下，这女人自己上吊而死。粮长回来后，慕恋妻子，自己也上吊自杀……

日后蒲松龄所写的短篇小说《促织》，素材其实正取自吕毖《明朝小史》中这段史实。

人在青少年时代，特别容易受书本影响，大概正是中学时代看了蒲松龄的《促织》，就觉得蛐蛐这东西太害人，所以对如此虫子，兴趣忽失。

我们天津蛐蛐罐，以质量精细著称。可我们天津本地蛐蛐，质量非常一般，一般来说，青虫偏多，体型不大，没什么上好品种。我小时候，听玩伴说过有一种叫“棺材板子”的蛐蛐，据说是在坟地里面刨挖而来。传说，这种蛐蛐天天嗑咬墓中死人的棺材，所以齿坚牙利，能争善斗。现在想来，“棺材板子”蛐蛐，显然是孩童少年捏造后互相讹传而出，乃越讲越悬的故事。

从专业角度看，真正上好用于斗狠赌博的蛐蛐，大多来自山东宁津和乐陵一带。不过，在我小的时候，天津基本没人玩山东蛐蛐。那时候，许多家庭上有老下有小，饭都吃不饱，谁会百里迢迢去山东捉蛐蛐玩！

蟋蟀、蝈蝈、油葫芦一类的鸣虫，寿命很短，民间称为“百日虫”。喜好者或者商贩为了能更长久听其鸣叫，一直煞费苦心想以人工方式使鸣虫越冬。

自然条件下，北方过了深秋，寒霜苦冻，鸣虫成虫基本全都死翘翘。逮到成虫到屋里养着，也养不了多日。百日之虫嘛，老蛐蛐、老蝈蝈、老油葫芦们的“岁数”在那摆着呢，想多活几天都很难。所以，想要在冬日欣赏鸣虫唧唧，还需要在秋冬季节人工繁育。京津地区，但凡到花鸟鱼虫市场，都管人工育虫叫“奋（粪）”秋虫（王世襄先生也用这个词儿）。这个“奋（粪）”字，估计是“孵”的转音，即人工繁育的意思。

明朝文士刘侗《帝京景物略》中记载，在当时已经成功对蟋蟀、油葫芦、金钟儿、蝈蝈、扎嘴儿等鸣虫进行人工繁育。和冬天吃西瓜、鲜蔬菜一样，明清时代，繁育冬虫很麻烦，需要火炕火屋子以及专门的人工，费工费时，自然虫子出来也价格不菲。

清朝满族文人富察敦崇《燕京岁时记》一书，对于清朝时期鸣虫价格，具有深刻记忆：“京师五月以后，则有聒聒儿沿街叫卖，每枚不过一二文，至十月，每枚可值千文矣。……又有油壶芦，当秋令时，一文可买十余枚。至十月则一枚可值数千文。盖其鸣时铿锵断续，声颤而长，冬夜听之，可悲可喜，真闲人之韵事也。”

夏天虫子冬天卖，价格翻了千倍有余。可见，“闲人韵事”其实是件比较奢靡的事情，古今类同，都要花大价钱。

清朝皇帝祖宗起于东北白山黑水，对于鸣虫却情有独钟。从康熙时起，皇宫大内，已经开始进行繁殖鸣虫的实验。冬日酒宴之时，殿内满摆笼虫，唧唧漫叫，以为觞举兴助。

这种场景，可以从乾隆自己所写的《咏络纬》诗序里见出端倪：“皇祖时，命奉宸苑使取络纬种，育于暖室。每设宴，则置绣笼中，唧唧之声不绝，遂以为例云。”

康熙以帝王之尊蓄养鸣虫，自然器具也要有相应的好东西。蛐蛐之外，鸣虫还有蝈蝈一大类，而蝈蝈不住罐子住葫芦。因此，从那时开始，清人对于鸣虫葫芦的心力倾注，远迈前人。

碧体金声大肚容

2011年冬天，我去北京到北京电视台录制《书香北京》节目，和著名评书演员连丽如、贾建国伉俪开聊《鲜为人知的杨家将》和《隋唐英雄志》。同时，应中国作协和铁凝主席特邀，顺便参加了中国作协第八次全国代表大会。

开会闲暇间，我去了一趟北京十里河市场。本来是为我老友文华代购文玩核桃和星月菩提子。结果，一时兴起，买了我平生第一个鸣虫葫芦。

本来，我在十里河雅园国际二楼一间卖菩提子的店铺选购菩提。斜对面，一间铺子内鸣虫声声，甚是嘈杂。晃过去一看，是个葫芦器和鸣虫专卖店。鸣虫种类不少，蛐蛐，蝈蝈，油葫芦，蛉子，而叫声最大的，是随处可见的蝈蝈，被一条大棉被捂在一个大木盒子里面，分格装盛，唧唧不停。

问及蝈蝈价格，老板很随和，说从 20 到 800，应有尽有。他劝我说，如果刚入门，最好先买个几十块钱的玩着。鬼使神差，当时我也没想大老远地如何带回深圳，就让老板给我挑了一个 50 块的蝈蝈。

绿色大蝈蝈，肚大须长，老板选出后，用一个小圆柱形的透明塑料盒子装了起来。

放在手里掂了掂，看了看，我摇头。“这太不专业了，你给我拿个葫芦吧，养蝈蝈的葫芦。”

老板打量了我一下，内心大概评估一下我这枚大傻叉消费分量有多少，能挨几刀宰吧。眨眨眼，点点头，他便转身到柜台，挑了又挑，拿出一个个头不大的葫芦，说：“本长倒载，瓷皮糠里儿，正好配这个蝈蝈。”

“多少钱呢？”

“1000，本长葫芦，这么周正，不贵。红木圈口，椰壳蒙芯，铜丝胆，齐活！”

蝈蝈真不贵，才 50 块。而给它随便弄个葫芦房子，就 20 倍之多，高达 1000 块。唉，虫虫简直和我们现在的人差不多，活得起，住不起了。

大蝈蝈进了葫芦，唧唧欢叫数声。啃，不买不成了。

掏钱。

这个鸣虫葫芦，乃是我平生拥有的第一个葫芦器。

葫芦这东西，历史太悠久太悠久了——浙江河姆渡原始社会遗址，就有葫芦种籽。也就是说，早在 7000 多年前，我们先民们已经种植葫芦，并且食用它们，使用它们。

文献方面，最早《管子》一书就说："六畜育于家，瓜瓠荤菜百果备具，国家之富也"，显然当时就开始吃葫芦了；晋代崔豹在《古今注》中记载："瓠有柄者悬瓠，可以为笙，曲沃者尤善。秋乃可，和则漆其里"，说明葫芦在晋朝已经开始做乐器；元代王祯《农书》也曾言及："匏之为用甚广，大者可煮作素羹，可和肉作荤羹，可蜜煎作果，可削条作干。小者可作盒盏，长柄者可作喷壶，亚腰者可盛药饵，苦者可治病"，也就是说，元代时，葫芦除了可吃可用之外，还可以入药；明朝李时珍的《本草纲目》大名鼎鼎，他在书中对葫芦也有总结："窃谓壶匏之属，既可烹晒，又可为器。大者可为瓮盎，小者可为瓢樽，为舟可以浮水，为笙可以奏乐，肤瓤可以养豕，犀瓣可以浇烛，其利溥矣。"可见，明朝时代，葫芦除食用、入药、制作浮具、农具外，还能制作乐器、酒器；入清之后，浙江嘉兴一代葫芦工艺品大行于世，有石佛寺僧、王应芳、周廉夫等制匏名家，这些人"相材量质，为尊、盘、壶、杯、勺、烛擎、薰炉”，其工艺之精，“求之者不远燕、赵、秦、楚”。(《嘉兴府志》) 可见，物离乡贵，葫芦器作为一方特殊物产，贩卖到北方之后，肯定便宜不了。

“匏器”作为一种技艺，入清之后，从康熙开始，深受青睐，什么笔筒、瓶、砚盒、盖罐、鼻烟壶等等，都开始使用葫芦器。当然，从康熙到乾隆，和许多瓷器制品一样，葫芦主要用于制作高级文玩。

康熙时代，有位大太监梁九公在皇宫御苑种养葫芦，并在丰泽园内“范匏”，也就是开始范制葫芦器。在如今的北京故宫博物院内，还有葫芦器文玩数百件之多，其中以康熙、乾隆两代的制器最精，底部多御用“赏玩”款识。

作为太监，工作之余，闲着也是闲着，梁九公又是康熙皇帝身边红人，有闲有权有钱有兴趣，自然成为一代制匏大匠，时人誉称其为“梁葫芦”。

葫芦，福禄也。但梁公公这个人，虽然种了那么多葫芦，制了那么多葫芦器，可惜，他与“福禄”二字最终还是无缘。乾隆十七年萧奭所撰《永宪录》，有如下记载：

> 先朝总管太监梁九公自缢于景山。九公幼侍圣祖，与魏珠俱加信用，朝臣多相交结。后以犯法，年老宽恩，拘系景山，畏罪自尽。上（雍正）念其勤劳，特加轸恤，给银发丧。

从小就侍奉康熙的大太监梁九公，雍正帝刚登基，他却学前朝崇祯帝，拿根绳子偷跑到景山，自挂东南枝了。他的自缢，显然大有情由，应该是康熙活着的时候没留神，冒犯过时为皇子的雍正帝。其实，甫一继位，雍正并没有立即大肆清理政敌。这位梁九公很会打提前量，自己先“畏罪自尽”，得到雍正帝“给银发丧”，有幸落得全尸。雍正坐稳帝位后，以他对待隆科多和年羹尧两个“恩人”那种不厚道做法看，梁公公自裁早，还真想对了。

《永宪录》中提到的另一个公公魏珠，也是康熙皇帝红人。这个魏公公，比同事梁九公更有情商——康熙帝弥留之际，魏公公撒丫子跑到雍亲王处告知了立储遗诏。所以，等雍亲王变成了雍正皇帝，马上就说要赏老魏：“你功劳不小，我怎么才能大赏你呢？”魏珠倒还知趣，说：“奴才不敢有奢望，赏我一城足矣。”雍正点头，就让魏公公当北海团城总管。表明上履行诺言，实际上怕这公公出去乱说话，其实安置团城软禁。二月河小说中，康熙身边有个太监叫李德全，应该就是以魏珠为原型。

活着总比死了强。魏珠魏公公没家没业没荷尔蒙，在团城内老无聊了，就效仿死鬼同事梁公公，自己开片地种葫芦当成消遣。结果，没老二的公公心无旁骛，多年下来，范制成许多葫芦器物，包括鼎、炉、瓶、罐等文玩陈设品，甚至巧夺天工，还拿葫芦制成琵琶、弦子、箸匙、算盘珠子等物事。这闲来差事，算是对梁九公葫芦技艺进行发扬光大，最终他自己也成了范制葫芦专家。如此说来，葫芦之于魏珠魏公公，真算是“福禄”，老头一直活到乾隆年间才善终床箦。

潘荣陛在《帝京岁时纪胜》说，乾隆时养蝈蝈已经开始用葫芦“银镶牙嵌，贮而怀之”。但鸣虫葫芦真正大盛，还是从清朝中后期开始。京城王公贵族们玩的鸣虫葫芦器，特别讲究，每每锯掉葫芦上半部后，还要配上紫檀、红木或象牙的口圈，而后再配上玳瑁、虬角或象牙的蒙芯，最后，还要在葫芦口内装上用黄铜丝盘成的胆。齐活之后，怀揣手把，炫耀于人。

清朝人之所以使用葫芦做虫具，王世襄先生解释得最中肯：“以葫芦蓄养冬日鸣虫，取其体轻，便于纳入怀中；性温，离怀仍有暖意；质松，有助虫声振动，发出好音。”……

讲了一些葫芦典故，接着，再说说我买蝈蝈的经历。

从十里河花了1050，连蝈蝈带葫芦全套，我屁颠屁颠回到全国作代会的代表居住酒店北京饭店。宠物吗，肯定有名字，我先给这只大蝈蝈起名“亚历山大”，然后，认认真真把它供放在窗台上面，迫切等待，想看着大蝈蝈如何叫给梅大爷我听。

可惜，从下午等到晚上，它连个屁都没放一声！

上网一查，蝈蝈不叫，最可能的原因是温度不够。北京每年十一月十五号给暖气，当时恰值十一月下旬，宾馆暖气十分不足，大概室内也就是20度不到，所以，蝈蝈不舒服，就不叫。

大悟之余，我开始给蝈蝈“取暖”——先把蝈蝈葫芦放在中间，包上毛巾，再用几个矿泉水空瓶子装上开水，成圈围拢在葫芦周边。接着，瓶子外面又裹一层厚毛巾。真真保暖心切，就差烧开炉子把蝈蝈给烘煮了。

忙忙慌慌就这样一通乱忙，“亚历山大”还是一声不“吭”。

转天一大早，我再看，本来葱绿绿的亚历山大，身体都有些发黑了。后来得知，我如此保暖法，基本属于人工烧烤，把蝈蝈都烘烤“老”了。如焦如焚，难怪它不叫。

我这人很偏执，买个蝈蝈不叫，别说让人知道笑话，自己都笑话自己。转天，翻蹄亮掌，我再去十里河市场二楼，直接找到卖我蝈蝈的店主，询问（质问）我买的蝈蝈为什么不叫。

店主老北京人，特有礼儿，特有耐心。

“冬虫入怀鸣叫，放在哪里叫，什么时候叫，学问大着啦……您买了蝈蝈回去之后，先要在常温下静养数日。等蝈蝈习惯了葫芦里，它才开始鸣叫。叫后，才能上怀揣着。这期间之内，要喂面包虫子，蝈蝈光吃虫子还不行，上火，虫子下面还要垫块煮熟的胡萝卜。每天您都要给它换食儿，还得给葫芦涮水。上怀之后，隔几十分钟还要倒一倒，裹在外衣里面。别太亮，鸣虫怕光，太亮就不叫了。等它开始叫，您就给它定时差，倒时差，让它和您起居合拍，别大半夜瞎叫……白天叫，也别叫的时间太长。蝈蝈太玩命叫，寿命就短了。它叫得厉害时，您可以倒到外怀，给它通通风冷却一下。温度一低，它就不叫了，不能着急，千万不能着急，养虫这都是功夫啊……”

听店主这一席话，我心中叹息：王世襄王大爷那样的玩家，玩虫子玩鸽子玩老鹰，伺候活物可真不容易。

这步骤，这耐心，这哪里是养虫，是养爹啊！

老板言语谆谆说了半天，我还是半信半疑。毕竟“亚历山大”在屋子里呆了一天了，须摇翅不振，连屁都不放一个，我闹心啊。

“我再买一个蝈蝈，现在您给我拿个叫得欢的，看看到底是什么原因蝈蝈在我身边一直不叫唤……”

老板挺乐呵，都没收我钱。他拿着个竹筒子，掀开棉被，听了好半天，选出一个蝈蝈：“您瞧好了，您听好了，这个蝈蝈叫得响，叫得欢！”

得，就是它了。

此蝈蝈也是翠绿喜人，肚大腰憨，张牙舞爪，嗷嗷直叫。

“那只蝈蝈叫‘亚历山大’，这只就叫‘汉尼拔’吧。”我心内暗思，给它马上起名。

“亚历山大”，乃我第一只宠物蝈蝈，有葫芦器大HOUSE待遇。这“汉尼拔”就算了，否则又花1000块买个葫芦房子给它。弄回去再不叫的话，岂不平添郁闷。

于是，我找老板要了个透明的塑料小筒，把新蝈蝈放在包里拿回酒店。

也真奇了怪了，放了近两天，“汉尼拔”一声不吭，“亚历山大”依旧沉默。

得，这下，我倒放心了。“汉尼拔”不叫唤，显然“亚历山大”也没病。新地方认生，温度又不够，这两个蝈蝈才闷声不响。

中国作协全代会开完了，我也要回深圳了。临上飞机前，我百度多次，看看蝈蝈这种“动物”是否能带上飞机。结果，网上真假难辨，有说能带的，有说安检时被查要罚款的。总之，网上关于蝈蝈是否能坐飞机的信息，非常混乱。

最后，我也怒了。带就带着，大不了，安检的时候被查出来没收，蝈蝈葫芦总要还给我吧。

满怀忐忑，我把两只蝈蝈装上，“亚历山大”住葫芦，“汉尼拔”放塑料房子，都塞进我随身携带的皮包内，然后，我上面放了一件毛衣，准备带着它们“偷渡”机场。

都40多岁人了，又是央视《百家讲坛》主讲人，大脸一张，还真不少人认识，如果真在临登机的时候被安检查出来，众人面前，我缴枪不杀的姿势拿俩蝈蝈，那真是太丢人太掉份儿了。

人心虚，就心慌，就眼珠子乱转。幸亏我眼睛小，间或一轮，兀自一颗心怦怦直跳，表面上还能故作镇静。毕竟不是藏毒带毒，俩蝈蝈而已。

别说哦，安检X光，万事大吉，蝈蝈身上没金属物质，没叫没闹，加个罐子个头都不大，机场安检员和蔼挥手，让我进去。

唉，我暗中长松一口长气。谢天谢地，北京蝈蝈，可以安然飞抵南国大地深圳矣……

岂料，进入等待大厅，机场空调贼暖和，24度左右。没等我脱外套，让我朝思暮想了好几天的蝈蝈，忽然咧嘴大叫（实则振翅）！先是一个蝈蝈叫，估计是“亚历山大”，接着“汉尼拔”不甘寂寞，也唧唧复唧唧。

饶是放在皮包里面，鸣虫声音清脆，旁边几个人皆侧目而视。我假装东张西望，一脸茫然，以掩饰内心惊慌。

怕什么来什么，一个穿制服的警察由远而近，吓得我肝胆俱裂，做出一惊人举动——忽然猛劲摇晃，打开皮包盖子——蝈蝈不是怕光怕惊吓嘛，我只能来这招了。

别说，这招儿管事儿。警察路过而已，可能也远远听到了鸣虫叫声，估计以为自己耳鸣或者是哪个顾客的手机铃声，他微皱了一下眉头，就晃过去了。

我一颗心，稍稍落地。

没多时，大概对于两个大蝈蝈来说，机场里面的温度太舒服了，它们又开始嗷嗷叫起来，一唱一和，悠扬吓人……

它们一叫，我就举起皮包摇晃，就翻盖吓唬。如是者三！这里的“三”，乃古汉语中的“三”，多次也！

前前后后，我估计晃摇了 30 多次，登机广播终于响起。我一口气大出：上了飞机，就熬出头了。

为了隔音，为了怕虫子再在飞机上乱叫，我把盛装两个蝈蝈的皮包高高举起，塞放进行李架中。如此一来，飞机起飞后行李舱盖上盖子，即使它们再大声叫唤，也应该没人能听得到。

可惜，我太低估蝈蝈音声的穿透力了。飞机还没起飞，两个蝈蝈就拍翅乘暗狂嚎不已。几个乘客东张西望，很显然，开始的时候，他们都认为是哪个人的手机铃声聒噪不停。后来，终于有个北方人向空姐投诉，说行李架上藏有蝈蝈。此时此刻，我把“亚历山大”和“汉尼拔”生吞活剥的心都有。

空姐不信，左听右听，确实鸣声嘹亮，不得不大摇其头。她大概正要跑去和机长商量，喇叭广播忽然响起，让大家系好安全带——飞机要起飞了。

至此，我一颗心完全落稳：再怎么说，飞机升到半空，空姐空警姐们哥们总不能翻箱倒柜找蝈蝈吧。找到又如何，总不能把这两位不受欢迎的昆虫“乘客”请下飞机吧！

行行重行行。哀嚎欢鸣了一路，两只大蝈蝈，安全到达了温暖的南国……

待我拿到办公室给几个哥们一显摆，那些初次见到真蝈蝈的南方人，无不大惊失色——两个大肚子蝈蝈张牙舞爪，远远超出他们的想象力。

尤其是籍贯湖北、江西、湖南的几个哥们，纷纷色变。他们想象中的蝈蝈，大概只有蛐蛐个头吧。后来，我查看资料，才知道我拿来的蝈蝈，属于“北蝈蝈”中的大铁蝈蝈，筋粗皮厚，比起他们小时候在南方见到的“南蝈蝈”来说，确实相貌狰狞，个头超大，难怪他们骇怕。

两只大蝈蝈，放在办公室窗台上，叫声汹汹。如果测分贝，比汽车喇叭都不差。如此音声中，我坐在那里，完全不是耳听鸣虫享受天籁，简直是忍受噪音受罪！

转天就上班了，饶是我单独一个人的办公室，这么大的动静，也怕哪位领导过来“关怀”。心虚之余，我晚上临走，把两个蝈蝈关入一个玻璃柜子里面。如此，希望它们的音声不那么噪耳。

周一上班，不好了，不得了！“汉尼拔”所住的塑料罐盖子松开，大蝈蝈不见了。我扒开柜子内所有的书，可谓翻箱倒柜，蝈蝈影踪不见，连屎都不见一粒。

累得我腰酸背痛，气急败坏之余，我摔关书柜门。咔啪一声，一只大蝈蝈应声落地！

原来，不偏不倚，“汉尼拔”趁我开柜门的时候，就躲在柜门合页之间。我猛关柜门之时，恰好给它来个干净利索的“行刑”！

腹溃肠流，“汉尼拔”在地上辗转反侧，挣扎不已。

刚过一天南方温暖好日子，就受此致命伤，“汉尼拔”真苦命。

哀伤之余，我想了想，蝈蝈虽然不是人，总需要临终关怀吧。毕竟物伤其类，我就把“汉尼拔”和“亚历山大”哥俩，一同放在一个透明的大玻璃罐子里面，目的嘛，是想让“亚历山大”抚慰一下“汉尼拔”受伤的肚子（不知道蝈蝈有没有心）。

果然，看到“汉尼拔”仰躺在那里蹬腿捯气，“亚历山大”须子晃动，轻轻地朝“汉尼拔”走过来……

电话铃声响，有同事找我。我转过身离去，坐在座位上接了大概五分钟的电话。

再回首，嗷然一叫，我忽然见到骇然一幕："亚历山大"这个大蝈蝈，确实趴在了"汉尼拔"葱绿的身上，但它并没有摇头摆尾抚慰垂死的同类，而是张开板牙大嘴，啃噬着"汉尼拔"的大肚子，嚼吃得津津有味！

看电影电视剧多了，人杀人的场景见怪不怪，反正都是演戏。真正血淋淋（蝈蝈绿"血"）看到两个大蝈蝈同类相残，差点吓出我神经病来……

愤恨加惊吓，我伸手抓起"残吃同类犯""亚历山大"，岂料，大蝈蝈胃火加心火正旺，扭头就给了我一口——您猜怎么着？它竟然把我手指咬出血了。

痛且怕着，我一甩手，把吃尸咬人的大蝈蝈扔回玻璃罐子里面。切齿再三，毕竟是条虫命，收敛起杀心。

想了又想，最终，我气呼呼把拿起罐子，把这只残忍、狰狞、嗜血、灭绝虫性的蝈蝈直接送到了七楼厨房，发往厨师房操刀人为奴！

怕患上"狂蝈病"，我回到办公室之后，又打电话又上网，查询被蝈蝈咬后能得什么病。查来查去，似乎给这种虫子咬一口，也不会得什么病。

饶是如此，心内依旧愤愤不已。

转天一大早，到了食堂，大师傅见面就告诉我"噩耗"一条："亚历山大"，咬人大蝈蝈，死了！

死因吗，极其不明——一是厨师把一块肉放入玻璃罐子里面，它吃荤撑死了；二是可能早晨厨师做早餐一直用一台音响超高声播放音乐，大蝈蝈觉得自己叫声比不过，就羞愤触罐而死……

反正，两个蝈蝈，前后脚，都死了。

追忆十里河二楼商铺那位店主哥们对我如何养好蝈蝈的谆谆教导，真是俨若梦忆……

紫润坚厚话名匏

蝈蝈死了，蝈蝈葫芦犹在。

看到此处，或许有看官思及我此文开篇的题目是"虫子'害'人"，就认为是"亚历山大"咬了我一口，就算"害人"了。

当然不是！

我之所以说"虫子害人"，正是指蝈蝈葫芦太害人——害人花钱啊！

现如今，在京津地区买一个当代范制、掐花或者本长精品葫芦的钱，都能在广东江门买一个上好的有百年历史的老红木桌子！

葫芦器这么值钱？

确实值钱，而且是真值钱。

上世纪 80 年代，葫芦器真不值钱。这种小众收藏品，在天津、北京一些古玩摊点，80年代出品的、品相好的传统形制葫芦器，大几十元就能拿下。有象牙圈口、象牙蒙芯或者高浮雕玳瑁蒙芯的老葫芦器，所谓“官模”吧，也就是大几千的价格。

黄花梨家具、紫檀、竹雕、瓷器等类的文玩，王世襄先生那套书出版之后，风起云涌。但是，葫芦器价格，却一直逡巡不前。也就是最近四五年间，葫芦器开始猛涨。诸如天津老郝家等名家的范制葫芦，单只没配口圈的，精品也在万元左右。

葫芦器的鉴别不是很难，不像瓷器、铜器等东西水那么深，因为葫芦的质地决定了葫芦器作假很不容易。此外，真正上好品相的传世匏器，连故宫都只有500多件，所以，真正弄到拍卖会上的匏器精品，太少太少。

当然，通货膨胀时代，也有不少炒家急赤白脸，烘托气氛，到处嚷嚷，说什么匏器物以稀为贵，赶紧购买，日后升值空间，肯定无限巨大。

根据我多年经验，这些话，不能尽信！说一千，道一万，葫芦器还是属于小众收藏。如果爱红木爱和田玉，几十万、上百万抛出去，自己看着爱，摆在屋子里面，挂在脖子上、握在手里，也都实用，保证年年升值。但一般投资者，再爱葫芦，再爱匏器，真让谁随便就是几万、几十万地花钱，请大爷似的请几个新老葫芦摆在窗台、桌面，毕竟不是很现实！

我购买鸣虫葫芦很晚，2011年年底才拥有第一只。但我购买葫芦工艺品，早在2009年就有过一次“冲动”经历——当时，我和老友文华、亚明、田颇几个人，去深圳艺展中心瞎逛。在艺展第二期的二楼，有家卖紫砂壶的店铺，大概老板喜好杂项，有几件葫芦工艺品放在店里柜子上面摆着，黄晃晃的，估计多年无人问津，葫芦上面灰尘落了不少。

左顾右盼，仰头猫腰，我忽然眼一亮，抬头就发现柜顶有一个直径大概 60 至 70 多厘米的大葫芦，呈巨大寿桃状，上面火绘着宋元山水——当时我看上这件东西，全然不是因为自己喜欢葫芦，而是喜欢大葫芦上面的山水画，真是太精妙太传神了，很有倪云林笔意和淡雅飘飘的意境。

仔细问价，看店小妹直摇头，说要看看老板底单。过了好几分钟，那小妹查了本子后，告诉我实价 1600。我想再讲价划价，小妹实话实说：葫芦是老板去年在山东聊城买的，买价就是这个价，原价。葫芦这东西，放在广东的店铺，根本没人问，这么久，连一个询价的人都没有，所以老板决定原价买原价卖，不讲价。

左看右看，画面恬淡雅致，浓淡相宜，有皴有染，葫芦上面这山水画太让我悠然神往了。忽然冲动，我掏出 1600，抱走了这个大葫芦。

为此，文华、亚明、田颇几个老哥们，几乎笑了我一路——1600 买个葫芦，简直匪夷所思。根据他们的经验，国内随便哪个旅游点，都有烫画葫芦卖，价格没有超过几百的，没听说哪里有葫芦能卖到近 2000 大元!

在当时的 2009 年，1600 元，都能在深圳艺展中心购买一个晚清红木老茶几了！

一时之间，我成为他们的笑柄和笑料，并给我取外号：梅大葫芦！

等到最近，我真开始喜欢葫芦、研究葫芦，才发现，当时我买的那个1600的火绘大葫芦，一点都不贵，几乎都可以说是捡个大漏——但凡随便这样质地坚厚、奇形怪状大葫芦，加上高手艺有绘画功底匠人的精细火绘，放在天津、北京文玩、古董店铺，怎么也要个7000到8000块钱！

如此高雅匏器放在我家里两三年，更觉葫芦器和瓷器差不多，不仅工艺优良、器形优美，而且还能亲人，把玩之际，葫芦色泽渐变，颜黄如金，又如蒸栗，时间愈久，颜色愈重，古朴，凝重，每天都有变化，日益古色古香，让人赏心悦目。

不过，火绘工艺葫芦，又称“烫花”或“烙花”，我只买过如此这般质量顶级的，对于刀刻、针划、雕刻等工艺葫芦，我始终没什么兴趣。最终，我还是把注意力集中在黑白虫葫芦和蝈蝈葫芦这两个品种。

好记性的看官，肯定会记得：“亚历山大”、“汉尼拔”两个大蝈蝈在深圳死于非命之后，我那里不还剩下一个1000块买的蝈蝈葫芦吗？

对，蝈蝈葫芦还在。睹物思蝈，葫芦已经好几天被我冷落了。鸡肋一般，摆在我办公室的窗台上面，灰尘渐落。

一日，我老友文华奕奕然来，拿起蝈蝈葫芦，翻来覆去看了一会，问我多少钱买的。

“1000块，装蝈蝈的，葫芦这东西，你这个‘九头鸟’就别惦记了，我们京津爷们才玩这个。”

“……蝈蝈，呵呵，那两个大蝈蝈？不都死了嘛，留着这个干吗，200给我算了，我放在书柜里面做装饰。”

“200？1000块我在北京大老远买的，200转给你，我有病？”

“说个价嘛，我是你铁下家啊。”

这句话真对。这么多年来，我买过无数东西，上当受骗无数，只要我买来不喜欢的，最后都能打折便宜转给文华老兄。

“500吧……”

“500，这么小一个葫芦……”嘴里如此说，文华摩挲久之，最后还是掏出现金，若有所思而去。

没过几天，文华又来，一只手把玩着我半价卖给他的蝈蝈葫芦，一手拿着几本专业书：包括孟昭连的《中国葫芦器》、上海文化出版社出版的王世襄《说葫芦》以及两三本彩图小书，都是文玩葫芦的专业书籍。

“我研究了，你这个蝈蝈葫芦真不错，不仅是本长，还是倒载！原汁原味，瓷皮铁里！”

嗬！这才几天啊，一只蝈蝈葫芦引出了喜剧，文华兄已经满嘴都是我根本茫然的葫芦术语。

“什么叫本长葫芦？”我问。

“‘本长’，就是天然长成的喽，瞧，我这只葫芦，就是你卖我这只，不歪不斜，充实饱满，大哥，自然能长成这样，不说千里挑一，也是百里挑一！你瞧，这葫芦周正的，放在桌面都能稳稳立住。至于‘倒载’，就是原本这葫芦应该以脐为底，但它腰与下腹可能过细，与上腹相比却成比例好看，所以匠人就从下腹部截口，作葫芦‘喇叭口’，而把上腹作鸣虫呆的空间，所以叫‘倒载葫芦’。光是葫芦术语，就够你学几天的……”

当时我理解力有限，“本长”我马上就听明白了，“倒载”，我一时半会没弄明白文华所讲。

“所谓‘范制葫芦’，相对‘本长葫芦’而言，就是人工用模具罩着长出来的葫芦虫具。范制，听着容易，做起来特别不容易，要趁葫芦幼小嫩软时，放入阴文模范内，五六个月时间才能成熟，大概每年霜降后才能收葫芦。从前模范，大概只有木范和陶范两种，现在多了，石膏的、纸膜的、聚酯的、橡胶的，成本越来越低，模具越来越精细，可种出来的葫芦，还是不能完全人工控制，靠天吃饭啊，你想想，葫芦装在模范内，和阳光、空气基本隔绝，成品还要有瓷有色不枯萎，都要专人伺候呢，成品率极低。可惜，你只转给我这个本长倒载葫芦，范制葫芦，你我都还没有一只呢……”

文华现趸现卖，和我讲了半天葫芦，我都没大听进去，可他最后说的那句话，让我买心顿起！

多年红木、老玉老玩家，玩杂项乃最高境界，既然文玩葫芦这么大学问，又是我们老天津、老北京爷们玩的传统玩意儿，能不买吗？能不研究吗？能不把玩吗？能不显摆吗？……

“我过年回家去天津看我妈，贼不走空，你放心，我一定买一堆鸣虫葫芦，给你看看我的手段和眼力！”

“太好了！你最好开车回家，华北地区传统葫芦产地，好葫芦都在你老家那边，回到天津后，顺便河北保定、山东聊城啥的，都遛遛，转转，买买……”文华撺掇。

“我去保定干啥，那里也产葫芦？”

“嗨，你太外行了！”文华扬着手里几本葫芦专著，“知道吗，老文玩葫芦中的‘安肃模’，就是指保定徐水地区的模子，徐水的古称就叫‘安肃’，蝈蝈葫芦如果没有‘安肃’的，哪里好意思见人啊……”

撺掇我开车回北方后，文华还不放心，又絮絮叨叨：

“对了，我一定提前给你大致扫扫盲，范制葫芦，有鸡心葫芦、柳叶葫芦、棒子葫芦、油瓶葫芦，这些都是装蝈蝈的；还有一种花瓶葫芦，是装蛐蛐的，体型修长，你别弄混了。现在葫芦贩子中好多也都不专业，我看王世襄先生的书，说好多做蝈蝈葫芦的匠人都胡乱瞎做，把蛐蛐葫芦的蒙芯装在蝈蝈葫芦上，甚至还有人在蝈蝈葫芦里面垫底砸底，不伦不类！蛐蛐葫芦如果真使用上怀来玩，里面一定要砸三合土的底子，需要专业的匠人来砸，我们自己做不来的……”

怕我代购之时不懂基础知识，临走，文华特意把三本葫芦专著都暂时借给我，让我在路途之中“研究研究”。

手拿三本书，我将信将疑。“我自小在天津长大，对于葫芦，你说的蝈蝈葫芦、蛐蛐葫芦，怎么一点印象都没有啊？蛐蛐罐我知道，带盖带什么蒙芯的蝈蝈葫芦，我真没有见过。”

“那是你不在意，或者你们家里的男人不喜欢养蝈蝈啥的，所以你对葫芦没有印象。”文华言之凿凿，“真正现在存世的上好文玩葫芦器，都以康熙、乾隆年间御用居多。嘉庆帝整整一个朝代处于多事之秋，他穿裤子都打补丁，没心思搞葫芦玩意儿。别说，皇帝在宫廷不搞葫芦器，许多王公贵族特爱这口儿，带动民间老百姓也跟着玩儿。晚清时期河北徐水，当时叫安肃，还有三河县等地方，不少人靠种植养虫葫芦为生。三河县刘显庭范制素模最有名，出声儿最好，也就是玩家们嘴里的‘三河刘’了。从清朝快亡的时候开始，一直到民国，就你们天津人种植、范制葫芦最有名，我记不太清楚名字，当时号称有‘天津四大家’，什么‘旋大爷’、史老启、李六、陈摆设，对，就这四个爷们，诨号，特别有名，北京的玩家，都买他们的葫芦。北京爷们懒，自己不种葫芦。京城玩家消费的葫芦，主要产自你们天津。北京即使有人种，都是高级玩家，八旗子弟遗老遗少那种，确实有精品葫芦，量太稀少，也没什么人知道……”

满嘴跑火车一样，文华老兄肯定这几天恶补葫芦知识，说得我目瞪口呆。

“天津鼓楼市场，古文化街市场，每次回去我都去转，怎么对葫芦没有任何印象啊，奇怪，奇怪。”记忆所及，除了古文化街的摆摊商贩贩卖烙画大葫芦和挂在车里当摆设的小葫芦以外，文华刚才说的那些什么文玩葫芦和鸣虫葫芦，我似乎见都没见过一个。

“什么叫视而不见？就是你对一种东西根本不在意，不上心！你回天津寻摸寻摸，鸣虫葫芦肯定有，而且有不少！解放后好长一段时间内，粮食为纲，天津、河北、山东，都没人敢种这玩意儿了。”

“是啊，玩物丧志啊，反右、‘文革’的，我们天津不少从前的有钱人每天晚上做贼一样把家里从前值钱好东西都扔海河里面，就怕别人说自己有钱，说自己有闲，谁敢玩葫芦、种葫芦啊……”

文华大点其大肉脑袋，接着说：“王世襄在1960年写过一篇文章叫《谈匏器》给《文物》杂志，主编认为‘玩物丧志’，根本不登。20多年后，这篇葫芦文章才能给刊登。80年代中期，北京的付建杰开始重新尝试种植蝈蝈葫芦，山东聊城有家姓赵的，也开始种植纸模葫芦，保定有周家，也看葫芦有钱赚，撒下种籽，恢复他们家本来传了几代的‘老撞子’模具。同时，北京大兴有个姓张的专门范制‘喜’字葫芦，人称‘喜字张’……葫芦器恢复达到高潮，和黄花梨达到高潮一样，都仰仗王世襄王先生，香港出版他《谈葫芦》一书，你们天津有个叫王强的，大受此书启发，以王老书中的图录为样子，在天津大规模范制文玩葫芦……”

天籁声声蕴雅韵

文华有关鸣虫葫芦一席话，让我胜读半年书，从此开窍。

为了春节赶回天津和我妈过年，为了过年期间在京津地区、河北、山东等地寻找“正宗”文玩葫芦。大义凛然地，我在腊月二十六开车，从深圳出发，平生第一次在春运高峰出行。

春运，生民苦矣!

为了避免堵车，我早晨五点半出发，没走京珠高速，转走粤赣高速，以为早起转路会行进快一些，岂料，春运就是春运，加上细雨霏霏，路滑人倦，真是堵你没商量!

晚上八点半，不停歇开车将近 15 个小时，我才刚刚开到南昌。七百多公里，本来 7 个小时就能到，却开了多一倍的时间。

广东境内这一路之上，耽搁这么长时间，绝不是走走停停晃出高速吃饭看风景啥的。我一直呆在车上，除了加了两次油、尿了三次尿以外，总处于堵车、开车、停车等事故清除的高度紧张状态。这次行程，几乎是我平生一天之内开车时间最长的一次——15 个小时!

这次春运，留给我最大的印象是什么呢——无他，高速公路的脏乱差!

人太多了，车太多了，事故太多了，浓浓乡情引起的归程倦意太多了!

高速公路加油站加油排队和厕所的壮观场面，也为我平生所仅见。特别是厕所，别说女厕，所有男厕都是人满为患，挤不进小便池旁边站队，晃进蹲厕小门，里面场景让人终生欲呕——随便哪个大便池，“人中黄”都堆得一尺多高！

我这么一个老小伙子，身体还真行。在南昌睡了一晚，转天一大早，虫子一样，又辛勤上路，马达得得，直奔家乡。

终于驶过九江大桥，高速公路基本恢复正常流量。过安徽，到江苏，停在徐州住了一晚，第三天，就进入山东境内。大路平坦，天朗气清，过河北后，直抵天津！

时间风火性，烧了岁寒衣！

转眼间，我到达天津已经是大年二十八了。到家见了妈，聊了几句，我忽然才明白，今年没有阴历三十，阴历二十九就是除夕！

嘘寒问暖后，拿出一张银行卡孝敬我妈，被我妈婉拒：“你大老远的在深圳，平时没少寄钱给我，这份孝心我收了，这卡里钱你自己留着吧……”

吃着我妈给我现包的一顿素饺子，和我老伯（“伯”在天津话这里念“bai”，老伯是最小的叔叔）聊起葫芦器。没想到，老伯没玩过葫芦，对这东西却很懂行。

“咱天津地处九河下梢，码头文化加市民文化，玩蝈蝈、蛐蛐葫芦的人太多了！你想想，我们天津离北京多近啊，不能不受皇城根八旗子弟爱玩意儿的影响，说起玩儿，京津同源啊。清朝没了，天津租界大，京城遗老遗少到天津定居的多，玩意儿带来的更多。那废帝溥仪、前清大官儿、下台军阀、政客，都怀揣大钱的主儿，都在天津住着，吃喝玩乐之外，养鸟玩虫就是他们的‘正事儿’。

“玩葫芦的主儿，当时多之又多，赶上咱们天津有不少范制葫芦的名家，有买有卖，特别葫芦器兴旺一时。我能记得的，有什么旋家大爷、史老启、李六爷、陈摆饰、萧扯子，还有常春堂张家，多了去了……旋家大爷本事大，他家瓦模套纸金钱扁、玉簪把、松脖棒子做得好；李六爷专攻步步得、紧脖鸡心、签筒子、白虫炮筒，还做草纸模棒；鸣虫出声最好的葫芦，史老启做得最好，他还能用范模仿制本长葫芦，套出来的葫芦几乎和本长一模一样，当时有人说他天天用手捏葫芦，目的让葫芦长得正，具体制作过程，呵呵，商业秘密，到现在玩家都不知道，他们家的棠梨肚和锣鼓槌做得一绝。

“至于常春堂张家，是咱们天津卫开药行的大买卖人，当时在南门外大街有他们家字号，经常赊药给穷人，挺仁义的。张家老爷子给津郊八里台当地农民义诊治病，人称‘张善人’，八里台乡绅就合伙送给常春堂五亩地，在那里盖了几间房，就是今天复康路图书馆附近，当时叫‘十五间房’，挺偏僻的地方。张爷平时常去那里，免费为周围穷人看病的同时，就利用那几亩地种葫芦。人家就爱那一口儿啊，古人称医生‘悬壶济世’，那‘壶’就是指‘药葫芦’啊。所以，张爷没事就把旋大爷、李六爷、史老启等人请过去，研究葫芦范制。那段时间，葫芦器在咱们天津红红火火，达到极盛时期……常春堂张家有钱，所以仿官模仿得最好，花模棒子有名……”

我老伯如数家珍，行家啊！行前老友文华洋洋洒洒一席话，显然现趸现卖从书里看来的。而我老伯所说天津葫芦器的发展沿革，地点、人物清晰无比，真人真事。

心内佩服之余，疑窦顿生。“老伯，你对文玩葫芦太在行了，可我从小到大，没看你养过蝈蝈啊……”

“我从小到大，你奶奶从来就不让我们养蝈蝈！你爸爸没养过，你二伯也没养过，家里不能养蝈蝈，连鸽子也不能养，最多可以玩玩蛐蛐……”

“也奇怪啊，我奶奶不让你们玩蝈蝈和鸽子，却让你们玩蛐蛐，我和我哥，小时候也玩过蛐蛐，都是玩儿，怎么区别对待啊？鸽子那东西，奶奶嫌吵嫌脏，蛐蛐和蝈蝈，分别不大啊，一个让养，一个不让养，奇怪……”追忆过去，我也感奇怪。

“你爷爷死得早，他死的时候，我才1岁，所以，我对自己爸爸，你爷爷，什么也记不得……据你奶奶说，你爷爷、你大爷爷哥俩，都是玩主儿，特别是你爷爷，在北京做生意呆了几年，把八旗子弟提笼架鸟玩蝈蝈那一套学得炉火纯青。我听你奶奶说，你爷爷当时在北京，买了十几个上好的蝈蝈葫芦，每个葫芦都要一两百大洋，有的甚至几百大洋！一两百、几百，说这个数字你没概念，和现在的钱相比，完全不是一档子事儿。当时拉胶皮的，就是拉洋车的，满头大汗拉一个月的车，也就挣八块大洋。这八块大洋，就能养家糊口了。你说，你爷爷动不动几百几百地花钱买蝈蝈葫芦，你奶奶能不生气吗！”

老伯一席话，没使我对爷爷糟蹋钱的往事感到伤心，反而让我悠然神往起来：“照您这么一说，我爷爷当时肯定淘了不少值钱的葫芦，说不定宫里的葫芦器都有……奇怪，奇怪，我小时候咱们家里还有好几个蛐蛐罐子，为什么一个葫芦我都没看到过！”

“你还真问对了！蛐蛐罐子，从前也不怎么值钱，破陶烂土的，所以你奶奶没拿那些东西上心。至于蝈蝈葫芦吗，都是象牙、玳瑁口盖的。对这些‘败家’的东西，你奶奶恨极，从来不拿出来给我们玩，说那些东西‘有毒’。解放初期，你爷爷死后，咱们家特别困难的时候，奶奶还能每年弄一两个蝈蝈葫芦到委托行换点钱，慢慢藏货就越来越少了。我那时小，对葫芦真还有记忆，毕竟是玩意儿啊，记得最真的，是象牙高浮雕的几个小孩子，胖乎乎的，杨柳青年画的脸儿，每个小孩都是能动的，巧工，巧工啊……

“到了‘文革’，剩下的两个蝈蝈葫芦，都成祸害了。你想想啊，你爷爷死得早，咱家破落户了，房子该卖都卖了，可这倒对你爸爸、二伯和我三个人特别有利，喃，家里穷啦，出身一栏，可以填‘城市贫民’。不过，‘文革’一来，大家还是都害怕，从前给咱家拉洋车的一个爷们姓韩，他老婆外号‘韩小脚’，街道积极分子，当时‘小脚侦缉队’成员，特革命，特进步。这个人，天天在街道上串，各家各户里面寻摸，你可能还有印象。那娘们知道咱们家从前底细，你奶奶后来告诉我说，她有一天晚上到咱家，讹诈奶奶。当时家里真没值钱东西了，绞尽脑汁，只剩下三个高蒙芯象牙葫芦是从前的值钱东西，奶奶就都拿给她了，算巴结她买了个平安吧……据说当时‘韩小脚’挺失望，因为，那种东西在当时没有任何价值！还好，她儿子是个先天痴愚半傻子，‘韩小脚’就给她儿子当玩具了……对，象牙葫芦放咱们家里是祸害，搁她家里没事儿，人家三代穷人，什么都不怕……”

“老伯，你对蝈蝈葫芦太专业了，太专业了……”我啧啧。

“我为嘛对蝈蝈葫芦这么熟？也不全是因为咱家从前有这玩意儿。我年青时候插队在河北涞源，当时当地有个受管教、受监督的释放劳改犯。身板挺直一老头子，手特巧能做饭，总被我们天津、北京知青请过去教我们烧菜。后来混熟了，发觉这个‘老阶级敌人’人特好。他们家从前就是在北京开古玩铺的，玩儿见过无数，有一次我们吃葫芦，他就说起文玩葫芦，我和他说起从前咱家的东西，但凡我简单说出来一个葫芦的大概样子，眼一眨，他就能立马说出那种葫芦器的器形和具体名称！……”

听老伯如此讲述，我心潮汹涌，一种类似“苦大仇深”的感觉，在我内心中漫荡开来。即使我没见过实物，也能想象到从前爷爷手里那些好东西。多好的文玩葫芦啊，放在今天，玩虫儿肯定舍不得，拍卖会肯定能上，哪个都能变成一辆高级轿车啊……

“这老头儿现在还活着吗？”我很傻很天真地问。如果能够找到这个老头，就等于找到一个民间王世襄，买什么物件都有掌眼的人了，特别是我现在要买蝈蝈葫芦的关头。

“开玩笑吧，他活着现在也得90开外了吧！更何况，老头在涞源呆了没几年，就死了……”

“又不是在夹边沟，他怎么死的？”

“……我们在河北涞源插队，种地的时间不多，才大概一年，正好有工程兵部队一个团在涞源山里修铁路，我们许多知青都被征调去当劳工了，天天累死累活的。那老头阶级敌人一个，肯定也得干活。开始的时候，部队管施工的一个头儿好吃，老头能烧菜，还挺照顾他，让他在工地食堂打杂，没事负责给我们知青和战士装装饭、洗洗锅啥的，其实是没事给那个头开小灶做好吃的。你也别认为当时小灶有多高级，不过是炖熬些蘑菇弄点猪肉啥的。后来，换了一个团长，苦大仇深，警惕性特别高，觉得老头这样一个坏分子混进食堂太危险了，万一他投个毒，还不得毒死几百人，一下子就把老头弄到山里铁路工地上面去了……”

“哦，老头累死了……”我截住老伯的话头。不用再讲了，老坏分子弄到工地上干苦力，活不了多久。

“老头儿还真不是累死的。我们许多天津、北京知青和他混得特熟，干活都特照顾他……在涞源山里面修铁路，逢山开路，遇水叠桥，最危险的活儿是放炸药扎山挖隧道，一年多下来战士、知青炸死好几个了，不好向领导交差啊……新来的团长灵机一动，就地方搜索附近能找到的坏分子、劳教释放人员，或者老头那样处于半劳改状态的人，让他们干最危险的活儿，要不负责在悬崖边上当前导，要不挖隧道时装填炸药，拉引炮捻啥的……老头本来命挺大，悬崖峭壁都摔下去两三次，都被树杈啥挂住救回来了。结果，看他命大，团长就派他弄炸药。三个月不到，小事故发生，炸药提前爆炸，老头被炸得肚烂肠流……”

“老头叫什么名字啊？”

“……真不知道，我们知青管他叫‘狗不理’老头儿，喜欢他才这样叫他，东西做得好吃，部队的团长管他叫‘老混蛋’……”

哦……

怀着对“狗不理”老头儿无限的追忆和想望，我一夜辗转反侧，寤寐思服。经过我老伯的指点，转天，阴历二十九上午，也就是兔年除夕，我去了天津宝鸡道花鸟市场。目的很简单，买文玩葫芦。

本来，老伯说天津最大的售卖蝈蝈葫芦的市场是普济河道市场，那里是华北地区最大的花鸟虫鱼市场。可那个地方距离市中心有些远，我又拿不准年根儿底下市场是否会开，保险起见，就先去宝鸡道市场溜达。

宝鸡道鸟市儿，距离天津国际商场特别近，离西开天主教堂也很近。我小的时候，我表弟他奶奶住这里（也就是我老姑的婆婆），有一段时间，每隔一周我都会到这里来玩，印象中，从来不知道这附近还有一个鸟市儿。

老华侨回乡一样，磨磨唧唧找了好久，才进入宝鸡道路口。不得了，全都是人！难道那么多人大过年的来宝鸡道买蝈蝈葫芦？当然不是，这里是个花卉批发市场，来人几乎百分百都是过来买年花的。整条宝鸡道，寒冷空气中氤氲着水仙、寒梅等冬季花卉的莫名馨香……

从前的花鸟市场路边摆摊，现在，主体摊贩都进楼了。进了楼，里面不少卖金鱼的店铺，水气阴阴，让人眼镜都蒙罩上一层雾气。

真正细遛，市场里面卖葫芦的不多，卖精品葫芦的更少。二楼一个铺子店面不大，也就三四平米的样子，老板是个年青女士，言语挺客气，她的柜台里面有福来押花葫芦，工艺精湛，要价8000一枚。东西虽好，我不是很喜欢。第一，福来押花主体是花卉，主要是牡丹和菊花，细腻繁复，我觉得太过匠气；第二，都是没上口盖的光葫芦器，我脑子里面尽是忆念中我爷爷的那些象牙口盖象牙蒙芯的好东西，对这种没装齐备的东西，总觉自己看不上眼。

又逛了几个店铺，都是卖最普通养虫葫芦的，甚至几十块钱一个的都有，白惨惨的表皮，显然都是药水褪皮，加上所谓的“黑檀”口圈，黑白分明，煞是难看。

虽然暂时没有上眼的，手拿文玩葫芦实物，经过和店主交谈，也学到了不少葫芦挑选的知识。凡是卖葫芦的，都知道

“紫、润、坚、厚”四个字，真正达到“紫”和“润”，需要数十、上百年的养玩，而“坚、厚”两个字，乃挑选葫芦首先要考虑和观察的关键。

一个葫芦在手，当年采摘的葫芦，色彩愈黄，就说明熟得愈透，色彩暗淡甚至发惨白颜色的，不是褪皮时泡药过多就是葫芦本身就没熟透；以手指轻敲葫芦，发音清脆明亮者，琅琅之声，肯定熟透而且结实。若发音沉闷，“扑、扑”呜呜，葫芦质地肯定不好；以目直观，葫芦表皮一定要细密，这样，外皮光洁度高，定为好葫芦。当然，买非文玩级的本长大葫芦，可以在不显眼处以指甲细掐，如果无迹无痕，就是好货。如果一掐就有凹陷，肯定质量下等。

当然，挑选高级的文玩葫芦，实用价值显然要居于第二位了，第一位是要符合“审美”标准，也就是强调葫芦器的观赏性。大略言之，葫芦造型一定要周正匀称，不歪不斜，口圆脐正，三停匀称谐调。

寻摸过程中，我忽然觉得，爱新觉罗·弘历在诗歌界虽然是个千古笑话，但他咏葫芦的这两句很有水平：“置之白玉青铜侧，华朴之间意愧如。”葫芦这种东西，上手清香，盘玩可人，太招人喜爱了。

大过年的年根儿，转天就春节了，店铺主人都心不在焉。不过，天津人脾气都好，男女老少的店老板对客人比较有面儿，基本都耐心和我聊，给我讲解文玩葫芦的知识和挑选葫芦的窍门。

可惜，转来转去，就是没转到心仪的葫芦。

临近中午，我肚子咕咕叫，准备离开宝鸡道市场。结果，在二楼紧挨边的一个招牌上标有“白玉馆子”的小铺子里面，发现了两个小葫芦，这两个小东西，让我顿时怦然心动——表皮稍稍发黄，没褪尽白色，显然都是今年的新葫芦。但两个葫芦都是齐配，牙口牙蒙芯。最主要的，个头儿都特别小，均可盈握在手，适合平时把玩。

那个矮扁小墩形状的，皮色如蒸栗，大概下树两年了，上面掐花，题材是“二龙戏珠”。蒙芯还是“三羊开泰”，我妈就属羊啊——明天就是龙年了，能不弄个龙葫芦趁景！另外一个，大号扳指大小，更袖珍，更细腻，而且是模制葫芦，鱼篓形状，三个螃蟹趴在外面，河蟹，和谐社会啊，意头不错，特别让我非买不可的，是牙口蒙芯上的透雕图案，乃梅花也，吾梅氏家族徽标也！

东西可爱，问了问价格，就不可爱而是可恨了！

两只小葫芦，要价 20000！二龙戏珠 13000，小鱼篓 7000。

如果我事先没有文玩葫芦的相关知识，听老板开价肯定会被气笑。就是当下似懂非懂，觉得他的价码还算合理。

“大哥，你仔细看看，这俩小葫芦，别看小啊，小而精！小鱼篓子，这么小的葫芦上模子能出来，整个天津市也没第二个！象牙口儿，这雕工，纯手工！再看看这掐花葫芦，两条龙，都盘满了，别说拿在手里，看着就养眼耐（爱）人！仔细看稳了，大哥，上面蒙芯，三羊开泰！这三只小羊雕的，活了，像不像要马上从盖上走下来……刚才大哥您说您在深圳，回到南蛮子那地方，这俩东西拿出来，这一显摆，保准让他们一愣一瞪眼儿！”

老板纯粹“本长”天津卫，估计年青时候还是个“玩儿闹”，嘴皮子特溜，眼珠子特转，观察人的力道特毒。

东西是好，拿回深圳显摆也很有面子，肯定让诸友一愣一瞪眼。不过，现在这个价格，都能让我一愣一瞪眼了。

“16000 吧，听着多好，六六大顺！”我讲价。

“大哥，明天就过年了，你看我今天还在这里‘业’着，不容易啊。我看大哥你是咱们天津人，如果是外地老坦儿，我不讹他开他 30000 的价？得，您也别跟我划价了，谈价儿伤感情。”

“讲感情伤钱啊，哥们。”我也打趣。

和天津生意人做买卖就是好玩，跟说相声一样。

“最后吉利友情价儿！ 19800！”看着我一直把玩两个小葫芦，爱不释手的样子，店主已经成竹在胸。

“……要不，我再转转？”我做出欲走状，“听说普济河道那个市场特别大，葫芦特别多……”

“好，大哥，您再转转，反正宝鸡道市场里面有什么东西我清楚，您转了一上午了，心里清楚着呢，买卖不成仁义在，这东西我给您留几天，不忙，不忙。对了，劝您一句，今天千万别去普济河道中环花鸟市场，今天大年二十九，市场不开门，特别远，您打的去都要四五十块钱，冷呵呵的……”店主一直扳着，没一点退步让价儿的意思。

斗智斗勇不成，只能掏钱。两沓崭新的票子，我抽出两张来，其余全部奉送老板。

面前这天津卫玩儿闹老板，一直板得紧，一副见过大世面的样子，就是最后在接钱数钱的时候，他手有点发抖。

根据我多年经验，多年受骗经验，老伯这手抖汗冒的表现，我忽然感觉这两个葫芦买贵了，而且贵得不轻！但葫芦哪里不对，在什么地方买贵，我也说不出所以然来。反正，但凡我开始沉迷、购买一样玩意儿，开始没有不上大当的……

"大哥，您这人挺爽快，我送给你两个小葫芦吧，还有一把玛瑙刀，没事儿你在家里自己可以学学押花……"估计骗我有些不落忍，店主在我临走的时候免费赠送了两个葫芦一把玛瑙刀。

美国种袖珍小葫芦，十里河市场的公价儿是 10 块一个，玛瑙刀吗，15 一个。我们天津商人就是会培养顾客感情，买了 19800 的货，赠送了 25 元的东西！

如此，我花差不多两万块，买了两个葫芦器，当然还都不是蝈蝈葫芦，应该是养蛉子的葫芦。东西真的很小很小，上手感觉还都不错，就是那个小鱼篓稍稍偏黄，褪皮的时候显然药水放得有些多。

我没敢马上回家。这么大人了，败家一样，花钱两万买俩葫芦玩意儿，我还真怕我妈说我。于是，我打个的，直奔利顺德大酒店，坐到一楼大厅的咖啡厅，准备就着玻璃天花板射下的灿烂阳光，收拾一下我喜悦的心情。

靠，恰可盈握，不是黄金，不是田黄，不是沉香，不是蓝珀，只是两个葫芦而已，两万块！我都有点肉痛了。

下午两点的阳光，即使利顺德大厅天花板上有层玻璃隔着，依旧耀眼泻下，照得一切都清澈透明。

小鱼篓子不错，除了葫芦外皮有些发白，模纹清晰，没呲模没拉模，无伤无残，象牙低蒙芯做工还算精细，虽然没有任何实用价值，搁在手里确实算个物件。

仔细再看二龙戏珠小墩儿，葫芦皮色已经开始转黄，瓷儿都有点出来的意思，喜唰唰喜唰唰的，看得我心花怒放。不料，趁着日光定睛接着细瞧，我忽然发现有不对的地方——不是葫芦不对，是蒙芯不对！蒙芯那块“三羊开泰”牙雕，质地不对，没有牙纹；反过来看，背面还有用刀子刻划过的痕迹——最有可能的是，这块所谓全象牙口圈的小葫芦，当初被这个店主买到手的时候，他也被骗了，所以才会拿刀在背面刮个小缺口细验。

有看官会问，你不是买葫芦吗？既然葫芦品相不错，一个蒙芯算什么呢？难道吃亏上当了？

当然是吃亏上当了，而且是吃亏上大当！这个二龙戏珠鸣虫葫芦，如果是13000块钱的价儿，葫芦这半儿也就值5000块，上面牙口的“三羊开泰”蒙芯，应该值8000。如果这块蒙芯不是牙料而是驼骨、鹿角甚至化学料，这个手把文玩葫芦，那就要大打折扣了！

对于象牙，我还是不乏辨别能力的，早在1997年，我就在佛山买过一尊象牙整雕的主席像，牙芯儿牙纹啥的，我都门清！

你门清还上当受骗？有看官肯定怒问我。

关键在注意力问题。我买的是葫芦，自然而然，我所有注意力都在葫芦上，葫芦的皮色，葫芦的掐花，葫芦的底脐，对于上面的象牙蒙芯和口圈，我大概扫了一眼。

宝鸡道二楼黑乎乎的，外面鞭炮声声凑热闹，吵得人心烦器，哪里会仔细观察牙口和蒙芯呢。

奸商，奸商！我暗中怒骂着，兀自还要强忍，打电话给“白玉馆子”的老板，那个天津“秽秽儿”，耐心问他，那个蒙芯是否不是象牙？最主要的，我想求他是否能给我换个别的葫芦。

“那东西如果不是象牙，我我我把它吃了！”店主稳稳当当，在电话那头赌咒发誓。“那蒙芯，多好的东西，雕工都算神品！我都舍不得卖你当时……如果是假的，我把自己脑袋拧下来给你当球踢！”

“好，好，就算它是真的，咱们第一次做生意，你能否给我换个葫芦，我记得，当时你三楼的店铺还有一个大个儿葫芦，也是象牙口盖的。要不我加点钱，你帮我把这个葫芦换了……”

这骗子店主在二楼是个小店，主要售卖象牙、葫芦等小杂件，他在三楼还有一个同名的店铺，都是卖假玉卖假翡翠骗大“水鱼”的，所以当时他带我刚刚上去我就出来了，没做太多逗留。

"……换，嗯，不是不可以，那个大葫芦特贵，多大的牙圈和蒙芯啊，还是半高浮雕的，很贵，很贵……"

"贵点没事，只要是真货就行，你当初不是说35000吗？我这个葫芦你就算当初的原价13000，我再加上剩下的价格，你把那个大葫芦让给我……"我也豁出去了，舍不得大钱，避不了大当。

"……大过年的，你说闹心不闹心，卖个东西还被人怀疑，我他妈比窦娥还冤……好吧，换就换吧。不过，我过年不在天津过，我姥姥是俄罗斯人，我要去俄国过年。我估计着，怎么也要过了正月十五之后才回天津，大哥，如果您当时还在天津的话，您到市场找我吧……"

靠，奸商！为了逃避我不给我换东西，愣编出一个俄罗斯姥姥来！你他妈的怎么不编出一个因纽特姥姥来啊，那我就更等不及你了……

饶是暗地咒骂，这个当肯定就上了，亏，也吃了。

伴我云云万里身

吃亏是福。还好，每次买东西我上当受骗，都会这样安慰自己。

虽然"三羊开泰"双龙戏珠葫芦的蒙芯不是象牙的，猛眼看上去也不赖。握在手里，恰可盈握，心理上还觉得过得去，不是什么大当。何况，葫芦之最让人可喜者，乃其馥郁的香气，盘玩之后，手有余香，经久不散……

先过年吧。

鞭炮声中除旧岁！在深圳呆惯了，过年也不让放炮，对鞭炮声产生的噪音已经无法适应。躁夜无聊，想起王世襄先生曾经自己亲自在葫芦上押花，自己也想试一试。手里正好有宝鸡道店主“赠送”我的玛瑙刀和小葫芦，于是拿铅笔先在葫芦上打草稿，双钩纹饰，内容自然是我最喜欢的钟馗。画好草稿，开始以玛瑙刀按压。

押花，也称“砑花”，基本原理和雕刻的“阳雕”技术相类似。阳雕是把花纹周围的东西剔除掉，以使花纹凸显。而葫芦押花，是用玛瑙刀把花纹周边葫芦皮压得凹下去，同时绝对不能损坏葫芦表面硬皮。所以，押花刀刃不能太尖，用刀抵住靠近花纹的外侧，用力压刀，慢慢横行。刀过后，就会沿花纹出现一条斜面凹沟。接着，顺着花纹另一侧也如此压制。由此，花纹凸显出来。但这种“凸”，欲阳先阴，并不是真正凸出来，和模制葫芦的“凸”完全不同。相对于周围凹沟来说，花纹是凸的，并非模制葫芦花纹真的增高。

看不少学者著作，都讲葫芦押花要先把葫芦泡软，或者抹上硅油套上塑料袋密封使葫芦变软后再刻压，其实完全想当然。我当晚第一次“押花”，就是用开水把葫芦浸泡了几个小时后施刀的，结果稍微一使劲，葫芦皮就破了。所以，书本上介绍的这种押花方法，根本不对。

押破了一个葫芦，我还剩下另外一个啊。也不敢用水泡了，直接下刀，用玛瑙刀。实践证明，王世襄王大爷真有天才和耐力，当初他一晚上就押出一个花葫芦，转天能够拿出成品，让押花老手也不敢小觑。我就不行，玛瑙刀在手里，根本不听使唤，不是滑刀就是走刀，美国葫芦皮质虽然不细腻，硬度却非常高，吃刀雕花异常困难。

刻押了两个多小时，铅笔画稿都乌涂了，我的葫芦押花也没有成功。气馁之余，只得放弃。

日后，我到别的玩城店铺寻找真正会押花的师傅求证，才知道现在的押花工具，基本没人使用玛瑙刀。第一，从前葫芦的皮较软，现在文玩葫芦的皮质特别硬，特别是保定葫芦，押一个的功夫，能押俩天津葫芦了，就是皮太硬太瓷实了；第二，现在卖的玛瑙刀也不对，都是巴西便宜玛瑙随便磨出来当工艺品销售的，没刃没尖，硬度也不如从前的国产玛瑙，这样的工具，施之于外皮坚厚的葫芦，肯定押花不成；第三，无论大师还是学徒，现在押花师傅所用工具都是平口的篆刻刀或者特制钢刀，硬度很高，都不开刃，既能用巧力押花，又不会因为钢刃锋利而刺破葫芦外皮。

天津“福来押花”之所以出名，就是因为他总以复杂精细的菊花、牡丹花纹为图案。在很小限度内，如同工笔画一样，还要有深浅、高低和虚实之分，做到层次分明。押制这样的花纹，特别需要耐心和技巧。

匠人们押制图案复杂的葫芦，要非常凝神屏气，哪怕最后一刀押破了葫芦外皮，就前功尽弃了……

看过一本清光绪二十三年（1897）苏州人徐康所撰《前尘梦影录》，其中记载了一个技法纯熟的徐姓押花艺人：

> 道光中叶，有徐某居城北，用马脑（玛瑙）厚刀押胡卢（葫芦）阳文，尝见所制有三小儿斗蟋蟀图册子。凡虫及牵草小儿注视状，一垂髫，一作小髻，一双髡，面目各异。而阳文突起，极句勒，不见一豪斧凿痕，如天生成花文者。其盖即用本身之顶，或海棠，或葵花瓣，刀削之稍仄，揿上提携不坠。闻其性情孤僻，终身不娶，嗜酒，不与人共饮。偶制一枚成，携出即为人购去。大率一金一枚，得直即沽酒独酌，须酒尽再制。室无长物，囊无余资，绝不干人，品亦高矣。惟胡卢须北产方佳，每北客来多购备用。生平不肯收徒，故无门弟子得其传，惜哉。

可见，这个活跃在光绪时期的葫芦押花艺人，技法非常娴熟，所做押花葫芦，见图不见迹，鬼斧神工，而且还是实用物品，截口为盖，自然天成，能提携蒂瓣而不坠。此人品格高洁，颇有李太白风范，爱酒嗜醉，即使自己押花葫芦卖到一两银子一枚，也不肯轻易为俗人示艺。

可惜的是，这位爷平生不收门徒，以致如此高艺，后人无传矣……

过了年，大年初四，我购买葫芦的“春心”，和花市内盛开的红梅一样，再次萌动。在天津市内，我四处转悠基本不开车，都以打的为主。花了48块钱，我打了一辆的士到达普济河道花鸟虫鱼市场。门口一看，空空如也，市场根本就没开张。

摇下车窗看了好大一会，的士大姐埋怨我：“嗨，和你一路聊得不错，你也不说你到这个市场来是来买东西，我还以为你是到市场附近串亲戚的。大过年的，谁有病到花鸟市场来玩啊……”

没办法，下次再来吧，反正是天津我老家，什么时候来都不迟。

不过，我这次来，带着文华兄交待的任务，又自己开车来，“腿”更长了，山东、河北一些地方，那是肯定要去的。

对了，我北方故乡的萧大哥不是我铁杆陪驾吗，他应该和我到处去转啊。不行，他不行。不是人不行了，是身体不行。萧大哥过年前就犯颈椎病，脑袋常常发晕，旋转，天旋地转那种。别说开车，就是在我车里，也是要躺着，我总不能拉着一个半残的哥们四处寻摸葫芦吧，如此一来，山东之行，我只能麻烦自己了。

那么，去山东转，肯定要到产葫芦的地方去。很不幸，鬼使神差，出发前，我把葫芦产地记错地方了，把“聊城”记成了“枣庄”。

于是乎，我从天津出发，大年初四火红热闹的日子，开车开了6个多小时，差一点就开到江苏徐州了。

进入枣庄市内，我就停车，逢人就问哪里有葫芦卖。好几个本地人看着我粤B的车号发愣，估计心里肯定大起疑窦——这个岭南南蛮，大过年到我们这里买葫芦，是不是脑子有病啊？

怀疑是怀疑，人家山东人还挺热情，个个都告诉我——俺们这地方根本不出鸣虫葫芦！

一拍脑门，我想起来了，聊城出葫芦，不是枣庄！气急败坏着，看天色渐晚。哪里住呢，手机一查，枣庄附近有古迹，不白来，有好地方——台儿庄啊！

我一直都是一个铁板热血中年。说起台儿庄，就想起抗击倭寇的昔日辉煌。想也不想，马上电话定好一个台儿庄内的酒店。然后，我从枣庄市中心开车几十公里，直抵台儿庄“庄门”。

又一大瓢冰水洒我脑袋上——所住酒店，在台儿庄“古庄”里面，如果进酒店住店，必须买门票——100一个人！我靠，酒店一晚都600了，加上这个100票价，价格都赶上我们大城市天津一晚五星级酒店了。

想打退堂鼓不住吧，还不行！春节期间，热门酒店都是信用卡担保，不住也扣钱。为了600不打水漂，只能花这100门票钱了。

夕阳西下，断肠人在枣庄！进入所谓的“古庄”，哪里是古庄，是古装——按照想象中老建筑老房子样子重新装修的。这里，除了几条石子路和运河是“老”的，绝大部分庄内的建筑物，年纪肯定都不如我手腕子上戴的那串沉香珠子老——这珠子都跟我六七年了！

特别让人失望的是，整个庄子，里里外外，没有一点让人追忆昔日抗日先烈的气氛，连个先贤祠、烈士堂都没有，完全就是一个巨大的杂货店兼游乐场……

怀带哀怨，晚上住进装修设计极似想象中地主老财家小妾花房一样的酒店房间，郁闷非凡。屋内，满眼都是廉价的柴木仿古家具，红灯笼罩顶，格子窗四面漏风。我开了电热暖气，盖了三床被子才勉强睡着……

转天大早五点不到，我就退房了。难道，在如此寒冷的冬天早晨，我还要锲而不舍去聊城买葫芦?

我有病啊，还去聊城，方向都摸不清。去济南得了，反正是省会，有古玩城有花鸟市场，再怎么样，我也能买到几个葫芦器，或者是葫芦。

车轮飞转。从枣庄出发，摸黑赶路，我八点不到就驶入济南。入城后，我先在酒店住下，洗个热水澡（枣庄那“豪华”地主老财庄园式酒店太冷了，昨晚我连毛衣毛裤都没脱）。然后，热茶喝足，煎饼早餐吃饱，我开车直奔凤凰山花鸟市场。

到了地方一看，凤凰山，哪里有山，更没凤凰，一条破小路而已，根本就没有市场，只是周六、周日才有散集。附近有一个大古玩城，过去一看，大锁锁门。

我靠，这网上信息太不灵了！询问周围的济南市民，都摇头，没听说哪里有卖葫芦的，有个大娘挺热情，说：“小伙子啊，你过年发烧烧神经了吧，葫芦秋天吃才嫩，现在哪里有葫芦吃，都成面瓢了，你找啥找啊……”

再搜，网上显示，济南最大古玩城在“英雄山文化市场”。仔细一看，和我所住的山东大厦很近，大概也就两公里左右。高兴之余，我把车开到酒店停下，翻蹄亮掌，大踏步步行而去。

没有收获，只有依旧的失望和惆怅——济南所有古玩市场，都要等到初八后才开门。

都开车转两天了，都住在山东两天了，连葫芦毛都没买到一根!

初六了。我灵机一动，开车去北京十里河！那里的市场肯定开业!

果然!

北京就是北京。破五之后，都开始逐渐做生意了，勤劳勇敢的十里河市场商贩，为了生意为了钱，开门的还真不少。

关山度若飞。

北京，我来了，带着疲惫，带着期盼，带着满车身的鞭炮纸屑和风雨泥浆，带着山东快书“当了个当”的余音，带着盛满山东人民煎饼、大葱的肚子，我来了……

十里河市场葫芦器真多，仔细兜转，我发现专业店铺就有数家。人，精力其实都有限，尤其表现在注意力和观察力方面。我来过这么多次十里河，平时眼睛只盯着菩提、核桃、扇子、竹雕等物，葫芦几乎就视而不见，或者是见了也不入眼细看。

这一次我发现，有家卖金刚菩提子的店铺，位于一楼一个顶角处。先前，我到这店里买过四五次东西，从来没注意过整个店铺有一长排靠墙柜子，里面装的全是蝈蝈葫芦、蛐蛐葫芦——押花的，模具的，本长的，应有尽有。

这次我来，带着一双有目的的“势利眼”，变戏法一样，先前视而不见的这些东西，呼啦啦顿入眼帘！

和店老板细聊，才知道他从前是卖葫芦出身，科班学工笔画，押花也押得不错。

“葫芦毕竟是小众收藏，我十多年前就做这行起家的，一年下来也就赚个房租钱。四五年前，我开始做金刚菩提，就不做葫芦了。这不，从前的东西都摆在墙边，陆陆续续卖了不少。最近一两年，玩葫芦的人越来越多，我离这行越来越远了，和那些范模的种植户啦，押花师傅啦，都生疏了……”老板坦言。

眼见这家店铺老板本来就是工笔画科班出身，前几年做的押花葫芦笔意细腻，层次分明，很有意趣。一喜欢，就出手了，除了三个牙口葫芦以外，我还买了一个高浮雕玳瑁蒙芯的葫芦。

“这玳瑁浮雕是真是假啊？我去年在苏州古玩店买了一个玳瑁扇子，花了5000多，上面有八只仙鹤，都能活动，把我看呆了，以为是苏工巧夺天工啥玩意。过后才知道，玳瑁这东西，不少都是塑料制成品啊，我买的那把扇子，很可能是塑料的……”我之所以对店老板这样说，其实倒不是怀疑他卖我葫芦玳瑁蒙芯的真假，而是想打听一下玳瑁这种东西的水深。

“最好的玳瑁叫‘冰糖紫’，发红发亮，一般玳瑁颜色黑黄相间，你放到光线下一看就能辨别真假。真玳瑁，那些正常光线下看似黑色部分，光射一照，也能看到红色纹路；如果黑的地方在光线下不透明，肯定有问题。反正你那把扇子已经花钱买回家了，光照还拿不准的话，可以把一根细针烧热，找个不显眼的地方刺一下。仔细闻味道，如果是塑料，出了焦糊味，就肯定不真了。如果是鸡蛋壳那种蛋白质烧焦的味道，就是真玳瑁。”店主谆谆教导。

“这么高的浮雕玳瑁，那原本的龟壳得多厚啊，有那么大海龟吗？”手里拿着这把高浮雕玳瑁蒙芯，还是有些不放心。

“大哥你真问对人了！这是专业技术问题。玳瑁这种东西，看上去硬，其实能让它软，龟壳吗，来自动物活体，可以通过热力加工成型，也就是‘闷制’成型，咱们北方管这种工艺叫‘盔’。一块平板玳瑁，通过加热，变成‘馒头圆’、‘僧帽’形状，然后在上面透雕，镂雕。不过，‘盔’玳瑁，可是个高技术活儿，老师傅才能动手，否则就‘糊’了，起褶子了。玳瑁本来晶莹剔透的，如果闷糊闷过头了，就变成乌突突硬化的东西，变脆了。从前闷成糊脆，玳瑁就废了，现在不一样，有些人把弄糊弄过头的玳瑁再打磨抛光，接着做蒙芯，外行也看不出来……哥们，我劝你一句，你刚玩葫芦新手，肯定喜欢复杂和贵胄的蒙芯和牙口牙圈，其实外行。真玩鸣虫，还是玩实在简单的好。这么高的浮雕蒙芯，虽然贵，看着好看，真要玩虫，您敢天天把弄这么高的葫芦玩，随便掉在地上，这蒙芯咔嚓就毁了……”

别说，有时候花了大钱，有时候真能换来商家店主的真话。

四五个小时下来，钱包瘪了，银行卡“薄”了，收获却是大大的！

七八个精品葫芦，如今全部装在锦盒里面，安安静静，服服帖帖，等着我拿到南方炫耀于诸友。

正在北京十里河转悠挨宰，电话铃声响起，传来我专业“陪驾”萧大哥琅琅音声，真比蝈蝈嗓音都高，他“活”过来了，说自已颈椎感觉好多了，想吃肉了，不晕了，能开车坐车了。

对我来说，萧大哥的“活转”，可是大喜讯一件。要知道，我从深圳开车到天津，再从天津到山东，转到北京，都万把里地了，身体处于极其倦怠的状态。有了他，有了义薄云天的萧大哥，我才可能完成买葫芦之不可能完成任务最后的关键——再接再厉，开车，转去大名鼎鼎的葫芦圣地——保定！

郭德纲相声不常说吗，“上有天堂，下有保定”……

高速，春节休假期间的高速，真是畅快。萧大哥坐高速列车，天津到北京，耗时29分钟，再坐车到十里河，花了40多分钟。

相会之后，我们开车，只用一个半小时，就已经抵达葫芦圣地之一的保定府。

如果像前几天在天津、山东等地那样乱转，花五天也转不完，也找不到葫芦。整个保定市内，即使开车转三个小时，也不一定能看到一间专门的葫芦店。开车去徐水吧，也就是古安肃，大名鼎鼎“安肃模”的出产地，更不靠谱。那里是安肃模葫芦的产地，但葫芦这种小众收藏的东西，产地，不一定就是销售地。

还好，我们保定有人！有熟人！萧大哥有备而来，出发之前，他已经托保定朋友打听好了，届时会有一个当地葫芦收藏名家“东东强”，到约定好的茶馆接头会面，来给我们释疑解惑，实打实讲解保定葫芦。

“东东强”，打锣鼓一样响亮的名字，呵呵，好玩。我和萧大哥也没多问这位葫芦收藏者为什么叫这个名字，乖乖开车到河北大学附近一个高级茶馆，开了一间大房，等待“东东强”的到来。

北方初春特有的艳阳天，室外天晴气冷。房间内，藏香熏飘，让我很有些头晕的感觉。为了寻找葫芦，为了追求匏器真理，这些天，千里迢迢四处兜转，真把我累坏了。

猛喝热茶之余，我拿出这几天在天津、北京购买的葫芦，排队一样，在桌子上一溜排开，和萧大哥欣赏着这些养虫的宝物。同时，我们一直注意着房间的落地大窗，观察过往行人，想看看即将出现在我们面前的保定葫芦大侠“东东强”是何面目。

倏忽之间，一道人影从落地窗前闪过。门帘响处，一人兀然出现在我们面前——看此人，豹头鼠须，面似醉金，歪鼻梁，小眼睛，两道粗眉耷拉挡眼，一张大嘴吃遍四方。远看一米七，近看一米一！何者，此人双腿短了半截，不知是工伤还是自残，浑身上下，透出一股说不出来的煞气。

臂架双木，来人运拐如飞，大侠一样，一个袋子重重一掷，“咣当”一声，扔到我们桌上——不是血淋淋人头，都是黄灿灿葫芦头!

“东东强？”

我和萧大哥为来人独特气质所折服，抱拳拱手，低声问询。

“正是！”

电影上土匪头子甩大氅一样，二拐往身后一扔，这爷们稳稳坐在茶桌前面。细看，他40开外，睛光暴闪，很似化装过的武侠小说中人物。

冷眼瞧看着我刚刚摆放上桌的几个葫芦，“东东强”面露不屑：“天津、北京葫芦还凑合，皮子比山东葫芦要厚一些，养蛐蛐出声还算好……真正看质量，我们保定墩最好，这种亚腰种葫芦，看似矮胖型，皮质一级棒！”

萧大哥似乎气场和来人不和，估计瘸哥扔葫芦在桌的举动让他不爽，便冷笑一声说：“再好的葫芦，你扔出去老远，也得裂成八瓣，什么细密不细密的，好看上手舒服就行啦……”

瘸哥们听闻萧大哥此言，忽地站起，单手拎起一拐，一只手拉住萧大哥，不知他哪里来的斜劲儿，“唰”的一声，愣生生把萧大哥胖大的身胚拽出茶馆。

隔着落地玻璃窗，我看到瘸哥奋力一掷，把手中一个葫芦直扔过马路——丁零当啷，那色如蒸栗的葫芦翻滚数次，停在马路对面。

没等萧大哥明白过味儿来，“东东强”单肩运拐，三闪两躲，从车流中穿梭宛转，恰似梅花桩上游走，飞快从马路对面捡回葫芦，然后，他拉着受惊无辜的萧大哥回到茶桌前坐下。

“怎么样，保定葫芦皮质好吧？”

萧大哥喘定。我坐定。仔细看，那个保定小墩完好如处子，身上一点磕碰痕迹都没有。人杰地灵，好地方出好葫芦，真的好皮质，硬骨头！

哗啦啦，瘸大哥把整整一大袋子葫芦都甩出来，劈哩啪啦，散满桌子，一点没有爱惜在意的意思。“鸣虫葫芦，就是玩儿的，像你们买的这些葫芦，又是象牙口又是玳瑁的，当爹供着啊？”

瘸哥快人快语，鄙夷不屑之意，溢于言表。

萧大哥咽咽唾沫，脖子抽了抽，估计心里依旧有些不爽。毕竟是朋友的朋友，瘸哥虽然言语行为唐突，他还不好意思马上对他翻脸。

“……你别瞧不起我这些葫芦，嫌纹路模糊、丑不啦唧不是？这才是真正的保定安肃模，如果有人向你推销纹路特别清晰样子特别养眼的葫芦，说是保定的安肃老模子，那肯定是骗你们！”

一旁冷眼看着萧大哥带着气翻看自己拿来的葫芦，瘸哥似乎连对方心思都立刻猜透了。

我倒不觉瘸哥唐突，反而觉得此人快人快语，很专业，很到位。

翻看他拿来的保定老安肃模子葫芦，也真算开眼。幸亏这位“东东强”给予专业指引，否则，日后遇到这种品相的葫芦，还以为是残次品呢。失之交臂，那才叫可惜。

种葫芦真挺不容易的，黏土不行，肥土不行，沙性太强的土，透水透肥也不行，只能是半沙质土壤，才利于葫芦生长。模制葫芦，一直长在模子里面，种植者看不到里面的长势，控制很难，完全都是凭经验。如果水大了，葫芦长势太旺，就容易把模子撑炸了变成废品；水肥不够，葫芦肯定生长不足，撞模出来的器形，不饱满，不清晰，也卖不出去。

保定葫芦之所以好，水土适宜不说，专业人才多，有种植历史沿革，才是关键中的关键。即便如此，收获 1000 个葫芦，里面最多能够挑出一个相对而言完美的，也就不错了。

为了讲究脐眼周正，最好是脐眼芝麻大小的“芝麻脐”和“针尖脐”，那就更需要人工伺候看养了。为了保证脐眼周正，中国其实从古代开始就有“引脐”的办法——在模子底部中心留一小孔，葫芦在套模时，把一根竹签通过那个小孔插进葫芦脐眼内，目的就是为了把葫芦花脐固定在模子底部中心位置，这就是“引脐”技术。绝对技术活儿，力度把握是关键，葫芦扎不透，脐眼不可能正；葫芦扎透了，很快就蔫了，不可能长成！

萧大哥使劲捏把着瘸哥刚从马路对面捡来的葫芦，依旧狐疑。“葫芦这么轻，想必摔不坏，质量再好，还好过木头？”

“还真被你说对了，保定葫芦质地真好过木头，你仔细看，这葫芦外皮完全都木化了，就你 300 多斤，站踩上去都没事儿！”

“……我哪里有 300 斤，我才 200 多……”萧大哥脸色不悦，“还站上去踩？踩坏了还不得天价赔你？”

“我怎么会让你赔！小人之心，小人之心！”瘸哥这几个字，以他保定口音说出，特别耐听。

“你看好喽！”说着话，瘸哥随便从那堆他拿来的保定葫芦中挑出来一个鸡心状的，翻扣在地上，然后，杂技英豪一般，单拐拐尖拄住葫芦脐，“嗷”的一声，来个金鸡独立，几乎大头朝下 360 度。

幸亏茶馆顶子高，幸亏瘸哥腿只有常人一半高，否则，他这“功夫”一练，房间的吊顶都会被顶破。

如果不是我亲眼所见，打死我也不会相信这位外号“东东强”的瘸哥会有这么大能耐，会这么有趣。

瘸哥有趣有意思，那保定葫芦更有意思。待瘸哥身轻如燕回坐在椅子上，我拿起地上的葫芦，真是毫毛无伤！

保定葫芦，真厉害！

总以为，这位保定瘸哥费了这么大气力，跑了几公里路来茶馆给我们显摆功夫和葫芦，最终目的应该是想让我们掏大钱买他东西。到最后发现，我们确实小人之心了，人家瘸哥哥们没有任何卖东西的意思，人家就是冲着朋友面子过来让我们见世面的，给我们长知识的。

“你们两个大汗手，别瞎盘，尤其你，大油胖子一个，手汗那么多，这位梅爷买的好几个牙口葫芦都是去年或者今年的葫芦，还没真正干透呢，你这大汗手这么盘，葫芦就玩残了，越玩越黑，不可能最后变成紫红了……”瘸哥吆喝着我萧大哥。

“葫芦吗，肯定越盘越玩越红润啦，核桃、核雕啥的，不都是这样嘛……”我打圆场说。

“葫芦这东西，虽说是文玩，但玩法跟绝大多数物件不一样，不能一味瞎盘。这葫芦皮子，特别是你们天津葫芦皮子，不是多厚，现在又不是从前那种本长葫芦，都是硅胶模石膏模的，皮子糠得很，没晒透的时候这么一盘，只能说最后是玩旧了，玩废了，而不是玩出包浆了！你看看皇宫内那些葫芦的照片，都是枣红紫润的，为什么呢，就是乖乖搁在柜子里面等葫芦自己变色的……葫芦需要养，有时候擦点轻油，但前提是葫芦要干透，皮子本质要好，连晒带晾带反色，紫润的意思就出来了。皇帝那么忙，又是国家大事又是妃子，事事都要搞，都要伺候，哪里有时间去盘玩葫芦！喃，没上手的葫芦，只要皮质好，多少年过去，皮色才那么好，这就是实证啊……”

瘸哥句句在理。微斯人，吾谁与归！

目瞪口呆之余，萧大哥也不得不服，不能不服。

看到我拿着一个老安肃葫芦对着阳光观察，瘸哥嘿嘿一笑：“梅爷，怎么着，是不是怀疑这把葫芦啊？”

“不是怀疑，不是怀疑，”我赶忙辩解，“好葫芦都说是瓷皮糠胎锻里子，您这把葫芦似乎就没有里子啊……”

“你看，这就成书虫子了不是，老玩家都知道，从清朝到民国，甚至一直到了80年代初期，在我们保定地区，范制葫芦都没有里子，叫‘铁底儿’。当时的人认为这种不吸音的铁底儿，虫子叫起来声音更响。还有一个原因，从前年间葫芦下皮，没有药水啥的取巧省事的步骤，全手工，葫芦下架满眼都是，不可能一个一个伺候打皮。怎么办呢，都用马粪、牛粪盖着沤，沤好几天后，才开始去外面青皮。你想想，葫芦外皮没事，可葫芦里子吸味啊，马粪牛粪的，味道都进去了，所以，当时用动物粪沤制的老葫芦都没里子……”

薤上之露何易晞

满载而归。

大过年的，山东、河北、北京转了几天，花了不少银子，除了买了半车大小原生本长葫芦以外，我弄了大概十多个精品鸣虫葫芦，兴冲冲回到天津家中，到我老伯家里摆满了一个大圆桌，品玩，显摆。

我妈没说什么，我老姑一声叹息，眼角湿润。“……唉，这些东西便宜不了，看你这败家子儿的迷瞪劲儿，我都想起我爸爸了……我爸爸，就是你爷爷，从前也是这个劲头儿，买葫芦，买蛐蛐罐，吃喝嫖赌，没他不行的。他在北京呆着那几年，浪费多少钱啊，买蝈蝈葫芦的钱都能买几套四合院了。还好，你不喝不赌，这点比你爷爷强……”

我呵呵。“我还不抽大烟呢……”

“反正你们老梅家爷们祖孙三代，肯定都有遗传。你买东西这个狠劲儿，和你爷爷有一比，如果你奶奶现在活着，非打得你七窍生烟不行……”

“隔代遗传，隔代遗传。”我老伯马上撇清自己，他挨个细细把玩着，说：“我这辈子生来就穷，年轻时候上山下乡，受的苦比得的甜多。嗯，你这堆葫芦，根据我目测，价格都能买辆汽车了……文玩杂项的收藏，可是足能败家啊……”

我赶紧朝老伯使眼色，让他别再说下去。这些葫芦之贵之费钱，肯定超出我妈和我老姑的想象力。同时，我还为自己败家的行为辩解：“我买葫芦不完全是为了玩儿，主要是为了写书，写书……”

“蒙芯这东西，只有黑白虫葫芦和养金钟的葫芦上配，如果养哑嘴、养蝈蝈，葫芦上面配蒙芯就外行了。鸡心葫芦例外，可以配上与口盖相同材质的五眼、七眼上盖，像油瓶、棒子、柳叶等葫芦，都使用瓢盖，不能用蒙芯。老玩家习惯，黑白虫葫芦，如果是红木、紫檀和花梨口框，一般配椰壳蒙芯，玳瑁蒙芯。如果是紫檀或者黄杨口框，可配牙蒙芯。象牙口框也可以配象牙、椰壳和玳瑁蒙芯。老红木和紫檀口框，千万别配象牙蒙芯，那叫‘戴孝帽子’，从前会被行家笑话死……”

“牙口牙蒙芯，好看是好看，养虫一点都不实用，这么重的东西，根本不能上怀，头重脚轻啊。嗯，你拿到深圳放着摆着当装饰显摆还可以，咱们天津这气候，象牙口框，过一个年肯定会裂，象牙开裂，知道有个特别好听的术语吗，叫‘笑’！这么细腻雕琢的牙蒙芯，谁敢拿手里玩啊，掉地上肯定马上碎裂……”

我老伯确实也是四分之三个行家，这不仅和他有个花花公子爸爸有关，也和他一个中学同学家里一直藏有葫芦器有关，更和他知青岁月认识的可怜老头有关。如此见多识广，加上血脉“遗传”，使得他眼观手揣，对葫芦质地的判断力极强。

葫芦蒙芯，确实本身都能成为一个收藏类别，龙、凤、梅花、鹭鸶莲花、兰花、菊花、暗八仙、太师少师、高士对弈、携琴访友、海屋添筹、鱼跃龙门、冠上加冠、封侯挂印、五福捧寿，嗬，琳琅满目，看着就让人心旷神怡，沉浸其中不能自拔。

葛洪说过：“妍姿媚貌形色不齐，而悦情可均；丝竹金石五声诡韵，而快耳不异。”中国人对细腻玩物美感的愉悦性，让人在庸常生活中发掘无限的乐趣。

“我小时候，记得有段时间咱们家特别顺，当时你爷爷身体还好，也有钱。过年的时候，咱们家里可热闹了，每次你爷爷都会买好几个豆绿蝈蝈放在家里红木大圆桌子上面。那种过年时买卖的蝈蝈可贵呢，大概每个都值几袋洋面的价儿。当时，天津、北京都还有专门的暖房，花把式在暖房里面培育鲜花、蜻蜓，还用一种扁葫芦培育蝴蝶。把蝴蝶顺翅膀在里面，用蜂蜜喂养。过年的时候，都会有人把蝴蝶、蜻蜓送到我们家里来。你爷爷就会拿个大碗放在屋子里面，屋子暖暖和和，大碗里面有水汽往上蒸腾，花把式放出那些蝴蝶来，嗬，一屋子花香鸟语蝴蝶飞的，特别热闹特别好看……”我老姑也禁不住忆苦思甜。

虫鸣盈耳，花香满室。彼情彼景旧社会，真都超出我这个作家的想象力了……

葫芦买得差不多，我的春节假期也快结束了。

绑架一样，我非要拉着萧大哥陪我一起回深圳，并保证说，从深圳出发的回程机票，我一定给他买头等舱过过瘾。

本来做出痛苦难熬颈椎病复发状的萧大哥，听我说给他买头等舱机票，顿时来了精神，改成一副忍辱负重能坚持的样子，答应陪我开车回深圳——迢迢2500公里，回程一个人，想想我自己都累都害怕。

于是，满车装载着葫芦，葫芦，还是葫芦，以及两个油葫芦和一个蝈蝈，我们开始了漫长的里程。两个油葫芦没名字，凡素常物；蝈蝈，张牙舞爪的，很凶猛很精神，我起其名曰“帖木儿”。

大年初十了，想想春运高峰期应该过去了吧，就麻痹了，没走新高速，回走京珠高速。开始挺顺，河北、河南、湖北，一路上都没事。谁料到，进入湖南就不好走了，高速似乎解放前修的，破破烂烂，坑坑洼洼，车流量还贼大。

车多些，路差些，也不怕，但刚刚过了长沙，就开始堵车，无休无止地堵车！“嗡”的一声，我顿感头大。

萧大哥春运从来就没出过门，堵了几个小时，他颈椎病真犯了。他颈椎病一犯，我就成为专业司机了，再无陪驾换人的机会！

长沙到韶关，不到500公里，我开车开了近11个小时！

累极。韶关住下，一直昏睡，到转天早晨十点才醒。

醒了，忽然大叫“坏了”——那两个油葫芦和一个大蝈蝈“帖木儿”，都在车上冻着忘了拿进酒店房间，夜间温度可是接近零度啊。

我内衣都忘记穿，随便找衣裤穿上，赶忙冲出酒店到停车场验看。验看啥啊，验尸吧——两个久经考验的油葫芦，还有昨天还凶态毕露的大蝈蝈，全都死翘翘了，冻死了。

“帖木儿”，宁死不屈好蝈蝈，冻死迎风站，死也死得有样子，兀自站立，头朝下，屁股微翘，宛若生时；两个油葫芦差多了，死状难看，翻身仰头，露出白惨惨的肚皮……

伫立默哀片刻，我逼着萧大哥开车——我太累了，只要萧大哥你能坐着，就别提颈椎病的事儿，你就得给爷开车！

恰如良家妇女被逼入妓寨，萧大哥千般无奈，万般委屈，还是不得不坐上驾驶座，做起他司机“老本行”……

从韶关出发，行到中途，我忽然让他往广州方向开。

萧大哥胖脸含嗔，怒问：“广州？去广州干吗？目的地不是深圳吗？”

我莞尔。“先去佛山！佛山有牙雕，我在北京、天津、山东、河北转了这一圈，发现葫芦蒙芯和牙口雕刻都很一般。书上说，广州、佛山牙雕牙刻都是一流，我们反正都出来了，这一趟遛个够，全部转到！”

长吁短叹，萧大哥只得服从。不服从也没办法，没头等舱机票回家啊。

牙雕这东西，色泽似瓷却非瓷，温润如玉却非玉，真正好物件。千百年来，对于我们中国人来说，象牙似远还近，一直是高贵的象征和精湛技艺的体现。当然，它也有着血腥与禁忌的另一面。我们古人对大象杀戮现象，基本不谈不问，反正象牙底托儿那些肉笨大象，不是来自“西夷”，就是运自“南蛮”，眼不见为净。

从上世纪80年代开始，欧美不少国家“东方热”兴起，商家纷纷以象牙做首饰，而日本当时经济高速发展，更奢侈到用象牙做钢琴琴键，而中东那些石油富豪，传统加时髦，纷纷用巨大整块的象牙做“建材”，装饰他们石油换来的豪宅。

有买卖，就有杀害！象牙多了，森林中野生大象越来越少。

1990年初，全世界90多个国家开始禁止象牙原料及制成品贸易。2004年，中国严格实行象牙制品定点加工经营和象牙制品统一标记的管理制度。从此之后，象牙制品的雕刻和销售，只能在北京、广东等传统制作地进行。所有当代牙雕作品，都要经国家林业局审查作出标记独立编号，还需要国家林业局、工商行政总局联合颁发的《象牙收藏证》才能买卖。也就是说，只能使用从前的存货，商家和厂家才能加工、销售象牙艺术品。

和老红木老酸枝一样，清朝时期广州有通商口岸优势，所有海外进口优质象牙，必须先在广州卸货，登岸后才能输送到北京、苏杭等地。所以，广州大新街，当时就是名噪全国的“象牙街”。当时北京宫廷象牙作坊中，近乎一半牙雕巧匠都来自广州。近现代百年间，广派牙雕，风靡全国。

象牙球层雕，乃南派广式牙雕招牌绝活。1915年万国博物展览比赛会上，广州牙雕大师翁昭秀宝，以他24层象牙球获得大会颁发的“工艺特种奖”。他所雕制牙球，直径约20厘米，共60层，每层厚度不超过1毫米，而且层层都可以转动。

据说，当年日本人也非常眼红中国象牙球分层技术，东施效颦，制作一个30层大象牙球拿到博览会上显摆。谁料到，广州牙雕大师开门迎战，把广式象牙球和日本象牙球同时放入开水滚煮。大火猛水，顿时之间，才艺立分高下——日本象牙不是层层镂雕，乃取巧胶合而成，自然一煮就散……

听着我私家“故事会”，萧大哥早忘了颈椎病。马达声声，我们就到了佛山古玩城，也就是从前的“陈村花卉世界”。

到了佛山古玩城，各家商铺中，象牙制品还真不少，大件和摆件，珠子和镯子，样样都有，可象牙做的葫芦蒙芯，非常非常罕见。

“大佬，你说的蒙芯，我在电视里面看到过，可我们广东人谁玩葫芦啊？没人玩葫芦，自然就没人做蒙芯……”一个专卖象牙小件和杂项的广东本地店主对我们说。

毅力，注意力，专注力，是搞收藏搞玩物的基本素质。即便有诸多店主告诉我们佛山古玩城没有专配葫芦的象牙蒙芯卖，我和萧大哥依旧耐心异常，踏破铁鞋，整整在市场里面转了近5个小时！

终于，在一个专门售卖广式精雕鸟笼的铺子里面，问到了我梦寐以求的东西——最高境界最高级别的广式透镂精雕象牙蒙芯！

“二位大佬，你们如果不说‘葫芦’蒙芯的‘葫芦’两个字，我还真想不到你们要找的这种东西。瞧，四件都在这里，是我老窦（父亲）上世纪50年代初期为北京琉璃厂一个铺子加工的，后来不知道为什么对方没有取货，一直留在我们家里……从五几年到现在都多少年了，我开店都快十年了，卖来卖去的，都是象牙大件，从来没人问过这种小东西，我就从来没拿出来过。我细路（小时候）那阵，看见这几件东西都不知道是什么，我老窦说了半天，我才知道是你们北方人养虫葫芦上面的装饰品……”

店主是个60多岁的广州人，本人就是牙刻世家出身。

东西太好了！

这四件牙雕蒙芯，其中三件是“钟馗送福”。作品4厘米高，直径大概在6厘米左右，皆全镂空立体雕，钟馗处于牙雕中心，铁面虬髯，怒睁环眼，一手执宝剑，一手挥宝扇。他周围雕有5个小鬼，鬼脸尖头，面目各异，半蹲半跪，其中有一个小鬼被大神钟馗踩于脚下，面露谄谀奉承，竭尽工巧！

三件虽然题材一样，都是“钟馗送福”，但每件人物神态和体态，都各不相同。

还有一件“金蟾戏钱”，更是工艺精湛，惟妙惟肖，串钱丝带飘扬，动态十足；癞蛤蟆身上密密麻麻小孔洞，活灵活现。

“大佬，你们细看，牙是亚洲象，很细腻很细腻的啦，工艺到家啦。和现在大件象牙雕刻不同哦，现在产品都是机器开大样，然后半手工制作。我老窦做工的时候，哪里有机器，全部手工，车、凿、锯、铲、锉、雕、刻、磨，很复杂很复杂的，特别是‘凿活’，也就是‘开象牙’，那难度太大了，比‘开玉’要难多了。一块象牙能赚多少钱，全凭‘开象牙’好坏了。这块4厘米高的料，透镂得这么精细，就是开料开得好，‘铲活’做得细，细雕慢镂，最后，还要费工费时用植物叶子和‘搓草’打磨，才能出来这种精品。现在后生仔，谁有这种耐心和功力……”

一般商家介绍自己的东西，无不拔高为了提价，说得天花乱坠，不能让人尽信。而这位象牙雕刻匠人后代所说，基本没有任何水分。

东西摆在这里，神韵，神态，工艺，没得说。但是，如此透镂的牙雕，美则美矣，脆弱至极，似乎呼吸稍重，都能把那丝丝雕镂出来的飘带、衣袂、丝网弄破……

“这么好的精雕蒙芯，放了这么多年了，怎么就卖不出去呢？”萧大哥怕我上当，看似问店主，实则提醒我。

“如果是象牙摆件，别说放到现在，20年前就卖出去了。首先呢，这么小这么细致的东西，我们广东人不会买，太小，没法当摆设；太细太脆，不能上手盘玩。其次，其实也是最主要的，大佬，东西还是太贵！你们想想，这种工，按照今天中等雕刻师傅的价码，也是1天1500的工费。每件东西，再快，也要雕20天才出得来。还有材料，这么好的亚洲象牙，现在一块4厘米牙，光料都要几千块！所以，这么小的东西，每一件，价钱都可以买一个做摆设用的佛坐像、观音雕件了！”

我脑子飞快旋转，进行估值。哦，心里很快有谱，几件东西的价格，并没有超出我的承受力和想象力。

想了又想，我报出一个四个蒙芯一枪打的价格——一个 6 位整数。

显然，刚开年就有这样的大生意，老板心动。沉吟了一会，他说："说句实话，没想到你们会买这个东西，所以我没有高开价。我老窦做的这东西，本来当'纪念品'的，这么多年都留在家里，放在店里，从来没想到过拿出来，也没人问过，你们能看到它们，想到它们，也是缘分……看来，你们肯定都是北方葫芦行家啦，60 多年前，这四件东西都是顶级蒙芯，拿回去到北方镶口，千万别磕碰了……"

"这么精雕细刻的蒙芯，我还真不敢交给谁去镶口装葫芦，蒙芯本身也属于一种收藏类别……"我"安慰"着老板。

看我马上要刷卡，看我一次掏出这么多钱网罗四个顶级象牙蒙芯，萧大哥低声劝我："哥们，太糟践钱了吧，你买一个就行了，买这么多蒙芯干吗用？如果你装在葫芦上面，这么贵而脆的东西，谁敢玩啊？"

"根据我这么多年买红木家具的经验，我还是一次性到位吧。否则，中间几年下来，肯定又会收罗一堆垃圾葫芦、垃圾蒙芯在家里，用的钱，比这一次可能多得多！这几个蒙芯买到手，最起码以后我看不上任何北工的象牙蒙芯。只要买鸣虫葫芦不买象牙高配高装的，那葫芦再贵，也贵不到哪里去……"

一席话，说得萧大哥也点头频频。

得！深圳、天津、北京、保定、枣庄、济南、佛山等地方，南北一路，我算了算，在春运如此高峰期，我开车横行6000多公里，最多一天自己开车长达15个多小时。

行万里路，看万葫芦！

人之陷溺，不亦深乎！

过后，每当我细心把玩着手中这些没有任何实用用处的蒙芯和葫芦器，我常常会静念佛家偈语："一切无常，乐少苦多。"

色即是空，空即是色，物质世界，美没有恒常不变的本体，人本身其实也是空幻不实的。如果人对于物质世界的事物贪爱过甚，其实也是一种"执"。愚痴贪爱，会成为引起人生无限痛苦的根源……

"我见青山多妩媚，料青山见我应如是。"中国人审美移情，自古就讲究"以我观物"。以"意"为美，"比德"为美，这可视为中国古代对美本质当然状态的价值界定，其中寄托了我们中国自古以来的审美理想。

美，是客观化了的主体精神，是趣味，是滋味，是事物所寓含的人化精神。

王国维云："以我观物，故物皆着我之色彩"，就是这种物我相融精神的浓缩反映。"玉美有五德"，"花妙在精神"，还有历史上梅兰竹菊和林泉山水之所以成为历代文人墨客钟爱的对象，包括当下我对葫芦器的痴迷，就是人化自然所达至的"人的本质的对象化"！

静下心来，我常常想，我们中国人喜爱虫鸣和鸣虫，也是将自然万物作为内心的观照之物。我们的灵魂，恰如一面温柔的镜子，昆虫的悲喜，在鸣叫中感动了我们，感染了我们，使得我们感受到生命的绚烂，生命的成熟，以及生命的枯竭和生命的衰落。无论是在叶落的北国，还是在叶子永不凋黄的南国，鸣虫声声，斑斓秋色，冷白瑟瑟，都会因为小虫翅膀的扇动而变得金色灿然，富丽而安详。

岁月冷风，没有摇落一地萧瑟，而是让我们怀着感恩的心情金华入眼，从生命须臾中感受永恒!

“我正月十五一定赶回家过，你赶快给我订机票吧！”

看我买得真高兴，不知为什么，萧大哥有些悻悻。

别光自己高兴啊，同乐乐嘛。扭头见萧大哥胖脸含嗔，我赶紧为他打电话订票，订机票，订头等舱机票。

您猜怎么着?

深圳到天津，深圳到北京，正月十四那天头等舱机票，全部售罄!

如此一来，萧大哥除了死灰复燃的颈椎病，真没什么东西可带回家乡炫耀的!

唉……

第六章　那芬芳的岁月

大概2002年的时候，老婆大人去越南旅游，回到深圳后，翻拣“战利品”，信手“赏”了我一串糟木头一样的珠子手串，说是这次带回来的旅游“好东西”。

手持如此黄不啦唧、白不啦唧、似乎还有些黑不啦唧一串东西，和我“历史记忆”、“人生记忆”中的物事大相径庭。为此，我连昧良心敷衍说声“不错”的想法都没能产生。

但女菩萨“赏”给的东西，也不能无语对之，只得把“沉香手串”接过来，缠在手腕上，嗯嗯数声，才憋出四个字：“挺合适的。”

眼见我这种“被奸打呼噜”无感觉表现，老婆诫嘱一句：“即使你不喜欢，也要留着这串珠子，是沉香的！沉香手串啊，别瞎送人啊……”

确实，我这么多年自己各种市场受骗买回来的许多东西，但凡腻了，旧了，不喜欢了，或别人喜欢了，我都会送人，随手散尽，眼不见心不烦嘛。

即使我真的不喜欢，很不喜欢这串烂木头珠子，我还是随口“礼貌性”问了一句：“这么一串东西，多少钱啊？”

“5000。”

“啊?！”恰如被电灯泡烫了鸡鸡一样，我差点跳起来。

“5000？！这么一串烂木头珠子，5000？！”

是自己的眼睛欺骗了我，还是我的耳朵欺骗了我，还是老婆大人被越南黑心导游欺骗了呢？咬牙切齿之际，我恨不得打、打……自己两下，眉挑眼瞪，心中如赵本山一样暗骂：这败家娘们儿!

“嚷什么嚷，叫什么叫，还‘烂木头珠子’？沉香，懂吗?是沉香！”

女菩萨声音一高，自然气焰就高；人家气焰一高，我高傲的头颅就肯定要低。

俯身暗自思忖，毕竟人家大老远从越南那疙瘩带回来的纪念品，贵就贵了，被人蒙也就被人蒙了，破财免灾，破财免灾，也是人家一片心意嘛。

至于老婆大人诫嘱我别胡乱送人，其实大可不必——如此一串还没戴上就显得脏乎乎的木头珠子，我哪里好意思送人！哼，送人家钟点工清洁工都不会要。送这种东西给人，与其说是讨好人，不如说是得罪人。

于是，如此旅游纪念品，我也就是当着女菩萨的面戴了二十分钟，趁她稍一不备，我就把这串珠子扔到家中一个放杂物的抽屉里面了。

这么多年来，女菩萨每次去香港、外国啥的，都会给我带来许多精细、奢侈、无用的东西，比如各种眼花缭乱的名牌领带，比如昂贵无用的威尼斯玻璃，比如比水晶还贵很多的台湾琉璃器，比如“低调”奢华的珍稀袖扣——我尤其痛恨名牌领带和袖扣！每条成本不超过80人民币的领带，贴个爱马仕、登喜路的标牌，价格就翻上几十倍！特别是袖扣，两个花里胡哨的非贵金属的金属制品，小棺材一样，里三层外三层包着，就能产生豪华奢侈教养气息？这种东西，别说我见外宾，即使我有机会见克林顿、奥巴马这样的名牌大老外，也绝对不会佩戴它们——太无聊，太娘娘腔，太做作了！

可是，相对那些精细、无用、奢侈的东西，毕竟它们还有牌子，还有盒子，还有面子，还能在某个时刻拿出去当作礼品送给某个真心喜欢这些无聊玩意儿的朋友。

这串“脏”木头珠子手串，反正我看不出任何价值，也不懂它有什么功用和价值。

难道，我真不知道“沉香”是什么东西吗？

也不是完全不懂，我很早就知道这个“沉甸甸”、“血淋淋”的词儿——沉香！

紫烟一气凌碧霄

从2003年开始，我在互联网上以“赫连勃勃大王”为笔名，从两晋南北朝写起，开始书写历史。直到2010年，我撰写并出版了8本长达500万字的中国断代史系列。其间，读书无数，钩沉史籍无数，人名、地名、物名，万千斑斓。而“沉香”这个词儿，确实在我眼前出现不少次。

史料，汗牛充栋，沉香，对这种烧钱的东西，我本人还真没有直观认识。所以，一直以来，我只把沉香当作古代皇家贵族奢侈放纵的一个符号而已。

沉香何时首次出现在中国史书中呢？不少学者说是出现在汉朝史籍中，说西汉美女姐妹花赵飞燕、赵合德都使用这种东西。但言及原始史书文献中如何描述，皆语焉不详。仔细钻研发现，还是现在学者不读书、读书不细的原因——所谓“赵氏姐妹爱沉香”的“史料”，不是出现在汉朝史籍里，而是出现在明朝时期朝鲜半岛文人（无名氏）所撰《文苑楂橘》中：

婕妤（赵合德）奏书于后（赵飞燕）曰：谨奏上三十六物以贺。金屑组文茵一铺，沉水香莲心碗一面，五色同心大结一盘，鸳鸯万金锦一匹，琉璃屏风一张，枕前不夜珠一枚，含毛绿毛狸藉一铺，通香虎皮檀象一座，龙香握鱼二首，独摇宝莲一铺，七出菱花镜一奁，精金环四指，若亡绛绡单衣一袭，香纹罗手藉三幅，七回光莹肪发泽一盎，紫金被玉香炉三枚，文犀辟毒筋二双，碧玉膏奁一合……

后（赵飞燕）报以云锦五色帐，沉香水玉壶。

婕妤泣怨帝曰：“非姊赐我，死不知此器！”

帝谢之，诏益州留三年输，为婕妤作七成锦帐，以沉水香饰。

看这些文字，赵氏姐妹互相送礼的奢侈用品，真是琳琅满目。而这本书呢，根本不是朝鲜文人原创，而是当时半岛一个酷爱中华文明的文人小圈子根据明朝文人同名小说《文苑楂橘》传抄翻录而成书。

《文苑楂橘》原书内容，大概更加丰富杂芜，经朝鲜人选摘后，至今仅存二卷，都是汉语文字，现藏于韩国鲜文大学中文系。

也就是说，所谓"'沉香'一词在汉朝史书中首次出现"之说法，乃当今历史学家望文生义，把明朝小说当正史了。

那么，汉朝有"沉香"吗？一本东晋时代托名"葛洪"的著作《西京杂记》，确实言及赵飞燕喜欢香料："玉几玉床白象牙簟绿熊席，席毛长二尺余。人眠而拥毛自蔽，望之不能见。坐则没膝，其中杂熏诸香。一坐此席。余香百日不歇。"

也就是说，汉朝赵飞燕、赵合德姐妹使用的香料中，可能有沉香，但《西京杂记》并没有确切言及沉香。这本托名著作，应该是东晋无名氏杂抄汉魏六朝佚史所成，其中所述西汉之事，怪诞不经，多不足信。但如果拿这本书当小说看，那就很有趣味了。

历史迈入西晋，沉香肯定已经成为当时王公贵族的高级奢侈品。在南朝刘宋宗室临川王刘义庆所编《世说新语·汰侈》中，有如下记载："石崇厕常有十余婢侍列，皆丽服藻饰，置甲煎粉、沉香之属，无不毕备。"

也就是说，西晋大豪族大名士石崇，家里已经使用作为当时极品奢侈品之一的沉香。而《拾遗记》中，还记载他使用沉香末铺在象牙床上，赏观美姬莲足轻踏，以为笑乐：“(石季伦）又屑沉水之香，如尘末，布象床上，使所爱者践之，无迹者赐以真珠百琲，有迹者节其饮食，令身轻弱。故闺中相戏曰：‘尔非细骨轻躯，那得百琲真珠？’”

遥想南朝时代，距离西晋东晋不是太远。刘义庆的记述，应该是根据史料或者文人笔记而成，未必空穴来风。

五胡中霸据中原的后赵魔王羯族石虎，也是玩香大家，他的皇宫内洗澡堂子里面都放入包括沉香在内的各种香料：

> （石虎）又为四时浴室，用鍮石珷玞为堤岸，或以琥珀为瓶杓。夏则引渠水以为池，池中皆以纱縠为囊，盛百杂香，渍于水中。严冰之时，作铜屈龙数千枚，各重数十斤。烧如火色，投于水中，则池水恒温，名曰“焦龙温池”。引凤文锦步障萦蔽浴所，共宫人宠嬖者解蝶服宴戏，弥于日夜，名曰“清嬉浴室”。浴罢，泄水于宫外。水流之所，名“温香渠”。渠外之人，争来汲取，得升合以归，其家人莫不怡悦。(《拾遗记》)

沉香，香气馥郁，确实能让中国士大夫体味到某种不可言传的含蓄优雅，符合中土士人的审美情趣。佛家经典《楞严经》记载："纯烧沉水，无令见火。"为此，南朝梁国皇帝梁武帝萧衍从供佛仪式中得到启发，认为沉香具有纯"阳"之性，将它首次用于南郊明堂的祭天大礼中，并继往开来，形成正式礼制：

梁武帝制南郊，明堂用沉香，取天之质，阳所宜也。北郊用上和香，以地于人亲，宜加杂馥，即合诸香为之。梁武祭天，始用沉香，古未有也。(《北户录》)

入隋之后，史书中对于沉香的描述，不绝如缕，而且基本都为了衬托或者抨击反面人物的骄奢淫逸而加以记述。

隋朝权臣杨素，"宅内造沉香堂，甚精丽。新泥堂讫，闭之三日，后开视，四壁并为新血所洒，腥气触人。……后素亦竟以毒毙"。(《大业杂记》)

隋朝开皇十五年（595），黔州刺史田宗显为了礼佛佞佛，"造大殿一十三间，以沉香贴遍，中安十三宝帐，并以金宝庄严，又东西二殿瑞像所居，并用檀贴，中有宝帐花炬。并用真金所成，穷极宏丽天下第一"。(《三宝感通录》)

隋炀帝弟弟秦王杨俊，浪荡公子大玩家，"盛治宫室，穷极侈丽。又为水殿，香涂粉壁，玉砌金阶，梁柱楣栋之间，周以明镜，间以宝珠，极荣饰之矣。每与宾客妓女弦歌于其上"。(《隋书》)

隋朝有个和尚"筹禅师"，玩而悦之，喜欢喝沉香饮品，"常在内供养，造五香饮。第一沉香饮，次檀香饮，次泽兰香饮，次

丁香饮，次甘松香饮，皆有别法，以香为主”。(《大业杂记》)

在中国历史上，隋炀帝更是沉香消费的最大豪客，由于他爸爸隋文帝征伐林邑（今越南中部）获得了不少沉香原料，所以炀帝每年除夕都要在宫廷内外烧沉香取乐，成百车地烧燃沉香，骇人心目：“每至除夜，殿前诸院，设火山数十，车沉水香，每一山焚沉香数车。……以甲煎沃之，焰起数丈，香闻数十里，一夜之中，用沉香二百余乘，甲煎二百余石。”(《杜阳杂编》)

到了唐代，从始至终，沉香木都是富贵荣华的符号和象征。

女皇武则天堂姐的儿子宗楚客，贪得无厌，享尽人间鸿福，他家里用沉香装修的墙壁，让太平公主都自愧弗如，觉得自己堂堂大唐首席公主都白活一辈子：

> （宗楚客）造一新宅成，皆是文柏为梁，沉香和红粉以泥壁，开门则香气蓬勃。磨文石为阶砌及地，着吉莫靴（高级皮靴）者，行则仰仆。（宗）楚客被建昌王推得赃万余贯，兄弟配流。太平公主就其宅看，叹曰：“看他行坐处，我等虚生浪死。”(《朝野佥载》)

唐明皇与杨贵妃，作为中国历史上顶级奢侈品的消费符号，拿沉香在宫内盖亭子，这两人在沉香亭内赏木芍药，召李白为新词。李白奉上《清平调》三章，第三章中有句：“名花倾国两相欢，常得君王带笑看。解释春风无限恨，沉香亭北倚栏杆。”

杨贵妃堂兄杨国忠弄权，更奢靡无度，耗尽大材起沉香阁，“用沉香为阁，檀香为栏，以麝香、乳香筛土和为泥饰壁。每于春时，木芍药盛开之际，聚宾友于此阁上赏花焉。禁中沉香之亭，远不侔此壮丽也”。(《开元天宝遗事》)

五代时，后唐内乱覆亡，唐庄宗几个儿子削发为僧避乱于蜀地。由于自己老婆是后唐的福庆公主，后蜀皇帝孟知祥爱屋及乌，就厚待公主这些娘家人，赠予他们沉香制作的饭钵和勺子。可见，此时沉香越少越贵了：“厚待犹子，赐予千计，敕器用局以沉香降真为钵，木香为匙筯，锡之。”(《清异录》)

五代十国时期南楚君主马希范，横征暴敛，奢侈到把沉香当作建筑木材：“构九龙殿，以沉香为八龙，各长百尺，抱柱相向作趋捧势，希范坐其间，自谓一龙也。朴头脚长丈余，以象龙角。……凌晨将坐，先使人焚香于龙腹中，烟气郁然而出，若口吐然；近古以来诸侯工奢，俗未有如此之盛也。”(《续世说》)

至于南朝后主陈叔宝、五代后蜀后主孟昶、十国南汉开国皇帝刘龑，十国的南唐后主大诗人李煜，这些亡国孱主的横征暴敛和骄奢淫逸，都可以从史书中所载他们消耗沉香的数量上得以旁证。

沉香，不是某种木头或者木材，而是瑞香科沉香属的几种树木，被真菌侵入后寄生，逐渐发生内在变化并且经过多年沉积才能形成的香脂木。这几类树木，包括马来沉香树、莞香树、印度沉香树等等。也就是说，沉香这种东西，乃沉香类本木和油脂、树脂发生生物化学变化之后才能产生的物质。这类香树木材本身，木质松软，根本没有什么特殊香味。所以，沉香的成材过程，非常非常缓慢。

钩沉史籍，可以发现，从隋炀帝到唐玄宗的100多年间，沉香的消耗达到惊人的地步。岁月荏苒，到了唐朝中晚期，昔日能够炫耀帝国国力和王公贵族荣华富贵的沉香大木，即使在首都也成为罕见之物。

宋徽宗一代词客、画家、诗人、鉴赏家，百分百享乐主义者，大概从前辈南汉皇帝刘龑“南薰殿”镂雕殿柱内置沉香行为艺术中汲取了灵感，他对熏香享乐更加发扬光大：

> 宣政宫中用龙涎、沉脑屑和蜡为烛，两行列数百枝，艳明而香溢，钧天所无也。南渡后久绝此，惟太后回銮沙漠复值称寿，上（宋高宗）极天下之养，用宣政故事。然仅列数十炬，太后阳若不闻，上奉卮问此烛颇惬圣意否？（太）后曰：“尔爹爹（宋徽宗）每夜常设数百枝……”

每夜燃烧龙涎香、沉香混合特制的蜡烛百枝，如果不用“穷奢极欲”四个字，简直不好意思形容宋徽宗的荒唐和浪费。

可见，入宋之后，沉香再次勃勃大兴。浪子皇帝流氓臣，皇帝喜欢沉香，他手下大臣自然也发扬光大之。蔡京四度入相，权倾人主，而当初获宋徽宗青睐的，恰恰是他那双书法妙手和能闻玩好沉香的鼻子。宋徽宗是昏君，指其政治与治国方面，这位爷的艺术品位臻至妙境，为上上人，自然他的鉴赏眼光不会低。所以，在宋徽宗年代，能讨这位浪子皇帝欢心需要的肯定是高妙的艺术天赋和无双的生活享受，才能让书法绘画高手和闻香识女人的"天下第一人"一见倾心。今天，诸如下三滥那种单凭陪陪领导桑拿、打高尔夫、钓鱼等"后勤"小技，在赵佶面前肯定吃不开。

宋徽宗时代，承平日久，国库中钱帛堆积。蔡京导引宋徽宗大兴土木，追求"丰享豫大"四个字，"视官爵财物如粪土，累朝所储扫地（无遗）矣"。本来，宋徽宗在国宴上想用珍稀玉器盛酒，心中还怕引起国人议论。蔡京劝告说："陛下当享天下之奉，区区玉器，何足计哉！"专拣宋徽宗爱听的说。所以，徽宗皇帝浪费起沉香来，更是责无旁贷！

蔡京本人消耗沉香，也与常人不同。他熏香，不似常人以香笼熏蒸，而是派人在堂屋旁边的屋子燃烧上好的沉香、龙涎香数炉，然后，突然撤帘，香雾如瀑，四涌而进。面对客人惊诧之色，蔡京总会对人说："香须如此烧，乃无烟气。"(《悦生随钞》、《鸡肋编》所记载略同)

当朝一品大官蔡太师家里沉香袅袅，相比一般官员士大夫，可能香气稍稍"浩瀚"了一些，我们以他熏香爱好就说他奢侈浪费，似乎有些过分了，其实也不然——根据曾慥《高斋漫录》记载，当时有一种产于真腊（今柬埔寨境内）的极品沉香，名字叫“白笃耨香”，在宋朝京城东京开封流行的时候，每两值钱二十万——“蔡京一日宴执政，以盒盛二三两许，令侍姬捧炉巡执政坐，取焚之”。

按当时宋朝市民消费水平，二十万钱，能在东京城外购买几十亩好地。而蔡爷和他的几位政务同僚一次聚会商谈，就能烧钱六十万，一百多亩地就消失在轻烟之中，可谓骇人听闻了。

徽宗、蔡京哥俩好，一起玩儿，一起写书法，一起画画，一起熏沉香，其间乐景，可以从故宫所藏的一幅名画《听琴图》看得出。

这幅国宝级画作，惟妙惟肖地描绘了一种悠然自得的贵族生活。画面构图简单，设色古雅：松荫下，瘦竹间，杂花生树，青藤遍绕，画面中一人焚香抚琴，左右分别端坐红袍男子、青袍男子，还有一名痴迷于琴音萦绕的童子，似乎在场的一切一切都入定一般，进入艺术的陶醉状态……

这幅《听琴图》，北宋“院体画”风格明显，一般都说是宋徽宗画的，画面右上角还有赵佶特有的瘦金体“听琴图”三个大字，左下角还有这位浪子皇帝人所尽知的“天下一人”印章。细细思忖，让人大起疑窦的是，蔡京所题七言绝句诗，竟然在画面正正上方，压过赵佶的题款。这，就于礼制不合了！

无论作者真假如何，画面所描绘的，肯定是赵佶、蔡京君臣一起高雅玩乐的场景。

都说坏人有恶报吧，也不一定——宋钦宗继位后，金朝军队侵逼甚急。钦宗皇帝深知其奸，把蔡京贬至衡州安置，复贬岭南。行至潭州，年老多病又自觉恶贯满盈的蔡京终于死掉，终年81岁。这位一辈子浪费、消耗无数极品沉香的老坏蛋老才子临死，还做词一首："八十一年住世，四千里外无家。如今流落向天涯，梦到瑶池阙下。玉殿五回命相，彤庭几度宣麻。止因贪此恋荣华，便有如今事也！"

蔡京身死，事未算完。其子蔡攸、蔡翛皆伏诛，蔡绦死于流放途中，"余子及诸孙皆分徙远恶郡"。报应虽不爽，却一点也不惨。因为，钦宗窜逐这些恶臣子孙后，汴京被金人攻陷，这些坏分子们因遭北宋政府贬窜而逃出大难，反倒是几个月前刚刚召还京城的从前正直大臣们的后代及家属，无不惨遭荼毒。即使有幸不死，也皆被金人掳至恶冻北方，死得更惨。想起这些事情，难怪让人觉得冥冥之中，苍天无眼！

当然，沉香享受者和浪费者宋徽宗的结局，怎一个"惨"字了得：

公元1128年盛夏的一天，一行装束奇怪的俘囚队伍被凶神恶煞的金朝兵将押送，在道上艰难行进。所有这些人，个个面黄肌瘦，男人面如死灰，女人遍体污垢，日复一日的轮奸，使她们的走路姿势呈现奇怪的外撇。凤子龙孙，帝胄皇戚，如今皆成为身披破烂羊裘的奴隶俘虏。

靠近队伍前部的一架破牛车上面，踉踉跄跄下来一位男人，大热天，仍然是一身肮脏到看不出颜色的老羊皮袄，内中没有任何衫衬，腰间系着条麻绳。如果近距离观看此人的容貌，就会发现这一张早衰的脸，正是昔日大宋帝国的皇帝——徽宗皇帝赵佶。过了一辈子精洁生活并且有洁癖的皇帝，现在沦落到连从前东京城内乞丐都不如的分上。

徽宗皇帝双腿已经麻木，喉咙冒火，当然再没有龙团凤团那样的顶级饼形压金的嫩茶，再没有云蒸霞蔚的沉香香气氤氲在鼻腔里面，他只能踮着脚，摘取路边树上的桑葚来食。

由于狼吞虎咽，老哥们差点没一下子噎死。他咳了许久，对身边跟从的侍臣曹勋说："我记得小时候两三岁当王爷时，我的乳母曾吃这种东西。当时也抓了几颗吃，食之甚美，随即被乳母劈手抢去。今天，是我这辈子第二次吃桑葚，不料落到如此境地！"言讫，徽宗皇帝泪下。

可怜之人，必有可恨之处！

作为帝王，赵佶沉溺和痴迷艺术与沉香，其本意，在于他有超越时空的哲学意识，那些笔墨芳华，那些持久、昂贵、难以言表的香气，是实现人类隔离污秽现实世界梦想的巨大手段和尝试。可惜，过犹不及，帝国脆弱的文明，不过是一种炫耀的骄傲，在野蛮人的马蹄下，连同所有的梦想和芬芳，都会被踏成齑粉！

南北混一。到了元朝，上层统治者虽然是蒙古人和色目人，依旧不改对沉香的喜爱。元朝首都大都宫殿群中，就有"沉香殿"，当然，没有文献实证，说忽必烈或者后期元朝皇帝使用整块沉香木料做殿堂。不过，元朝时代的沉香应用确实很广，饮食、医药，肯定离不开这些东南亚特产。当时的贵族士大夫和宋朝时期一样，都把焚香作为一种摆谱，是身份、地位、享受的符号和标志。就连番僧八思巴大和尚坐化后火化遗体，也大量使用沉香和檀香木当烧尸柴火。

元朝大诗人萨都剌《题四时宫人图》诗曰："锦屏三面围绣床，沉香椅上凤褥光。"为此，有当代学者望文生义，就认为元朝时期已经把沉香当顶级红木使用，开始制作椅子等家具了——"沉香椅上凤褥光"嘛。

大错特错！沉香木原木都是软木，根本不能做家具。诗中描绘，据我揣测，应该是指在凤形图案的丝织褥垫中，放入上好沉香等香料，以使得整个坐具都香气扑鼻。

最耐人寻味的，是元朝人还把沉香作为主料，做成一种流行保健药丸"异香丸"，详细配方如下——沉香一两、木香一两、丁香一两、藿香一两、没约一两、零陵香一两、甘松香一两、缩砂仁一两、官桂一两、白芷一两、细茶一两、香附一两、儿茶一两、白蔻一两、槟榔一两、人参一两、乳香五钱、檀香三钱、山奈五钱、系辛五钱、益智五钱、当归五钱、川芎三钱、乌药五钱、麝香两钱、朝脑两钱、薄荷一两、甘草八两。

这种神奇小药丸，制作工艺也很讲究，先要把甘草煮汁去滓，熬成膏，再把上面的配方中药材都细碾为末，炼蜜和膏，放在一起杵捣为丸，药丸大小如芡实。药成后，每日服用一丸，清晨以黄酒送下，忌生冷。

根据当时医书记载，初服这种药丸七日后，就能馨香遍体，身康体健，还有淡化皮肤斑点的功效。所以，今天谁犯了荨麻疹、玫瑰糠疹啥的，如果不怕麻烦，可以以此元朝沉香古方一试。

元顺帝遁逃漠北后，朱元璋建立大明。整个明朝期间，沉香依旧是顶级奢侈品。明成祖朱棣派郑和下西洋，除了访寻建文帝下落以外，对外采购是船队的主要任务，而沉香采买，是大太监为皇上要做的重中之重。

由于明朝物质水平和文明水平的提高，明朝王公贵族、士大夫阶层和市民阶层，对于沉香更是达到了沉迷的地步。

昏庸荒淫的正德皇帝驾崩，他的堂弟嘉靖刚继位，就没收正德皇帝宠臣朱宁的家产，其中金银财宝自不待言，仅仅香药一类，就查有苏木72扛，胡椒3500石，香椒30扛，沉香2盆——从这个查抄明细的比例就可以看出，当时沉香有多么贵重！

万历年间，有位扬州文人周嘉胄，著有中国香料类在当时最著名、最专业的《香乘》，这本书在“香料”专著中，几百年间，可谓无出其右者！这位周爷，考证严密，笔下香品300余种，单单沉水香一个品种，就有多达19条的最专业分析，从哲学角度，他考证沉香属阴属阳，从地理学角度和动植物角度，他也不厌其烦，该说该讲该分析的都说个遍，包括沉香的详细工艺制作流程、配方、剂量等等，无所不包。难怪到了以搜书为名大肆毁书的乾隆，也不好意思删毁这本书，基本原封不动，全须全尾收录在《四库全书》之中。

说起明熹宗朱由校，与这个缺德皇帝有关的一切事情，几乎没有一件是好事儿。

《旷园杂志》一书，曾经记载说："（明熹宗）尝于庭院中盖小宫殿，高四尺许，玲珑巧妙。"同时，还说朱由校曾在宫内做沉香假山一座，池台林馆，精雕细琢，技术之精妙，不减大匠。为此，每当这位皇上引绳弹墨、斫削得意之时，阉奸魏忠贤公公就拿上公文，奏请定夺。明熹宗当然不耐烦，马上挥手道："朕已悉矣！汝辈好为之！"由此，诸阉得肆其奸。

当然，阉人太监并非都是坏人，与魏忠贤同时代的公公刘若愚，就是个品性良善的好公公。

刘若愚原名叫刘时敏，良家子弟，他父亲还是明朝辽阳协镇副总兵。16岁时，这位刘爷做了"异梦"（估计是伴龙上天那种梦），挥刀自宫。结果，还真能伴"龙"了，身残志坚，被选入皇宫当公公了。由于知书达理，他深受当时司礼大太监陈矩喜爱。

明熹宗时代，权阉魏忠贤专擅朝政，他哥们李永贞任司礼监秉笔太监，对刘若愚这个当时很有时望的不合作者颇有猜忌。为韬光养晦和自我激励，刘时敏改名为"刘若愚"。

崇祯帝继位后，清算魏忠贤阉党，不分好坏，太监抓起一大堆，刘若愚也被处"斩监候"。看到真正魏忠贤阉党骨干分子王体乾等人以财买平安逍遥法外，刘公公悲愤难忍。正好他有文才和文采，现实版司马迁一个，就在监狱中发愤著书。十来年间，他写成极具特色的另类明朝真史《酌中志》，这本书，除了详细记载明朝帝宫内的制度、文物、礼仪等不少罕见的琐细史料之外，还有不少揭发魏忠贤阉党横霸嚣张的细节。

我前几年写明朝断代史《纵欲时代》，当时就注意到刘若愚书中有关奢侈品沉香的史料，其中极力刻摹明熹宗奶妈、魏忠贤情妇客氏的僭妄跋扈之态：

> 按自天启元年起，至七年止，凡客氏出宫暂归私第，必先期奏知，先帝传一特旨，某月某日"奉圣夫人"往私第云云。至日五更，钦差乾清宫管事牌子王朝宗或涂文辅等数员，及暖殿数十员，穿红圆领玉带，在客氏前摆队步行，客氏自咸安宫盛服靓妆，乘小轿由嘉德、咸和、顺德右门，经月华门至乾清宫门西一室，亦不下轿，而竟坐至西下马门。凡弓箭房带简管柜子，御司房、御茶房请小轿管库、近侍、把牌子、硬弓人等，各穿红蟒衣窄袖，在轿前后摆道围随者数日人，司礼监谈班监官、典簿、掌司人数等。文书房官咸在玉宁门内跪叩道旁迎送。凡得客氏目视，或颔之，则荣甚矣。
>
> 内府供用库大白蜡灯、黄蜡炬、燃亮子不下二三千根，轿前提炉数对，燃沉香如雾。客氏出自西下马门，换八人大围轿。方是外役（宫外轿夫）抬走，呼殿之声远在圣驾游幸

之上。灯火簇烈照如白昼，衣服鲜美俨若神仙，人如流水，马若游龙。天耶！帝耶！都人士从来不见此也！

“轿前提炉数对，燃沉香如雾。”可见，客氏每次出宫回家，都要浪费无数上好沉香，雾气香浓，穷极奢侈！

老娘们这种威风摆了七八年，明熹宗一死，她的死期就到了。崇祯皇帝上台后，查出客氏和魏忠贤还有在宫内养育外姓婴儿准备冒充明熹宗帝胤的阴谋，大怒之余，下旨把客氏以大棍子活活打成肉泥，还不解恨，再挫骨扬灰。唉，由此，这位奶妈界第一人，终于肉飞魄散，驾棍西归……

明朝气数尽，辽河铁马来。清朝立国，爱新觉罗家族的爷们，自顺治之后，康熙、雍正、乾隆，都是喜爱附庸风雅之人。沉香，必然成为皇家必需品。

清朝时期，沉香在中国已经被严格区分为15种，其实也是等级分类：一是黄沉（又名铁骨沉、乌角沉）；二是生结沉；三是四六沉香；四是中四六沉香；五是下四六沉香；六是油速；七是磨料沉速；八是烧料沉速；九是红蒙花铲；十是黄蒙花铲；十一是血蒙花铲；十二是新山花铲；十三是铁皮速；十四是老山牙香；十五是新山牙香。（屈大均《广东新语》卷二十六，李调元《南越笔记》卷十四）

可见，沉香之癖，已经深入士大夫和富民市民阶层骨髓。

泰山封禅，得文治武功到达一定境界的皇帝才敢干，乾隆肯定要做这样的事情，而且一做再做连着做，亲到泰山有10次之多。为了留名，他肯定不能空手去泰山，总共留下“咏颂”140多首，碑碣130多块。可这些东西，后世没人感兴趣，知道的人不多。

可是，乾隆在1762年“御赐”岱庙的一对儿沉香狮子，很有名，特别有名，成为“泰山三宝”之一（其余两件分别是温凉玉圭和黄釉青花葫芦瓶）。这对狮子，憨态可掬，相貌狰狞中透着可爱，后腿蜷坐，狮尾高翘，极其可爱生动，由大块沉香精雕细刻后粘合而成。

乾隆确实爱沉香，当时留下许多如意、壶瓶、朝珠、雕件等沉香工艺品。不过，当时好而大的沉香木太罕有了，一般宫廷皇室都让匠人把沉香做成各类工艺精细的文房器物，和刻雕犀牛角工艺差不多，一般使用浅浮雕和拼镶工艺制作沉香艺术品。

领导爱沉香，作为第一下属的和珅肯定也爱啊。

现在北京恭王府前身，就是原来和珅府邸。其中“嘉乐堂”，在和珅居住时就叫这个堂名，这位公款大爷至今还有《嘉乐堂诗集》存世。现存原和珅府邸西路的四合院内，主体建筑为“锡晋斋”和“葆光室”。尤其是锡晋斋，厅内存有雕饰精美的楠木隔段，乃当初和珅仿紫禁城宁寿宫式样修建。这位相爷当初居住的时候，厅内墙壁还贴有不少沉香木，极尽奢华。当然，如此超高级装修，自然也成为嘉庆帝判和珅“僭侈逾制”的一大罪状。日后和珅被丝绳赐死，未必不和沉香有关……

观史沉吟，沉香，这种奢侈极品，似乎为不祥之物。爱上这种东西，败家亡国，事事如昨……

肯定有看官不服——哪挨哪啊，人家乾隆不是活得好好的，死得也好好的吗?

确实，乾隆活得好好的，死得也好好的。但别忘了，他躺在装满金银珠宝地下大冰箱里面，全须全尾闻着沉香本来挺好。死了都100多年了，也难免遭受报应——忽然一天，炸药巨响，老家伙的尸身被孙殿英将军刨出来，尸身践踏如臭泥！

真实历史记忆中，静室焚香，闲中雅趣，莫过于冒辟疆、董小宛伴侣以及沈复、陈芸夫妇的哀婉凄美。

于我而言，我倒更喜欢冒辟疆、董小宛这两个人，冒辟疆虽然是蒙古后裔，纯然汉化，想象中的这对神仙伴侣身着大汉衣冠，巫山云雨，缠绵缱绻，总比《浮生六记》中沈复脑后大辫子、陈芸马甲俗旗装要如诗如画得多。

> 姬（董小宛）每与余静坐香阁，细品名香。宫香诸品淫，沉水香俗。俗人以沉香著火上，烟扑油腻，顷刻而灭。无论香之性情未出，即著怀袖皆带焦腥。沉香有坚致而纹横者，谓之横隔沉，即四种沉香内草沉横纹者是也。其香特妙，又有沉水结而未成，如小笠大菌，名蓬莱者。余多蓄之，每慢火隔砂，使不见烟，则阁中皆如风过伽楠，露沃蔷薇，热磨琥珀，酒倾犀斝之味。久蒸衾枕间，和以肌香，甜

艳非常，梦魂俱适……（冒辟疆《影梅庵忆语》）

伴侣情深，玉人一对。当玉帏四垂之时，红烛高烧，鼎炉袅袅，董小宛以独有的“隔砂慢火燃香法”烧燃沉香，静参鼻观，情调倍增……

金蟾啮锁一寸灰

讲了有关沉香的“历史记忆”，我该说我本人童年时代在天津的“人生记忆”了。

小时候，我父母房子在马场道，而我奶奶呢，住在公议大街附近的老宅子里面。由于自幼跟我奶奶长大，我几乎所有童年的记忆，都和河东区公议大街附近一带有关。更何况，我上的小学，校名就叫“公议大街小学”。

“公议大街小学”校舍，现在回忆起来，还真挺气派：四围青砖三层楼，堡垒般坚固，大概是上个世纪初兴修的建筑。

我上小学是上世纪70年代，彼时，老楼建筑依旧坚固无比——这座大楼还真没法不坚固，它本身从前就是天津一个有名的大典当行（可能是“天兴当铺”一个大分号所在）。

在我残存的童年记忆之中，在公议大街上面一间狭窄的临街房间内，住着一对夫妇。老头当时大概70多岁，半身不遂，基本瘫痪在床。他的老婆，淡眉细目，应该快50岁的样子，每天忙前忙后，伺候老头吃喝起居。他们姓什么，叫什么，我已经完全不记得，只记得他们夫妇有一个统一外号：“无人道”！

老头儿从前是当铺的东主之一，整条街道的房子大部分都是他们家财产。难道，这“资本家”老头儿和他老婆坏事做绝，天良丧尽，才被当时当地的人称为“无人道”吗？

完全不是！

作为当铺东主，大资本家，据说老头年轻的时候挺良善，挺和气。他老婆也是大家闺秀出身，待人有礼。即使那年代落魄到那份儿上，那女人天天也是一身补丁衣服干干净净。从公私合营开始，老头儿一家境遇越来越不行，房子慢慢都被迫分给附近穷人了，或者被穷人霸占了。尤其“文革”一开始，老头三天两头挨打挨斗。唯一一个闺女，不堪欺辱，还上吊自杀了。如此世道如此苦，难怪老头半身不遂。

穷到这份儿上，潦倒到这份儿上，周围的穷人子弟们还不停拿这对老夫妇找乐子。每天下午放学，都有几个半大不小的孩子站在他们家门口附近，用不大不小的砖头砍砸他们家的破门或者窗户玻璃——在我记忆中，似乎天天如此。

那些孩子的父母长辈就住在附近，也把这种事儿当作穷困时代的唯一娱乐，听到玻璃碎门乱响，都会出门袖手乐观。

凄冷寒风之中，每当有砖头砸入屋内，里面的老头都畏缩挤在床角落，他老婆就会含泪挡在屋门口，手里拿着一把扫帚挥挡。这女人也不会骂街，气愤难平之际，只能高声呼喝以作回骂之声，一口一个“无人道！”——所以，当时我们那些住在附近的孩子提起这对夫妇，就以“无人道”唤之。

我当时还小，没有加入过扔砸石头的行列，而且心中也很害怕那种行为，特别是那老头儿痛苦的呻吟声，真让人心惊肉跳。

一天晚上，我和小学同学“韩大头”路过“无人道”家，透过千疮百孔的玻璃窗，我们看到骇人一幕：“无人道”老婆，正从屋内角落处捡起一块木头一样的东西，吹吹土后，用水洗净，然后用刀细切，放入老头儿嘴里喂给他吃……

此种情景，对于我们当时的两个小孩来说，肯定大骇大奇。恰好，“韩大头”他奶奶，就是我们当地街道类似现在街道主任职务的“韩小脚”。于是，他带着我一溜烟跑回家，马上向他奶奶报告情况：老头正在吃“木头”，难道要吞木自杀不成？

乍听孙子一学舌，“嗷”的一声，“韩小脚”放下饭碗，召集几个铁杆小脚儿侦缉队老太太，兴冲冲恶狠狠而去，直接冲入“无人道”家中。

噼里啪啦大嘴巴子一顿猛扇，嘴里一口一个“老王八蛋”、“老破鞋”地骂，“韩小脚”和她的小脚老太太队员，在那对弱者面前淫威逞尽。

过足打人骂人的瘾之后，“韩小脚”等人从屋子墙角处找出那堆“木头”，放在大街上，一把火都烧了。

“老坏蛋，老破鞋，现在还敢吃沉香！……”“韩小脚”望见火起，依旧愤愤不平。彼时彼刻，是我平生第一次听见这个“词儿”——沉香！

火起未几，整条街道香烟缭绕，氤氲着让人这辈子都难以忘怀的莫名香气……

当然，童年的我，当晚惴惴，不可能为这件事情去问我奶奶，也不敢问我奶奶。在我心中，我也是“无人道”夫妇挨打的“帮凶”之一——毕竟我和“韩大头”一起发现“无人道”夫妇吃“木头”的事情啊……

长大之后，有一次和我父亲聊天，言及“无人道”夫妇。他也忘记那对夫妇姓什么了，但很清楚他们的来历以及和“韩小脚”的恩怨：

“老头的那个老婆，大概是三房，大老婆、二老婆解放前病死了，明媒正娶的良家妇女。现在想起来，老头落难那么多年，那女人一直陪着他，不离不弃的，难得，难得……

“‘韩小脚’那个婆娘，从前是天津‘落马湖’五等窑子里面的窑姐儿。‘落马湖’在三条石大街附近，是当时天津最低档的妓院。那附近好多机器厂，机器厂里面上好的机器，那时候都用香油润滑。附近干粗活的工人，常常会从厂子里面偷香油。他们只要拿一壶香油，就能到五等窑子里面嫖一次……

“‘韩小脚’当时‘靠人儿’，天津术语叫‘吃花台’，也就是暗中喜欢上了一个嫖客，就是身粗力大的‘韩大个’，她就天天偷妓院内的吃食给‘韩大个’吃，算是吃里扒外了……幸亏赶上解放，窑子解散，‘韩小脚’才没被窑主打死或者卖掉。当时‘韩大个’在公议大街当铺附近淘地沟捞泔水为生，穷得叮当烂响，还是找当时当铺东主‘无人道’借了一些钱，才能娶成‘韩小脚’。‘韩小脚’本不姓韩，嫁给‘韩大个’后，大家才叫她‘韩小脚’……”

“韩小脚那矬墩子一个，还当过妓女？”我听后很吃惊。记忆之中，那个老娘们一脸横丝肉，镶几个金牙，面目可憎。

“唉，人都有年轻的时候。‘韩小脚’当窑姐儿时，据说长得还行，白白嫩嫩的。我小时候，还看过她们窑姐儿‘遛弯’呢。这‘遛弯’，也是一个妓院术语。四五等窑子里面的妓女，除了冬天不出来以外，在春、夏、秋三季傍晚五点多钟，吃完晚饭，会被窑头、伙计带着，到大街上招摇过市，叫‘遛弯’。不是整齐排队逛，是嗑着瓜子，拿着花手绢儿，随意地走，随意地遛，目的就是招嫖，活动广告嘛。遛一个钟头左右，这些人再回到窑子门外，坐在小板凳上等客儿……”

“如此说来，‘无人道’夫妇还是‘韩小脚’恩人呢，怎么会对从前的恩人这么狠啊……”

大惑不解之余，我又向我父亲问起当时“无人道”夫妇家里最后被“韩小脚”带人烧毁的那些“木头”，也就是沉香的事情。

我父亲摇头，说他也不清楚。“你这么大的岁数，从小读课本，脑子里面都是书本里面的残存。别以为‘劳动人民’都多无辜、多善良，唉，那些从旧社会过来的人，复杂着呢，富人不一定坏，穷人也不一定好……嗯，那沉香吗，是一种很贵的中药，‘无人道’夫妇，解放前不仅仅是当铺的东主，似乎他们家在河东区还有几家大药店。解放后，金银财宝他们家肯定剩不下，沉香那种看上去像糟木头的东西，或许懂行的不多，就没人抢没人要，大概才残留下来。你小时候看到那一幕，估计是那女人正给老头儿拿沉香当药吃治病呢……”

可见，我童年时代残余记忆中有关沉香的这段往事，也不是什么好事儿……

观至此处，可能又会有看官问：你赫连勃勃大王写书看过沉香，小时候闻过沉香，怎么你老婆从越南买沉香手串给你，当时就没有任何感觉呢？

问得对，问得好！

我之所以没有感觉，就是因为当时那串珠子和我印象中的沉香大相径庭！我历史记忆和童年记忆中的沉香，应该都是大块糟朽木头形状的，根本和当时我老婆拿给我那串袖珍小木珠子对不上号儿！

寒暑忽流易，岁月掷人去！

2010年的一天，距离我老婆从越南给我买沉香手串后的八年之后，我才真真切切对沉香有了崭新的认识，包括形状、质地、价格的崭新认识。

那是一个周末的下午，我和老友常务志、赵天授去深圳黄宝岭古玩城闲逛。

左看右瞧，二楼一家新开张的匾额为“博古斋”的店铺中，一个妖娆身段的女子首先吸引了赵天授的目光。我们这位赵天授兄平素喜欢给女人拍摄人体，在同行中号称“赵大尺”，当时我还不清楚这个外号的涵义，后来才得知，“大尺”者，“大尺度摄影”之谓也。

见有银装素裹的美丽胴体，赵天授自然怦然心动，吸溜着口涎，他拉着我和常务志走进那间刚刚新装修的新开店铺。

门一开，香气四溢，我闻到了一种莫名的芬芳。这种香气，似乎从遥远的记忆深处涌上，馨香无比，穿透了岁月，从我鼻孔中缕缕而入——恰如普鲁斯特的小马德兰点心一样，味觉和嗅觉是互通的，是和人深处的记忆及潜意识相联系的——暗香氤氲中，我想起了天津公议大街上被“韩小脚”点燃的那堆木头的香气——对，沉香木！

“哇，现在沉香好贵啊，我老婆最喜欢闻这种东西了。”常务志不打自招，犯了一个在古玩店买东西的大忌讳，也就是说出自己喜欢某种东西。

你喜欢哪种东西，店主肯定要把哪种东西贵卖给你！

店里妖妖娆娆的女人很年轻，坐在那里风情万种，招呼我们喝茶，闻香。在她面前，放着一台手提电脑，上面还净是些英文页面，显示着高级的层次和修养。

我们甫一落座，屏风后面闪出一个年轻男人，显然是男店主人了。此人瘦高个子，背略驼，留着艺术家一样的小山羊胡子，在室内还戴着一顶鸭舌帽，很另类很艺术的样子。此人自称姓谢，说起话来，柔声细气，态度无比客气和谦恭。

“奇楠沉香，古代叫‘琼脂’，要积三辈子的阴德，才能闻得到奇楠香！要修八辈子福气，才能品饮奇楠香加料的茶叶！”对常务志兄笑意殷殷，女子为我们各自端上一杯香茶。“您知道吗，市场上，就这几天，一块不到两斤重的奇楠原木，1500多万元卖了，那价格都能买座豪华别墅！”

“我懂，我懂，奇楠是沉香中极品，非常稀缺非常稀缺。”常务志兄不懂装懂，做出一副很内行很在行的样子。他摸着桌子上面一块类似山子形状的沉香，说：“据说奇楠一般分为黑、红、黄、绿、白几类，越南出产的奇楠最好，每克都涨到1万元左右了。嗯，你这块东西不错，瞧，外观细腻，有泛在表面的油斑，用手摸摸，还不油腻不脏手……嗯，你炉子里面的沉香味道也好，若隐若现的，一点都不冲。烟色白白的，一条直线向上丝丝散发，幽香，幽香，好沉香……”

幽暗光线下，赵天授也探头探脑。当他看到妖娆女子屏风背后出现一爷们儿，兴趣顿失，大屁股如坐针毡，很坐不住的样子。

“梅爷，这个红木大桌子不错，苏工啊，问问价儿，考虑拿下！”

常务志劝我。根据我往昔经验，但凡他劝我买东西，肯定是他想买东西。先让我买大头儿，然后他接着买东西就会便宜些。

搭眼一看，跟前的红木八仙桌确实看上去不错，形制标准，老虎腿，用料扎实厚重。这么多年，我在广东买的几个八仙桌都是广式的，还真没有苏式做工。

“第一次做生意，我赔着卖，再低就不讲价了不卖了。”小胡子店主慢声细语，给出一个数儿：“46000。”

哦，我和常务志一对眼神，皆心中一惊。不是太贵，而是太便宜了——如此粗腿大拉钱纹饰的苏工老酸枝八仙桌，随便在网上查或者在北京、苏州、上海的古玩店里面看，最低都是七八万的价儿。

我脑子一热，手就开始松了。此时，我忘记了买古玩最关键的一个警语：便宜，就是当；越便宜，就越是一个大当！

想在深圳的黄宝岭古玩城捡漏，日后思之，几乎就是天大的笑话。

“赶紧拿钱，赶紧刷卡！”老友常务志催命一样劝我买。他在我和男店主讲价的当口，已经和女店主谈好了一公斤“顶级”沉香线香的价格，最低价 15000。而这个价格，要以我 46000 买八仙桌为基础，是“一枪打”的价格。

女店主似乎不急于催我买桌子，而是秋波频转，和常务志、赵天授兄大谈特谈奇楠沉香：“奇楠香和普通沉香区别好大，上品中的上品，上等沉香入水就沉，你看看我这几片上等奇楠，看到了吧，放到水中半沉半浮，瞧，奇楠黏韧性特强，能用指甲掐下来呢。嗯，油脂就是多，烧起来香气更甘甜，更浓郁。闻到了吧，香味中是否有清凉气息？”

“好，好东西，买！”常务志刷卡。

趁着我们买东西，赵天授也看中了一件奇异的物件——一座民国时期大户人家使用的大红酸枝马桶！说是马桶，不如说是个马桶罩，肯定是当时崇洋的商人女眷罩在木质便桶外面当装饰用的，并非从抽水马桶拆卸下来的木料。

如果从稀罕角度说，这酸枝马桶挺少见，板厚形怪，上面的老酸枝盖板都有一寸多厚。从民俗角度看，博物馆啥的完全可以收藏，但作为普通收藏者个人，把这么一个盛装了几十年排泄秽物的东西买回家，真不知道赵天授是怎么想的。

当然，我这位赵大哥真是挺奇特的一个人，有一次逛地摊，他花 300 块还买过一张民国时候的全家福老照片，上面的人，都是西装革履的，男人头发梳得站不住苍蝇，女人腰身被旗袍紧裹如花瓶，人五人六的一家人，好不显赫威风。没多久，我们就看到他把照片装框，摆在自己办公桌上面炫耀，逢人就说他们家从前多阔多有钱。最后，还是我好心劝他说，那张照片上有伪满洲国图徽，肯定是当时伪满官员的“全家福”照片。你号称沪杭贵族世家后裔，又在武汉长大，和东北那疙瘩没有任何联系，但凡有人细问，肯定露馅……

别说，这位赵天授赵兄买的这件酸枝马桶真便宜，才 4000 块钱，还是找我先借钱，让我一起帮他刷卡。生意做成后，看着他捧抱着一个巨大的红木老马桶爱不释手的丑态，让人大发一噱。

我呢，看到常务志和赵天授两位老友都消费，自然也糊涂了，一时糊涂！

跟着常务志，帮着赵天授，我也刷卡了，也花钱了，把所谓的苏工老酸枝八仙桌买回去了。

日后追思，我当时之所以在深圳黄宝岭这对80后夫妻骗子那里一时兴起买了那八仙桌，价格便宜是一个因素，常务志兄死催是一个因素，还有另外一个因素，那还是让我当时意乱情迷的主要一个因素——忽然之间，发现沉香这么好，这么贵，我猛然想起了八年多前我老婆从越南旅游回来给我带回的那串沉香珠子手串——从质从色，它太像“奇楠”了！

但那串手串，到底现在在哪里了呢？

脑子里面正是不停翻滚着八年前那串珠子的影像，我才被常务志兄和店主忽悠着以为捡个大便宜买那个八仙桌。梦游一般，我稀里糊涂地刷卡交钱把桌子抬回了办公室——也只能暂时放到办公室，号称“自带办公家具”上班。因为，家里满满当当堆了不少老家具，已经放不下这么大件的东西。

够沉，够重，够扎实。

雇人把大八仙桌抬到办公室之后，我脑子里面依旧萦绕着奇楠沉香手串。思量复思量，我开始沏茶，在那张新买的苏工老红木桌子上面沏茶……

“坏了，你这个桌子不对！”

常务志首先发现了问题。他用纸巾揩抹着桌面，上面都是殷红的颜色——由此可以断定，那张桌子是新的，而且肯定不是酸枝的。因为老酸枝和新酸枝，都不会掉颜色！

赵天授仰头，开心哈哈大笑。花枝乱颤之余，他低头怜爱地看着他自己百分百包真的大红酸枝马桶，粲然解颐。

常务志一脸沉痛，埋怨说："店里光线太暗，离开的时候外面天又黑了，我们又没看桌子底板，唉，我们两个，都看走眼了……"

我暗中切齿。奶奶的，不是都看走眼了，都是你催命催的！

还好，没过多久，待常务志把他买来的沉香线香一点，我心里也稍稍感觉平衡了一些——哪里是沉香，味道乌涂涂的，烧破袜子一样，和我们在店里闻到的那种好沉香完全不一样。

常务志，呵呵，也受骗了！

买了这么多年东西，稍稍不留神，我们两个号称行家的老买手，竟然被两个 80 后小夫妻骗了！

哀怨咒骂之余，赵天授也来了精神，破口大声诅咒："这对狗男女，男为盗匪女为娼！卖假货不得好死，说不定哪天被人杀了，早晚要遭报应，早晚要遭报应……"

大概他感觉心虚，所以大骂奸商以安慰我和常务志两个人。

回想起来，如果他当时不是因为看到那个湖南女妖娆妹子起色心走进那个店铺，如果不是他自己为了便宜买那个马桶撺掇我们一起买东西，我和常务志还真不一定一时糊涂上大当呢……

上了如此大当，我还是心不在焉——我心里一直惦记着从前放在抽屉里面的那串沉香手串。

怏怏之余，我很快就离开办公室，开车飞奔回家，奔命一样，冲入卧室打开抽屉……

您猜怎么着？

没了！

翻遍我记忆中当年扔放沉香的地方，连毛都没有找到一根！于是，翻箱倒柜，悍匪一般，把家里大大小小的抽屉、柜子翻个底朝天，甚至把床屉都掀起来，还是找不到那串东西……

这几年来，老婆大人一直在上海上班，或许她知道那串沉香手串的影踪。战战兢兢，我打电话给她。

东绕西绕说了些废话，我慢慢试着套她的话儿，“……嗯，现在沉香好像都挺贵的，你还记得八年前你从越南买给我的手串吗，才 5000 块钱，我觉得价格不对，你肯定买假货了。下午我和朋友在黄宝岭古玩城的店里看，一串上好的沉香珠子，几十万的都有……”

“哦，那串东西啊，肯定是真的啦，奇楠，沉香中的极品，奇楠你懂吗？”电话那边传来了老婆大人不屑的音声，“哼，当时你还说那是串糟木头，现在知道好东西了吧……”

我咽了一口大唾沫，非常艰难地说：“哦，真是奇楠啊，更不对了吧，即使八九年前，你在越南花 5000 块也买不到奇楠沉香手串吧……”

“我当时怕你丑人多作怪，没告诉你实价，确实是 5000 买的，是 5000 美元！”

五雷轰顶。“……5000 美元？！你当时怎么可能花那么多钱给小的我买一串那种贵东西……”

“胸有成竹啰，你还记得我在法国上学时的同学吗，有个越南人，叫‘比埃尔’的。他有亲戚在越南，就是搞沉香买卖的，实打实推荐，所以我能买到真奇楠。哼，当时我巴心巴肝给你买了一串那么好的东西，瞧你讨厌的，瞧你不屑的，什么‘糟木头’啦，什么‘破东西’啦，谁敢告诉你真实价钱啊……”

女菩萨开始在电话里面数落我。

哦，确实，在巴黎读书的时候，她确实有一个越南人同学，名字叫“比埃尔”，是个瘦瘦黑黑矮矮的年轻小伙子，长相和广东人差不多。我休探亲假到过法国几次，和他混得还比较熟。说他是越南人吧，哥们一句越南话都不会说，据说是从小被一对法国夫妇收养的，黄皮白心那种。小伙子其实人倒挺温和挺开朗的，我对他印象还不错。记得第一次看他名字的法语拼写，我还和我老婆的几个中国同学开玩笑说，用英语说读上去，“比埃尔”这个名字，很像中文发音的“屁眼儿”。当时，男男女女几个人还笑着给我纠正：“法语的p，不读‘屁’音，读英语国际音标的b音，应该念‘逼爱喝’……”

当时众人的大笑场景，我还历历在目。

意识流半天，我更加悚然大惊：“……那串沉香珠子手串，我怎么找不到了呢……”

电话那边，女菩萨沉默良久，恰似要爆发的火山一样，让我心惊肉跳。

"……嗯，就知道你不拿那串沉香当东西，我来上海的时候，顺便带过来了，现在放在我住处抽屉里面……怎么样，现在知道是好东西了吧，没事，别害怕，差不了你的，我回深圳带给你……"

虚惊，一顿大虚惊！

我抚膺暗自长叹息。得知已经涨价涨了几十倍的沉香手串依旧在人间，依旧在自己人手里，我一时高兴，差点都把下午上当受骗买做旧作假苏工酸枝大桌子的事情给忘记了……

后来，我和常务志兄、文华兄、赵天授兄、亚明兄等常常一起买红木家具的哥们一起研究，最终得出结论：从黄宝岭80后湖南骗子夫妇处买的所谓苏工老酸枝八仙桌，木材可能是"科特迪瓦紫檀"。这种非洲硬杂木，学名叫"双雄苏木"，属于苏木属，和紫檀一点关系也没有，常被无良商家冒充印度小叶紫檀或者老酸枝，虽然比重大木头沉，但非常容易开裂，根本不属于大类的红木。

"科特迪瓦紫檀"，原料价格才两三万元一吨，和百万元每吨的紫檀身价相差百倍，比俗称"老挝大红酸枝"的交趾黄檀也便宜一倍多。十多年前，本来是非洲某个公司收货后没钱支付，就把一堆"科特迪瓦紫檀"当抵押品，运给中国一个对木材一窍不通的服装老板。这枚苦主儿自叹倒霉，把这堆他根本看不懂的木头堆放仓库好久。恰好，一个福建人偶然"发现"这些木头，动起了坏脑子，把它们一下子变成仿制紫檀、大红酸枝家具的最好原料。

由于“科特迪瓦紫檀”原木颜色不深，需要在制作“老”家具之后染色。

刚开始的时候，常务志兄对于我买这个作假的八仙桌还表示同情，毕竟是他撺掇买的。时间过去几天，他作为购买假沉香的“受害者”，也开始拿我开玩笑：“唉，梅爷你都买了几年老红木、老酸枝家具了，我看走眼不稀奇，你这样的专家打眼，让人耻笑，让人耻笑……”

每每笑话我，哥几个还都各持一张纸巾，边说边揩，擦落的紫红颜色触目惊心。

忽然有一天，我再也忍受不住这种侮辱，恰值老友田颇到来，我就对他说：“如果在15分钟之内，你让人抬走这个桌子，让它在我面前消失，我就白白送你！”

众目睽睽，在场的哥几个都认为我疯了，确确实实是46000元买来的啊！

我之所以选择田颇兄来送，一是因为他和我买这个造假桌子完全无涉，二者田爷厚道人一个，所以我才出此言。

“嗽”的一声，连思连想都没有，田颇田爷飞身从凳子上面跃起，顿时消失。

也就5分钟不到，他就气喘吁吁带来两个浑身汗味的哥们——我们公司后门马路对面，整天停着数辆搬家拉货的面包车。田爷才出价100块，这么沉这么大的八仙桌子，就包了两个哥们，扛上扛下，包送到家！

仅仅10分钟，这个让我切齿痛恨的八仙桌就在我眼前永远消失了。从此，它成为我坊间受骗上当的一段“佳话”，也成为田颇家里一件重器！听说，他老丈人特别喜欢，天天爱抚不已，“一日三摩挲，剧于十五女”，样式好啊，分量沉啊，特像从前老家地主老财家里的物件……

回首往事，历历如昨，我更觉得沉香这种东西有些邪门。无论我写历史，还是小时候的经历，直到当下买假红木八仙桌受骗，似乎这种氤氲的香气，总会给人带来不快的回忆和感觉。

“或许，那小娘们在店里的沉香中放迷魂药了，难怪我们都上当……”过后，赵天授大发议论。

肯定不是什么迷魂药，利欲熏心和占便宜捡漏，才是上当受骗的心理基础。加上当时我一门心思追忆先前我老婆给我在越南买的那串沉香手串，难怪会上此大当。

此香销魂价更昂

修桥补路人早死，巨奸大骗活万年。和赵天授兄诅咒的相反，黄宝岭博古斋那对80后骗子夫妇，不仅没有关门大吉受报应，反而生意越做越大，顾客越来越多。

日后，我们再去古玩城，都知道这对湖南年轻骗子夫妇昭然名显，那小胡子已经成为令人羡慕的大能人大骗子，乃黄宝岭古玩城宰人“三大刀”之一。最让他风光无限的一次买卖，是他把一个价值也就 20 多万的民国白酸枝大画案，愣和老婆设套，连哄带骗，当作海南老黄花梨卖给了一个香港老头，得钱 500 万！

近期，我们路过这对骗子的店铺多次，发觉里面灯总亮着，却一直没人。玻璃窗里，摆了好几对油炸做旧的“老”核桃和驼骨冒充象牙口盖的做旧葫芦，标签上面写着“清朝核桃核”、“清朝官模葫芦”。听附近店铺店主说，这对狗男女了不得，如今做大了，不轻易开店接客，只钓港、澳、台“大鱼”了。确实，一笔买卖能赚近 500 万，够吃几年的了。

“沉水良材食柏珍，博山炉暖玉楼春。”至于沉香嘛，由于我手上戴着这串上好的奇楠，就再不对任何其它冒充沉香之名的木头感兴趣了。查了资料才知道，就是在以盛产沉香而闻名的越南全国，每年类似奇楠的极品沉香产量，也不过十多公斤左右。而放眼古玩市场和香料市场，到处都是沉香，到处都是奇楠，近百分之百都是假货。由于百多亿投机资本的介入，这个市场越来越混乱。

我所戴这串沉香珠子，即使是在国内专业的沉香市场，绝大多数店主也并不识货，稍稍懂行的，满口白沫，大讲“望闻摸烧”之余，也只是瞄着我的手串啧啧道：“嗬，这串东西真像真奇楠，如果是真的，怎么也要三四十万啊……”为此，我也随口漫应：“嗯，假奇楠，高仿的。”

而当我闲逛香港的摩罗上街、下街以及荷里活道，当地的古玩店老板不少人都做了几十年生意，大多还真识货，近距离看几眼我的手串，很快就做出判断，对我竖大拇指赞誉：好奇楠!

作为“诸香之王”，沉香涨价确实太离谱了，根据统计，20年间，高品质大块沉香竟然上涨了5万倍!

中国人喜欢跟风，什么东西价格越是飙涨，想买的人就越多，假货赝品就越多。即使真东西，为了多挣钱，也会刺上针眼往里面灌水银。而且，沉香鉴别有别于其它物品，一般人很难有足够的经验甄别真假。

大多数人看惯假沉香了，见到真东西，反而以为是假货。这种情况，很像乡镇干部喝茅台抽中华，平时都享受假货了，间或真有真茅台和真中华入嘴，他们肯定马上一脸不屑，嗤之以鼻……

说也奇怪，现在说起沉香，似乎都是越南、印尼等东南亚国家和地区沉香品质最高最好。而在我们宋朝的时候，海南沉香为上之上品。

苏东坡在《沉香山子赋》曾言：“矧儋崖之异产，实超然而不群。既金坚而玉润，亦鹤骨而龙筋。惟膏液之内足，故把握而兼斤。顾占城之枯朽，宜爨釜而燎蚊……无一往之发烈，有无穷之氤氲。”也就是说，在苏大才子看来，海南沉香品质最佳，脂腻膏肥，气味芬芳，相比之下，越南一带的沉香朽木，不过只值得用来燎烟驱蚊之用……

范成大也说：“大抵海南香气皆清淑，如莲花、梅英、鹅梨、蜜脾之类，焚一博投许氛翳弥室。翻之四面悉香。至煤烬气亦不焦，此海南香之辨也。北人多不甚识……舶香往往腥烈，不甚腥者，意味又短，带木性，尾烟必焦。其出海北者，生交趾，及交人得之海外蕃舶而聚于钦州，谓之钦香。质重实，多大块，气尤酷烈，不复风味，惟可入药，南人贱之。”（《桂海虞衡志·志香》）

可见，海南沉香油脂含量甚高，搁火熏香，即使不翻动，海南沉香也不会产生焦糊气，远远优于当时柬埔寨、越南等地的沉香。

海南沉香，古称琼脂。早在晋朝时期，任昉《述异记》就记载过：“香洲在朱崖郡，洲中出异香，往往不知名，千年松香闻十里，亦谓之十里香也。”可见，海南在古时就被称为“香洲”，盛产名香。

从唐朝开始，沉香就成为当地土产特供朝廷。古代社会，但凡一地有特产，最终必会成为当地人民负累，而且自宋代之后，商业发展，奸商猾贾，为了谋求暴利，也在海南大肆搜求，乱砍滥伐沉香资源，以至于被贬当地的苏东坡，对这种竭泽而渔的行为，都作诗感慨：“沉香作庭燎，甲煎纷相如。岂若注微火，萦烟袅清歌。贪人无饥饱，胡椒亦求多。朱刘两狂子，陨坠如风花。本欲竭泽渔，奈此明年何？”

延至明清，海南沉香过量滥采更为严重。李时珍在《本草纲目》中称：海南沉香，一片万钱，冠绝天下！瞧，这效用，这广告！康熙时期，崖洲知州张耀士曾上书朝廷，请求官府免去海南的沉香贡品。

岁月流嬗，到了1930年，陈铭枢挂名，曾蹇、郑任良编纂的《海南岛志》，就明白记载说：“沉香中的上品，香味极佳的伽楠香（奇楠香），此物现出产已较稀。”而如今，野生的海南沉香更是罕有之物，而人工种植的沉香多为下品，昔日“香洲”之名，不符实矣！

我在深圳近20年，有些方面的知识却懵懵懂懂。直到近年才得知，周边地区，包括东莞和香港，在历史上都和沉香等香料大有关联。

很多人都知道孙中山是香山人，香山，后来改名为中山。古代香山地区范围很大，以现在的中山市为中心，包括现在的珠海市、澳门、斗门县等一大片区域。而且，东莞地区也是著名沉香产地，一直有“莞香”向朝廷进贡。东莞辖下香山岛，为“莞香”主要产地，一直有“香农”赖以为生，专门从事沉香种植、养护和采割。沉香统一收集之后，当地政府就会派人把沉香打包，然后在“香洲”装船。由于不少沉香要运送到伶仃洋对岸的大集散码头，所以当地称“香港”，地名延续至今。

包括我所在的城市深圳，本地山间，也一直有沉香木生长。2011年年底，梧桐山竟然出现犯罪嫌疑人盗伐沉香木。这几伙盗贼都是家族犯罪，一家几口人长期流窜在广西、云南、海南等地，技术熟练。他们入山选择好沉香木之后，并非把树木直接拦腰砍倒，而是在沉香木树干上锯出许多“伤口”，等待这些树木的切口风化后散发出香气出香的时候，再回来砍取木片。

可恨的是，在他们取沉香后，这些沉香木很快就会枯萎死亡。损人不利己，这些笨贼千辛万苦进入梧桐山盗伐，赚钱并不是很多。由于这种沉香没有香透，等级很低，每斤只能卖到5元钱。一大家子坏人上上下下忙几天，也就是砍伐窃取40斤左右，总共价值才200多元。但他们造成的沉香木损失，高达数十万元!

在这个浮躁、物质、每个人的内心都满是惆怅的时代，有时候，我会从手腕上摘下这串奇楠沉香。拿到鼻尖下，嗅闻之间，确实能在馥郁、幽婉、清扬、变幻莫测的莫名香气中，感受到某种神奇的特质。

屈大均在《广东新语》把沉香列为“阴”，奇楠列为“阳”，说这种极品沉香“味辛而气甜，其香勃发”，诚不虚也！难怪后来的文人李调元在《南越笔记》几乎全部照抄屈大均，也是如此笔墨形容奇楠的神奇和功用。

从科学角度分析，沉香，特别是奇楠的香气分子特别稳定，所以，它能长久地保持那种若即若离的幽香，同时似乎具有灵魂穿透力一般，玄谧中宣示着宇宙的幽杳。

“世界以痛吻我，要我回报以歌。”泰戈尔的诗句，其实用在总被焚之成灰的沉香身上最为合适。

黄昏或者静夜时分，奇楠手串放在我的枕边，那一刻，孤独似乎也变得无比芬芳。顿时之间，总会感觉一股幽深凉爽之气，沁于心肺，直灌灵台，继而沉于丹田，在五脏六腑间幽然回荡，于是，一颗浮躁之心，很快地沉静下来。

回忆，以气味为诱媒的回忆，最让人迷离恍惚，最让人刻骨铭心——“那些回忆并没有死，它们只是在等待一把钥匙的开启！”普鲁斯特如是说……

枕边手机短信铃声噼啪数声，让我从芬芳气味中猛醒。

拿起手机，发现老友赵天授给我发了几条彩信，张张照片，都有他以及他本人在黄宝岭80后骗子夫妇那里购置的红木马桶影像。

那个盛装着昔日无数大家闺秀白臀孔隙排泄的大红酸枝马桶，显然已经被赵天授揩拭一新，锃光瓦亮，安置在这位赵兄家里原本是茶寮的地方。赵天授本人坐在一个花凳上，手持细瓷茶杯，做拈杯微笑状，而他身边那个马桶红木盖子上面，安放着一个紫砂壶和一座钧瓷的香炉，香烟袅袅——好一幅摄影大师马桶茶台赏茶图！

看完彩信照片，我再看文字内容，赵天授如是说：

“遥想昔日绣花锦遮盖下的红木马桶盖圈，不知亲吻过多少美人香臀？今日缘来遇我，沉香为屑，香风拂面，岂非化腐朽为神奇乎！”

…………

第七章　指尖拈来醉如痴

余智也愚，性也懒，加之沉溺于研究古董、文玩，有好长一段时间不上网。忽一日，有个从前在天涯网认识的女网友“虞美人”打来电话，她喋喋不休，女秘书一样通知我说：

“赫连勃勃大王啊，从前混天涯网的两个网上‘巨星’，他们的网名，一个是‘肥淫僧’，一个是‘蓝水满江’，你记得吧？他们两个人要去深圳了，你可要好好接待一下……”

我乃天津人也，本来就好客好面子，人家都托美丽女网友打电话通知我了，当然要尽地主之谊！根本不用想，我马上一口应承下来。

“赫连勃勃大王啊，你可真要好好接待‘肥淫僧’和‘蓝水满江’这两个人啊。他们从前是天涯网名人，现在还是新浪的微博名人呢，都是坊间著名的‘公知’！”“虞美人”不放心，叮嘱我。

“‘公知’？”乍听这个词儿，我大惑不解。

“‘公知’，就是‘公共知识分子’的简称，网上骂官骂富主持正义那种人，粉丝可多可多呢……”“虞美人”给我扫盲。

哦，我恍然大悟。其实，即使“虞美人”不和我说他们是“公知”，不提他们是“名人”，我也会热情接待昔日天涯网的这两个老战友“肥淫僧”和“蓝水满江”。

“肥淫僧”好像姓徐，具体名字我忘了，乃前几年天涯网大闻人之一。此人知识丰富，上知天文，下晓地理，特别爱在天涯网几个论坛打架和骂人，言语咄咄逼人，似乎是个无所不会的天才；“蓝水满江”，这人真实姓名我完全不知道，只知道他属于那种网上写文章混生活的人，坊间什么畅销写什么，先是写励志书，再写婚姻感情方面的书，一度写过类似《看病不求人》的书，后来他看历史书畅销，又转写历史书，似乎有本《推背不求人》的预言书被书商卖得也不错。为了更有名更吸引眼球，他曾经让他在一个小出版公司当编辑的老婆（或者是情妇）在天涯网煮酒论坛骂过我，抨击我，说我嫉妒他的写作，当时马甲满天飞，其目的不过就是砸我以出大名，更好地出书卖钱。砸我骂我同时，这位爷还给我发短信，字字血泪，满含哀怜，让我理解他为码字挣钱而在网上骂我的“苦衷”。实话实说，我倒很理解他这样一个网上写书混饭吃写手的艰辛。一直以来，我还很宽容大度，即使他不停歇地在网上用马甲用他老情妇“爱桃花”的笔名骂我，我依旧以朋友待之。

闻名久，识面初。酒席包房里面真碰面，互联网上赫赫有名的“肥淫僧”和“蓝水满江”，真人露面，二人的长相让我大失所望。

“肥淫僧”，他的博客和微博上面一直有漫画头像，总让人以为他是肥头大耳肉嘟嘟的可爱样子。岂料，真人一见，原来却是一个四五十岁蔫巴老头，干皮老脸，脸上一层大烟鬼般的锈气，根本不“肥”，也看不出“淫”，只有“猥琐”二字可以形容他，真不知道他为什么取个“肥淫僧”网名；而那位“蓝水满江”呢，则是花白头发50多岁老头子，不肥也不瘦，相貌和“肥淫僧”差不多，属于超猥琐类型。

二人之中，“肥淫僧”那种猥琐，是见了一百次都记不住的猥琐平庸；而这位“蓝水满江”的猥琐，则让人过目不忘——他一字胡下面，长有一张奇异的歪嘴，真歪，非常歪。幸亏他留一字胡，如果这老哥们嘴唇上下都有胡子，肯定让人觉得某种私密器官长到他脸上一样。

估计我乍看到“蓝水满江”掩饰不住的“友邦惊诧”表情很夸张，这个爷们倒很直白很直爽，呵呵巧笑，对我说：“大王啊，你看我的嘴，这形状把你吓着了吧……呵呵，我这张歪嘴绝不是天生，最近我闹个小中风，变的，变歪的。这不，先前有个缺德书商为了卖‘畅销书’，让我帮他写《推背不求人》。那本解释《推背图》的书刚刚热卖，我嘴就歪了，天机不可泄露啊，天机不可泄露啊。呵呵，估计是刘伯温刘大人看我解密加揭秘，不爽了，看我泄露天机了，所以才让我中风歪嘴……”

我讪讪。

我没接话，“肥淫僧”先哈哈打趣“蓝水满江”。“说什么啊，你这歪嘴，肯定不是泄露天机变歪的，肯定是你那位50岁红颜知己‘爱桃花’给你吃国产伟哥大力丸让你脱力变歪的。你们啊，一对中老年夫妻了，就别吃药弄那事儿了，哈哈哈……”

“肥淫僧”所说的“爱桃花”，是“蓝水满江”的女编辑老蜜，她网上ID就是这看上去香艳绝伦的“爱桃花”，一度在天涯煮酒等论坛挺有名的，没事就骂人炒作卖书，并且撒娇卖嗲，勾引网上小青年群氓帮她骂架。

网上两位闻人，“肥淫僧”大连人，“蓝水满江”河南人，都是北方爷们，谈笑风生，嘻嘻哈哈，让我这个在岭南呆了20年的天津人很感亲切。

于是乎，小酒大菜，我一个劲地招呼他们。

陪同我来的老友常务志，见多识广，大肉脸蛋子一直沉着，不怒自威那种表情。菜小口吃，酒小口喝，在酒席开始的时候，他基本一言不发。

他不说话是不说话，说起话来还真一鸣惊人。“这位大哥，你手上怎么戴了一串女性生殖器啊？”

常务志观察力惊人，他眼望着“肥淫僧”手腕，幽幽发问。

顺着常务志目光，我果然发现“肥淫僧”手腕上缠了一串东西，其实刚进门我就看到了，以为是琥珀、黄花梨或者是什么菩提子手串，根本没仔细看。听常务志一问，我挨着这位猥琐哥们就近仔细看。嗬，还真是一串恰似小嘴儿的东西，缠满了“肥淫僧”的手腕。

“你眼睛毒，毒，一般人一眼真看不出来是什么！我这一串东西，共十个，女人‘十大名器’！你刚才说啥呢，‘女性生殖器’？不能这样称呼，这样说，听着似乎雅，其实大俗！在核雕商家那里，这东西叫‘生命之源’！”“肥淫僧”挨个珠子扒给我看，接着，他摘下来递给常务志看。

“你们看看我这串，真正秋人大师精雕细琢的‘十八罗汉’，这才是值大钱、有文化的东西！”发觉我和常务志对于“肥淫僧”手腕上那串核雕串儿很关注，“蓝水满江”也兴奋，摘下他自己腕上手串递给我观赏。

好东西！在小不盈寸的珠子上，十八个罗汉神态各异，无一重复，须眉毕现，喜怒哀乐，惟妙惟肖。难得的是，其雕镂之细腻，有呼之欲出之感。而且，经过长时间的佩戴和把玩，核雕珠子已现包浆，更显衬得罗汉头神采奕奕。

“大王，你别被‘蓝水满江’哄弄了，他‘十八罗汉’那种题材，臭大街了，到处都是，‘北工’学徒都会雕，没什么大不了的！”“肥淫僧”很卖弄，从常务志那里接过手串后，硬把这串“女性生殖器”核雕塞进我手里。“你仔细看看我这串东西，绝对神品！瞧瞧这核儿，藏了十多年的增城老核儿，油润光泽。瞧这雕工，鬼斧神工！”

别说，“肥淫僧”腕上这串奇物，真不同凡响，每个圆珠上雕刻的器官都有细微差异，精细传神，连二唇之间的褶皱凸粒都雕镂得清晰毕现。不捏不掐，都是满满一兜水儿的感觉。即便如此，毕竟是串“女性生殖器”。我虽不是冬烘老夫子，但真张不开口盛夸这串东西的妙处。

“我可不是淫人啊，我网上笔名是‘肥淫僧’，是当时为了吸引网友眼球才起的。我最近刚刚写完一本《婚姻启示录》，有关性和人生的，大悟之余，戴着这个，也顺便警醒一下自己和世人……性，不复杂不低级啊。《红楼梦》看过吧，贾瑞如果用好‘风月宝鉴’，可以治好自己的病；用不好，就要了贾瑞的命。我腕上这串女性‘名器十大全’，一串在腕，时时捻捏，我时时刻刻想着母爱啦，生命啦，圣洁啦，自己就提升了……淫者见淫，你们看着这串东西心里觉得龌龊，其实自己龌龊……”

“肥淫僧”这个东北汉子真能说，愣能把自己手上那串下流淫秽的核雕说成禅宗圣物似的。

我无话可说。

良久，被我带去“填饭桌”的胖子常务志兄拍板似的说了一句，评定出“肥淫僧”和“蓝水满江”二人腕上核雕手串的优劣：

“根据我的‘拙’见，觉得这串‘生命之源’雕刻得好！十八罗汉，雕刻得很精美，可和那句夸东西的词儿‘栩栩如生’一样，没啥新意思。题材陈旧，大匠小工都能刻；这‘生命之源’不一样呦，看似简单，其实难刻，和炒菜差不多的道理。高级饭馆招募大师傅，一般都是考他炒青菜的能力，寥寥数铲，随便几掂，要求味道十足。所以说，最简单，也最考功夫……况且，这题材也好，寓意深刻……”

“肥淫僧”仰天大笑以示满意。

“蓝水满江”呵呵小笑，悻悻之余以示不屑。“嘻嘻，不怕不识货，就怕不懂货，如果‘肥淫僧’兄那边手腕再戴上一串，就真正当2B了……”

“岂止2B，是20B!”志得意满，“肥淫僧”又一次震顶哈哈。他言语态度之间的淫邪和傲慢，总让人感觉哪里有不舒服的地方。

酒足饭饱，“肥淫僧”微醺，拍着我肩膀说：“大王，你从2003年就在天涯煮酒论坛码字写历史，先辈啊，前辈啊！这几年，天涯网站的论坛上，多少写手要靠砸你才能成名啊。呵呵，我此次到深圳来是找工作的，给一个房地产内刊当主笔，本来还替他们运营一个内部网站，准备拉你当管理员呢。一直以为大王你和‘蓝水满江’大哥一样，是靠码字赚钱的一枚穷逼。可我看你刚才开着奔驰来吃饭，应该不算穷，都不好意思开口让你帮我打理网站了……”

听此言，我赶忙解释：“在搞金融的同行来说，我确实穷逼一枚，但确实不是吃文字饭的。网站管理我更不在行，不能帮大哥你的忙了……”

一顿饭吃下来，送走这两位网上著名“公知”，我向老友常务志询问对他们的观感。

常务志摇头。“‘蓝水满江’，码字的老货，这么大岁数还写写炒炒混生活，老文丐一个，真不容易；‘肥淫僧’这个人我知道，从前我也上天涯，记得汶川地震，深圳有个企业家老总吝啬不捐款，人称‘王十块’，当时这个‘肥淫僧’在网上那个骂啊，站在道德制高点上，玩命领头骂。刚才听他说，如今他马上要投靠‘王十块’，要替人家搞文案策划了，恶狗变乖狗，你瞧他把‘王十块’给夸的，什么‘企业灵魂’啦，什么有‘正义感’的企业家啦，哼，下三滥文人嘴脸暴露无遗，有奶就是娘的主儿！这两人，在网上、微博上总冒充富有正义感的知识分子，伪装自己无权无势，把自己打造成一直受社会迫害的样子，其实削尖脑袋往‘主流’里面混，拼命巴结有钱有势的人，人品低下，属于那种端起碗吃肉、放下碗骂娘的欠修理之人。”

“你对网络知识分子有成见，呵呵，人家的著作写得都还不错嘛。”

常务志更摇头。“你不会对他们写的东西值几斤几两都掂不出来吧……那‘蓝水满江’老骗子基本就是一个文抄公，剪刀加浆糊，啥东西都是为了书商出书卖钱凑出来的；‘肥淫僧’的书，似乎高雅高级一点，也不过是抄袭了几本三联出版社出版的那种纯西方翻译书内容，然后加点俏皮网络流行语和东北话，印出来骗骗刚毕业的学生还行，哪里有什么真水平！总之，这两个老失败者，都50岁的人了，还天南海北四处颠簸混生活，今天骂这个，明天舔那个，肯定有极大的性格缺欠，肯定人品有大问题，我劝你还是对他们小心点……”

听常务志如此说，我还挺纳闷，似乎他对于“肥淫僧”、“蓝水满江”两个人比我还熟悉。

“……不过，这俩货色，人不是好人，东西是好东西！他们手腕上的核雕串儿，我喜欢，一见就喜欢，咱们也得玩玩这个了。”胖兄常务志若有所思地说。

我，何尝不作如是想！

核雕虽小，大有洞天！

方寸之间藏大千

每每爱上一种物事，我都会先给自己扫盲做功课。说起核雕，总会想起中学时代学过的课文《核舟记》，作者是明代作家魏学洢。我“童子功”极好，这篇课文，至今依旧能倒背如流：

> 明有奇巧人曰王叔远，能以径寸之木，为宫室、器皿、人物，以至鸟兽、木石，罔不因势象形，各具情态。尝贻余核舟一，盖大苏泛赤壁云。舟首尾长约八分有奇，高可二黍许。中轩敞者为舱，箬篷覆之。旁开小窗，左右各四，共八扇。启窗而观，雕栏相望焉。闭之，则右刻“山高月小，水落石出”，左刻“清风徐来，水波不兴”，石青糁之。船头坐三人，中峨冠而多髯者为东坡，佛印居右，鲁直居左。苏、黄共阅一手卷。东坡右手执卷端，左手抚鲁直背。鲁直左手执卷末，右手指卷，如有所语。东坡现右足，鲁直现左足，各微侧，其两膝相比者，各隐卷底衣褶中。佛印绝类弥勒，袒胸露乳，矫首昂视，神情与苏、黄不属。卧右膝，诎右臂支船，而竖其左膝，左臂挂念珠倚之——珠可历历数也。舟

尾横卧一楫。楫左右舟子各一人。居右者椎髻仰面，左手倚一衡木，右手攀右趾，若啸呼状。居左者右手执蒲葵扇，左手抚炉，炉上有壶，其人视端容寂，若听茶声然。……嘻，技亦灵怪矣哉！

当时青衫少年，学课文，背功课，没有彩图，更没见过核雕实物，所以，也根本想象不出核雕到底是什么尺寸的东西。

时隔三十年，竟然在“肥淫僧”、“蓝水满江”两个相貌猥琐爷们的手腕子上看见我少年时代课本中记述核雕的实物，不能不说是个奇迹。

当然，魏学洢《核舟记》里面记载的核雕，应该不是橄榄核，而是当时江南一带匠人喜爱的胡桃核。此果核虽非彼果核，但技法和意思是差不多的。魏学洢所记这件核舟作品，也成为后世果核雕刻名匠们争相仿效的典范和模板。

明朝戏曲大家李日华在《六研斋笔记》也记载过王叔远雕刻的核舟，但内容有异：

中作蓬栊，两面共窗四扇，各有枢可开合。开则内有栏楯，船首一老。皤腹匡坐，左右各一方几，一书卷，右几一炉，手中仍挟一册。船尾一人侧坐，一橹置蓬上。其一旁有茶炉，下仍一孔，炉上安茶壶一，仍有咮有柄。所作人眉目衣褶皆具。四窗上每扇二字，曰：“天高月小，水落石出”。

船底有款“王叔远”三字，仍具小印章，如半粟，文云：“王毅印”。

一个匠人的工艺品能够入得两个大文人法眼，可见王叔远的核雕在当时多么有名。

唐宋之前，查阅各种史料和文献，事关微雕和核雕的记载寥寥，似无所见。到了唐宋，微雕技艺开始成熟，主要是竹骨精刻和象牙微刻，都属于平面的微雕。明中期至清初这段时间内，微雕和核雕艺术大兴，名匠辈出，佳作纷呈。微雕艺人的作品，也被当时达官贵人视为奇物，将其作为佩饰的装饰品和文房用品。

而开始在笔记、书籍中确切记载核雕技艺的，确实以明朝文人居多。那时，核雕主要指在橄榄、桃子、杏仁、杨梅等果核上进行微雕和镂刻技术，立雕、浮雕等技术已经非常成熟。

除了魏学洢《核舟记》记载王叔远核雕之外，张衮、周晖、高濂、张应文等人都在自己的著作中记述过核雕技艺以及几位当时名匠的作品。

张衮在其《水南翰记》记载：“永嘉闺妇，以青梅雕剜脱核，镂以花鸟，纤细可爱。以手擘之，玲珑如小盒，阖之复为梅，谓之梅篮。李太白诗云：‘珍盘荐雕梅。’岂即梅篮欤？”

乍看上去，似乎是在4世纪的西晋永嘉年间，中国已经开始有核雕了。仔细研究历史研究民俗研究诗歌，李白诗中所提到的“雕梅”，其实应该不是张衮所说的青梅核雕，而是一种果脯。

这种“雕梅”果脯，从晋朝开始一直到唐代都很盛行，制作方法很简单，以石灰水浸泡盐梅，入味后取出晾干，用刻刀在梅肉上雕刻出连续曲折的花纹，接着从花纹空隙处挤出梅核，中空如缕，美丽少妇再以纤纤玉手轻轻压挤梅肉，摊成菊花状梅饼，继而放入清水盆中撒上少许食盐，入砂罐用上等红糖、蜂蜜浸渍。数月过后梅饼受浸呈金黄色，即可开罐开坛取食。所以，李白诗里所说“茗酌待幽客，珍盘荐雕梅”，乃唐朝时代闺阁女子消闲小游戏，不是指核雕。

明朝文人周晖在他《续金陵琐事》中，所记载明朝成化年间的匠人所制核雕已经很精细很贵重了：“成化间，一乐工能刘木为舟，大可二寸，篷、桅、橹、舵咸具。二人对酌于中，壶觞饭灯满案。一人挽篷索；一人握橹，一人运舵，皆有机能动。置之水中，能随风而行，略无欹侧。一舟必需白金一两。好事者竞趋焉。”

可见，成化时代的核雕，不仅仅能观赏，还能放在水中，能随风而动而不倾斜沉水。雕刻细节方面，巧夺天工，环环相扣，机械联动得很。

高濂在《遵生八笺·燕闲清赏笺》中，也记载过一位有名有姓叫“夏白眼”的核雕奇人：“我朝宣德年间，夏白眼所刻诸物，若乌橄榄核上，雕有十六娃娃，状米半粒，眉目喜怒悉俱。又如荷花九鸶飞去作态成于方寸小核，可称一代奇绝。”

也就是说，明朝宣德年间的核雕，已经开始使用今天最常用的橄榄核进行雕刻，而且入得当时文人法眼，想必精绝奇妙，雅趣非凡。

高濂所说的核雕名家夏白眼，另外一位明朝文人张应文在他著作《清秘藏》中也提及：“雕刻精妙者，宋高宗时有詹成，能于竹片上刻成宫室山水人物花鸟，纤毫俱备，细巧若缕，而且玲珑活动。余见其所刻一鸟笼，四面花版上雕山水花鸟及‘詹成制’三字，精巧之极。见者拟之鬼工。又宣德间，夏白眼能于乌榄核上刻十六哇哇（娃娃），状米半粒，眉目喜怒悉具，或刻子母九螭，荷花九鸶，其蟠屈飞走绰约之态，成于方寸小核。求之，四百余年仅二人耳！”

张应文的记述，又丰富了高濂所记核雕大家夏白眼的创作题材，这位能工巧匠不仅仅能刻娃娃和荷花九鸶，还能在一颗橄榄核上雕刻九条螭龙，母子各异，让人叹为观止。

明末清初文人陈贞慧在《秋园杂佩》有载：当时有位核雕大师名叫邱山，他的作品非常雅致精巧，已臻化境：

> 雕刻精工，所制胡桃坠、人物、山水、树木，毫发毕具。余见其有“渔家乐”、“东坡游赤壁”、“百花篮”，诗意有：“夜半烧灯照海棠”、“春色先归十二楼”数事。窗阁玲珑，疏枝密树，掩隐斐亹，即善绘者无逾其精巧，他有效者便见刀凿痕，终不及其雅熔矣。

掩卷思之，当时匠人巧思，赛过文人墨客，可见核雕在当时不仅仅是件工艺品，完全可称是极具艺术气息的大师级艺术品!

到了清代，核雕不仅没有衰落，更藉“康乾盛世”而大旺。研究中国工艺史，可以发现，有清一代，核雕名匠辈出。

清朝初期，山核桃雕刻已经蔚然成风。许衍灼编撰的《中国工艺沿革史略》记载称：

> 清初有以山桃核雕为念珠一百八枚者，圆小如樱桃，一枚之中，刻罗汉三四尊或五六尊，立者、坐者、课经者、荷杖者、入定于龛中者、荫下趺坐而说法者、环坐指划而议论者、袒跣曲拳和南面前趋而后侍者，合计之数五百……核坠一枚，五分许，横广四分，取“姑苏城外寒山寺，夜半钟声到客船”之句，计刻人凡七：僧四、客一、童一、卒一。宫室器具凡九：城一、楼一、招提一、浮屠一、舟一、阁一、炉灶一、钟鼓各一。影凡七：山、水、林木、滩石四、星月灯火三。而人事如传更、报晓、候门、夜归、隐几、煎茶统为六，各殊致意。且并其愁苦、寒惧、凝思诸态，俱一一肖之，可谓艺之至矣!

据清朝钮琇《觚剩》记载，康熙时代，姑苏“金老”(应该是艺名或者诨名）精于核桃核雕刻，最擅长《东坡游舫》：

> 姑苏“金老”，貌甚朴而有刻棘镂尘之巧，其最异者，

用桃核一枚，雕为东坡游舫。舫之形上穹下坦，前舒后奋，中则方仓，四围左右，各有花纹。短窗二，可能开合。启窗而观：一几，三椅，巾袍而多髯者为东坡；坐而倚窗外望，禅衣冠坐对东坡而俯于几者为佛印师；几上纵横列三十二牌，若欲搜抹者然；少年隅坐，横洞箫而吹者，则相从之客也。舫首童子一，旁置茶铛，童子平头短襦，右手执扇，伛而飏火。舫尾老翁，椎髻芒鞋，邪立摇橹。外而柁篙篷缆之属，无不具也。舷槛檐幕之形，无不周也。细测其体，大不过两指甲耳。

读毕全文，清人巧匠，还是承袭明朝王叔远核舟的题材和构思，更加发扬光大耳。

无独有偶，清朝文人金元钰所撰《竹人录》，所记载康熙时期的核雕艺人封锡禄，也是擅于核舟雕刻，题材呢，依旧不脱明朝艺人王叔远窠臼：

（封锡禄）又善镌桃核舟，大不过两指甲，中坐三人：袍而多髯，坐而倚窗外望者为东坡；禅衣冠，对东坡坐而俯于几者为佛印；少年隅坐，横洞箫而吹者，则相从之客也。两面共窗四扇，各有枢可开合。船首两人，一老皤腹匡坐，左右各有酒具。船尾一人执扇烹茶，有茶炉，腹一孔，炉上茶壶仍有咮有柄。舟底镌“纵一苇之所如，凌万顷之茫然”

两行细字。又于橄榄核上镌《草桥惊梦》，屋宇人物位置天然，间以疏柳藏雅，柴门卧犬，夜凉景色摹绘逼真，奇幻出人意表矣！

乾隆时代，正值承平岁月，乾隆帝本人喜爱风雅和工艺，甚至把有“鬼工”之誉的核雕艺人杜士元招入宫中供奉，为皇家雕核。杜士元除了擅长东坡赤壁类的核舟题材以外，还擅于象牙雕刻。北京故宫博物院收藏有“十八罗汉渡海象牙臂格”，仿竹臂格上，精雕细琢，雕有十八罗汉渡海。一颗象牙上，气象万千，除了神态各异的十八罗汉以外，山岳、海洋、树木、岛屿、风云，无不精妙奇巧。虽然没有确切款识，应该为杜士元作品无疑。

根据钱咏《履园丛话》记载，杜士元核雕题材多种多样，以《东坡泛舟赤壁》、《渔家乐篷船》、《运河官船》等最为著名，但总体风格，依旧还是承袭王叔远“核舟”大意。而这位杜爷作品，当时每枚值银五十两。也就是说，当时的人买杜爷一枚核雕，相当要花现在几万块钱！

有了乾隆皇帝这个大主顾，即使如此昂贵，王公巨贾依然趋之若鹜，求购不疲。和许多传说中的大匠一样，杜士元一生嗜酒，只有缺钱买醉时才肯动手雕刻。所以，这样的核雕大家，入宫之后，千两白银求其一枚核雕，也是难上加难。

云中白鹤难牢禁。皇宫虽美，银子虽多，杜爷依旧感觉自己是锦衣玉食的囚徒。忽然一天，响晴白日，他冲上圆明园里一座假山，把一根紫竹一刀砍下，截去两头后，做了一支洞箫。而后，他三蹿两爬，爬到一棵大树上，贴膜上唇，呜呜咽咽，迎着旭日吹起箫来。

乾隆帝再爱艺术，也容不得一个“疯子”在宫内供奉，郁闷之余，就下诏把老杜遣返还乡。佯狂作颠，杜士元得以全身而退，返回苏州后，依旧我行我素，重归酒肉放浪生涯。

常熟市博物馆内，藏有杜士元一枚《渔乐图》橄榄核舟。多年摩挲盘玩加上岁月包浆，这枚橄榄核舟已呈深枣红色。核舟上，船篷舟楫，鱼篓缆绳，雕镂毕现；船中数人，米粒大小，有人烹茶，有人张网，有人闲坐，有人观天，其乐融融。核舟底部，刻有十个字：“乾隆乙丑造，先传杜士元”，雕款为行书，秀逸绝伦。珍而又奇，这个核舟还有一个水浪状象牙底座。底座上面，还有行书微雕诗句：“皮肉生来有益长，其中将他造船行。网船家家多子孙，渔翁得乐尝端阳。”

乾隆年间，广州匠人也大有名家，其中以陈祖章最为著名。他有一枚《赤壁夜游》橄榄核舟实物存世，现藏于台北故宫博物院。

陈祖章这件作品，为苏东坡泛舟夜游赤壁故事，估计被乾隆亲自盘玩过，颜色如琥珀，高 1.6 厘米，长 3.4 厘米。舟上桌椅、盘肴俱全，又有小窗镂空，可开可闭。舟上共八人，细如米粒。当窗者为东坡居士，一客依桌而坐。船右前侧，有一丫髻童子倚舷下望。船首三人，一戴帽老者短衫箕踞，一童子蹲于炉前烹茶，另一童子扶其肩戏玩。后舱两人，一船夫凝神掌舵，一文士凭栏内视，若回语状。全船八人，形态各异，呼之欲出。舟底微雕《后赤壁赋》全文，笔法不甚工秀，但细密井然，署款有“乾隆丁巳五月臣陈祖章恭制”。

乾隆帝确实喜欢赏玩核雕作品，废帝溥仪在其《我的前半生》中也有记载：“在养心殿后面的库房里，我还发现了许多很有趣的‘百宝匣’，据说这也是乾隆的玩物。”在溥仪描述中，那个百宝匣用紫檀木制成，其中一个格子里，还装有“一个雕着古代故事的核桃”，这个核桃，应该就是胡桃核雕。

故宫博物院成立之初，清点清宫文物，专家们还发现有一对核桃，装在一个乳黄色丝线编织成的网套内。此网套连绳带穗，总长 40 厘米。而装核桃的网兜，有 10 厘米左右，下垂乳黄色流苏丝穗约 14 厘米。显然，这对核桃乃当时宫内某人（或者是某个帝王本人）专门佩饰腰间的玩物，之所以装在网兜内，主要是为了携带方便，可以随时从中取核桃盘玩欣赏。网套内那对核桃，均长 4 厘米、宽 3.5 厘米、高 4 厘米。核桃皱脊上雕琢有两个仙人：一是胡须飞扬的老者，一是脚踩如飞云纹的稚童，显然是取材神仙传说中的人物。而且，两个雕琢的核桃色泽润红，肯定被宫内帝王或者妃嫔嬉玩过很久。

清朝核雕艺人作品之所以大受欢迎，确实因为有明朝的前人可以学习和借鉴，推陈出新。更重要的是，果核微型雕刻工艺在明末清初大兴，和当时的科技进步也大有关联。

西风东渐，西方传教士陆续东来，带来许多西方先进的科学技术和设备工艺，特别是显微镜、放大镜等仪器，琳琅满目。有了这些助力视力的东西，王公贵族和文人士大夫可以凭借这些能放大物事的工具，细细欣赏核雕艺术，以方寸容天地，凭毫厘观大千（王士祯《池北偶谈》、屈大均《广东新语》以及北京故宫博物院所藏“康熙朝宫中陈设帐目”档案，均有进口这些仪器的记载）。

二次鸦片战争过后，加上后来的太平天国战争，大清帝国一天差过一天，衰败日甚。世事凋零，核雕艺术家的成长空间也日渐萎缩，核雕艺术也逐渐走向低谷。即便如此，细观晚清核雕艺人杨芝山《西园雅集图记》（核桃雕），可以发现这个作品依旧是一枚时代力作——小小一枚硬核之上，林木扶疏处，怪石参差间，方寸之间容辽阔，竟雕刻出三组人物，共 19 人，精微之妙，尽在刀尖锐锋中展现。

而光绪年间出生的核雕艺人都桂兰，技艺也很不凡。他是核雕名匠都渭南之子，其作品曾在 1915 年巴拿马博览会上获得银奖。1955 年周恩来总理出访，他携带赠送外国元首的礼品中，竟然有 7 件是都桂兰核雕作品。可见，新中国成立后，核雕当时竟然能够代表中国工艺之大成，作为国礼携往国外馈赠贵宾。1957 年，苏联领导人伏罗希洛夫访华，时已 75 岁高龄的都桂兰应外交部之请，又一次携带核雕作为礼物，入京当面赠送伏罗希洛夫。

近现代，果核雕刻分布其实还挺广，山东、江苏、广东、上海等地，名家多多。而且，当下玩核雕人根本不知道的是，山东潍坊桃核雕刻一度盛名鼎鼎，当时出现了许多大师名匠，包括丁念廷、高家俊、都渭南、张大眼、陈子和等人；由于岭南一直有象牙雕刻传统，而牙雕大师都可以“客串”核雕，特别是橄榄核雕。而广东增城橄榄核，乃核雕大师的不贰之选。广州名匠，以区桂来和弟子江泽流最为著名，他们以人物、花舫见长；20世纪初，上海也有果核雕刻大师麦春华、殷根福等人。麦春华擅长雕刻楼阁、池沼、人物、器具、花鸟。殷根福对十八罗汉、八仙、观音、弥勒佛以及花木兰、穆桂英等女英雄人物情有独钟……

盘玩摩挲色愈润

既然我和老友常务志从“肥淫僧”、“蓝水满江”手腕上发现了核雕，又广搜博引买了一大堆书，仔细研究了核雕历史，那么，选购合心意的核雕作品，就成为我们二人不可耽搁须臾的事情。

可惜，和葫芦、文玩核桃一样，岭南地偏，虽然增城地区出产最好的核雕原料，但一直不是传统玩核雕的地方。深圳作为新兴城市，更没有北京、天津、上海那种消闲、慵懒的氛围。想找寻核雕商品，我们只能去黄宝岭古玩城碰运气。

花了周日一个上午时间，纵然有着鹰隼一般锐利的古玩探寻之眼，我和常务志东逛西遛，也没有找到一家专门售卖核雕产品的店铺。

踏破铁鞋无觅处，得来全不费功夫。

失望之余，我和常务志老兄就逛到一个灵璧石店铺。无他，我们和店主是熟人，随便逛逛，一点没有买东西的意思。喝了茶，聊了天，我和常务志兄从灵璧石店铺走出，发现过道斜对面开了一家新店铺，橱窗里面射灯闪耀，里面摆了不少象牙摆件。这些象牙类常见的东西，倒没有打动我们。奇怪的是，橱窗之中，还放置着两个鳄鱼皮制成的名牌皮包。

古玩城橱窗内，赫然出现带有奢侈品LOGO的皮包，很扎眼，很吸引眼球。

“我老婆最近又要去香港买名牌包了，不如我在这里给她买两个顶级A货，骗骗她算了，否则又要刷我大几万的卡……”常务志兄拉着我走向这家挂着“艳阳天”匾额的小店。

“不会吧，你老婆那么聪明伶俐，你买个A货假包，哪里能骗得了她！包装、发票你都没有啊……”

常务志兄胸有成竹。“就因为我们公司过年的时候买了几个送礼的奢侈品皮包，我这里有两张发票，还有没扔的包装，我照猫画虎，就给她买这个牌子的，A货之真，简直和真货一模一样！”

嗬，进了这个“艳阳天”铺子，老板娘是个长着张面盆大脸的温州胖娘们，兀自端坐在柜台之后，俨然店主人；老板一河南汉子，瘦小枯干，一脸苦相，笑意盈盈，坐在橱窗后面的茶台前沏茶伺候，有若跑堂店小二，又似旧时“大茶壶”。

“这个济公象牙摆件多少钱啊？”常务志挺胸凸肚，面无表情，指着柜台里面一个20厘米高的象牙雕件问价。

咦，常务志不是给他老婆买假名牌皮包吗？他怎么会问象牙摆件的价儿呢？

这种买法，我作为常务志仁兄多年老友，当然知道，此所谓“声东击西”之法也。无论是地摊还是店铺，如果你看中了哪件东西，千万不要流露出任何喜爱、欣喜的样子。一旦面露急切想要的样子，肯定会被老板宰得鲜血淋漓。

所以，买假皮包，就不问皮包的价儿，而是去问和皮包完全不搭杠的象牙摆件。

老板娘上下打量了我和常务志两眼，先掂掂我们这两个待宰“猪肉”的分量。然后，她大脸蛋子开花，殷勤介绍说：“这可是我和我老公刚刚从英国回购回来的老东西啊，清早期的，属于回流文物……”

常务志色不稍动。

“……现在我们中国人有钱了，好多东西外国人都会乖乖让给我们，像你们二位这种大老板，就应该买这样的文物级别的老东西，好东西……价格吗，其实不贵，18万。”

“嗯，18万，还真不是很贵……”常务志微微颔首，装出很懂行情的样子，“一块象牙芯料整雕的，亚洲料，血牙，真润。‘笑纹’不是太多（指象牙因岁月久长而生出的裂纹），到不了清早期，估计是清中期……”

“太对了！”温州胖娘们一拍胖手，立刻附和，“老板真懂行，香港店主说是清早期的，我看就是清中期……哦，英国古董店店主，是个香港人……”

这个象牙雕件，估计女店主不过是从深圳隔壁香港窝打老道一带古玩店买过来的，如今，对我们号称从英国带回的回流文物，无他，意在增其珍贵之价也。

不厌其烦，看了牙雕济公之后，常务志又仔仔细细看了其它几件象牙雕刻的物件。啧啧之余，表示东西都不错。

“嗯，我收藏好几件象牙雕像了，都是近几年的佛山雕工，半手工的，味道不够，我很想买几个这样从前老匠人京工雕刻的……”常务志撂下一句话儿，以表示他是未来的大主顾。

温州胖娘们一张大脸笑成洗澡盆，吆喝着她河南老公马上沏茶，沏好茶。

我们两个人坐定，常务志品着热茶，忽然指着女店主身后的玻璃柜发问：“你们这里怎么还卖名牌皮包啊，都是A货吧，那件大红的‘爱马仕’多少钱啊？”

常务志问话很有学问，第一，贬低店主不专业，主业卖象牙之余还卖假名牌皮包；第二，直接点明店里面的皮包是假的，不给店主漫天要价的空间。

“我们夫妇前几年就是在东莞专门帮人生产贴牌皮包的，转行玩古董之后，仓库里面剩下不少好货，所以没事儿摆在店里，有客人买吗，我们也卖……您看中的那款，真鳄鱼皮的，实价 15000。”

说着话，女店主把那款皮包从玻璃柜子里面拿出，放在常务志面前。

别说，这个价钱还真不贵。这种型号的真货爱马仕皮包，都是几十万的价儿。里外翻看，鳄鱼皮是真的，里里外外都无纰漏，实在属于高仿 A 货。

常务志买东西玩“声东击西”，女店主也不傻，人家玩“欲擒故纵”。言谈举止间，她认定常务志是一个象牙大买主，所以就先以低廉价格卖给他假名牌包，价格自然便宜到让常务志笑，让这位新顾客心服口服，造成自己做生意实在的假象。过后，当常务志下次买象牙的时候再下大砍刀猛宰他。

待温州女店主刚刚拿开赝品爱马仕包的一瞬间，我和常务志都眼前一亮——难道，我们两个人同时看上这个价格 15000 几能乱真的赝品皮包了吗？

非也！那个假爱马仕皮包后面一个钉子上面，挂着几串核雕，紫红秀润，熠熠生辉！我们刚进门的时候，这个大包挡住了我们的视线。待女老板把皮包拿开，恰好露出了我们今天找寻半日的好东西——核雕串儿！

电光石火，灵物闪动，我和常务志兄迅速交换了一下迷离小眼神，皆不露声色。铁鞋踏破，正为这销魂一刻。

常务志连价儿都不讲，马上刷卡 15000，买下大红大

LOGO“爱马仕”真鳄鱼皮假包，露出那种一掷万金不皱眉的谱儿和派头。“唉，我老婆太爱虚荣，一年买包都要花我大几十万，现在又要学郭美美买‘爱马仕’，太过分了，太过分了，我给她买个假的算了……反正她开宝马，开辆宝马挎个‘爱马仕’，没人怀疑这包是假的……”

“肯定，肯定。”温州胖娘们和他河南瘦老公点头附和，“您和您媳妇儿这样的人，人一看就是真有钱人，什么假货放在你们身上，它也得成真的！何况，我们这皮包是百分百高仿。有客人买了我一个‘路易威登’包，拉锁坏了，拿去香港专卖店去修，店里还真当真货收下了，修得那个好啊……”

喝了茶，刷了卡，拿了包，常务志兄抬起肉臀，作逡巡欲走状。忽然间，他收住脚步，指定刚才被大红皮包挡住的几串核雕，似乎漫不经心，说：“我一下子就买了1万多块钱的东西，怎么也要赠送我点东西吧。那里挂的几串黑乎乎东西，送我一串吧，我回去给我家京叭狗戴脖子上……”

闻听常务志此言，再看他手指向处，温州胖娘们脑袋乱摇，拨浪鼓一般。“不行，不行，绝对不行！这几串东西贵着呢，比皮包可贵多了！”

“不会吧，这黑乎乎、脏兮兮的串儿，又不是金子做的，怎么比我买的这个高仿‘爱马仕’皮包还贵？”常务志装傻充愣。

胖娘们肉指轻挑，把三串核雕从柜子里面拿出来，放在我和常务志面前，说：“这几串核雕老贵老贵，你瞧，这串是‘十八罗汉’，真正清朝的东西，15000；这串是‘善财童子’，民国的，8000；这串是‘弥勒笑佛’，当代秋人大师的，20000。实在想买便宜的，我老公手腕上还有一串，不是大师雕的，真正苏工浮雕螭龙，5000。”

真正在市场上看到了核雕实物，听了价格，真让人心惊肉跳，核雕真不便宜啊。

也正是撞邪，精挑细选，几串核雕看下来，常务志最终看上了那串脏腻腻、油乎乎的所谓清朝核雕“十八罗汉”。讨价还价半天，温州女店主并没有因为他刚刚买了15000的假“爱马仕”皮包而便宜他分毫，号称半买半送，最终作价12000。

见常务志兄都出手了，我心痒难熬，搭买捡便宜一般，最终也花4800买了男店主腕子上那串九粒一串的浮雕螭龙。

“唉，这串儿核雕我都戴了七八年了，真舍不得啊，您瞧瞧，都戴红了，戴成琥珀色了。它跟着我去过多少国家啊，到哪里都被那些外国人羡慕死！土耳其一个卖古玩的老板，当时给我5000美金，我都没卖！……”男店主得便宜卖乖，收钱后不忘给我编故事。

贼不走空，皆大欢喜。我和常务志仁兄拎着大红‘爱马仕’假包，揣着刚刚买到手的两串核雕，谈笑风生，直说不虚此行。

鬼使神差。我和常务志兄下得二楼到了一楼，忽然瞥见有家店铺名为“徽商文化”。橱窗里面，东西琳琅满目，什么竹雕啦，歙砚啦，臂搁啦，很是有些非“河南造”的老东西。让人怦然心动，在一个小红木茶盘里面，还摆着数粒核雕，黑乎乎，紫润润。我们挪步近看，简直和常务志兄刚刚买到手的核雕一模一样，只不过他买的是串在一起的整串，这家店铺里面是散粒单卖的。

心里一咯噔，常务志兄大脸一沉，我心也一沉，于是马上冲入店铺观看。

没敢掏出那串刚买的“清朝老核雕串”，假装随意，常务志向店主询问橱窗里面那些核雕的价格。“你那盘子里面的核雕是批量生产的吧？怎么我们在几个店铺里面都看到过……”

看到常务志手上拿着一个簇新的皮包，手腕子上戴着一串和田籽料的手串，这个合肥老板大概认为我们只是对那些核雕好奇，就很热情地揭开竹帘，把那老红木盘子整个端上来，送到我们面前说：

“二位爷真是好眼力！这是北工高仿的核雕，不是苏工，是河北廊坊一带工匠雕刻的，先使机器，再手工打磨，还需要盐酸咬，酱油泡，手段上齐才能做出‘清朝’的意思。不过，这活儿还凑合，做旧做得也可以，如果一粒卖，就70一颗。如果十八个罗汉一枪打，就1200块钱。说句实话，我50一个进的货，南方没人认这个，放这里半年了。你们真想要，18颗，每个罗汉脸都不一样，其实不错，那就1100拿走吧……”

常务志兄把这些核雕粒粒拿起，细细观察，贴着眼睛看，用指肚猛搓，恨不得把这些东西捏成微粒，很想发现出不同之处——和他刚才在温州胖老娘们那里所买核雕的细微不同。

没有任何不同，完全一模一样，连油腻腻的哈喇气味都一样。

常务志喉头动了几下，不露声色。毕竟和我一样，这么多年都受骗受惯了，这老兄刚刚损失了1万多块钱，硬挺硬装没事人一个。

常务志那串核雕，一直藏在衣袋里面，没露；而我刚买的那串核雕，明晃晃戴在手腕子上，于是，我硬着头皮摘下来，递给那个合肥老板，说："你给我看看这串东西，是不是有七八年时间了，雕工怎么样啊……"

"咦，原来你们喜欢这些核雕啊。"合肥老板恍然大悟，似乎后悔刚才他报价报低了，"……嗯，这串东西也是北工，浮雕核雕，本来就比正常高雕要便宜得多。你仔细看看，这些螭龙好像一个模子出来的，一点都不活……至于年份吗，也就是去年雕的东西，还都是'奶油籽'，这种籽本来颜色都发黄，你这串东西，做过'手段'，低温油炸过……你多少钱买的？"

"几百块，几百块……"我嗫嚅着，不敢说出真实买价儿让合肥老板笑话，"这核雕虽然不老，颜色也挺红啊，不像是去年的新工啊……"

"嗨，这颜色儿好做，北京古玩城有几个人，专门做旧做老核雕，按年头算钱，只要15分钟，你要10年的给你做10年，要50年的给你做50年，要100年的给你做100年。呵呵，据说工艺挺保密，别地方人不会做……不过，您手上这串不算高仿做旧，您仔细看看，如果真是盘玩了几年的串儿，那些凹凸不平的地方应该有色差，您手上的每个核雕都是一个颜色，雕工和做旧水平都一般，太一般……不过，几百块钱呢，真不算贵，如果超过 300 块，就算上当了啊……”

呵呵，呵呵。

我和常务志老兄打掉牙往肚子里咽，兀自挺胸昂头，不好意思对这合肥店主说我们两个刚刚上了大当……

真邪门！但凡我和常务志兄开始喜欢某种东西，甫一出手购买，不上当者，鲜矣！

姑苏迢迢探宝物

杂项收藏是一种难以戒除的瘾。一旦喜欢上某种东西，有钱没钱，都会觉得要买，要拥有，体内勃勃欲望，烧得难受。欲望，占有、拥有的欲望，让人坐立不安。

自从喜欢上了橄榄核雕，我和老友常务志朝思暮想，最终都以受骗上当作为开始，而我呢，只在深圳黄宝岭古玩城骗子店主那里买到一串“动过手”浮雕螭龙核雕，这种状况，不得不让人着急上火。

想啥，啥来。

忽然间，我接到北京老友吴欢大哥电话，邀请我去常州，参加常州市政府主办的“常州吴氏三代画回乡展”。

“你写过辛亥革命方面的专著，又有‘深圳作协副主席’的头衔，是我私人朋友，所以一定要到常州来给我们吴氏画展捧捧场，顺便还能结识不少专家学者，对你日后写近代史史书大有帮助……”吴欢兄诚恳邀请我。

太好了，艳阳五月天，确实出游好时光！更好的是，常州距离号称核雕“圣地”的苏州舟山村，一百公里不到，很近很近。

去常州，我就能去苏州。去苏州，我就能到舟山村购买核雕。此行，可谓真正“不虚”。怀了这么一个“私心”，我就更加欢喜得近乎手舞足蹈了。

吴欢大哥他们吴家，作为常州望族，历史悠久。从明朝开始，这支吴氏曾先后出过1名探花、17名进士。近现代以来，以吴殿英、吴瀛、吴祖光、新凤霞、吴祖强、吴欢为代表的吴氏家族，对中国革命史和文化艺术史都有突出贡献。这次活动，不仅仅是画展，还是一次别有深意的捐赠。吴欢在展览开幕式宣布，捐出吴氏三代5人书画作品共26件，其中包括吴欢祖父、故宫博物院创办人之一吴瀛的山水代表作《洞庭白波》等4幅字画，吴祖光的书法《生正逢时》等4幅，新凤霞、吴祖光合作《玉为风骨雪为衣》国画4幅，敦煌学家、文博专家吴曼公书法1幅，以及吴欢本人字画13幅（件），还有新凤霞、吴祖光戏服等10多件具有历史意义的物件。

单凭这些书画作品，市价都有几千万之巨。会后，我偷偷问吴欢大哥：“这么多画作捐出去了，如果拍卖，都能买座别墅了，你不心疼吗？”吴欢大哥笑言：“常州是我们吴氏祖地，我到这里捐赠，不谈价值，只谈感情……”

开幕式上，来宾多多，包括台湾国民党中央常委邱毅，故宫博物院专家魏殿松，武汉大学历史系教授冯天瑜，以及辛亥伟人黄兴之孙黄伟民和吴兆麟之孙吴德立等辛亥革命者后裔。由于我本人写过辛亥革命专著《1911，革命与宿命》，所以，惺惺相惜，和辛亥史专家冯天瑜教授以及黄伟民、吴德立二先生相谈甚欢。

其间，我和邱毅先生交谈，竟然得知他还是我在台湾的超级粉丝之一。台湾一家出版社在岛上出版过我《赫连勃勃大王历史文集》繁体字版，他一直在读，并对我的笔名“赫连勃勃大王”深感兴趣……

宴会之后，书画联谊。吴欢大哥，故宫魏殿松先生，包括冯天瑜教授，都现场挥毫濡墨，书法绘画一齐来。我本人呢，也技痒，当场献丑，绘钟馗扇面数幅，然后请吴欢、魏殿松先生题字于上。

常州之行，翰墨会友，不仅能够近距离观看名人画作，又能与吴欢、魏殿松、冯天瑜、邱毅等先生笔墨交流，真真获益良多。

转天大早，我就向吴欢兄告别，他一愣：“别忙着走啊，你不是喜欢紫砂壶吗，我下一站就去宜兴，咱们以诗会友，以画会友，还要带你去见几位工艺大师呢，肯定能淘上几把上好紫砂壶……”

“紫砂壶，我确实喜欢过，但那喜欢劲儿已经过去了，现在最喜欢的是核雕……”——当然，这几句“心里话”我没好意思说出口，只支吾说我要顺便去苏州办点事情。

辞别吴欢大哥之后，坐上一辆动车，“嗖”的一声我就到苏州了。寻一处酒店落脚，大脸都没洗一下，又“嗖”的一声，坐车赶赴舟山村。

刚开始听说“舟山村”这个地名，我还以为是坐落在浙江舟山群岛上面，细细研究，才知道以核雕闻名的这个村子在江苏，属于苏州吴中区。这个村子，距离苏州市区其实不是很近，大概二三十公里的样子。现在的舟山村，由原来的舟山村、黄渠村、塘村村和陈华村四个行政村二次合并后而成，共有人口 5000 多，占地面积嘛，仅仅 8 平方公里左右。

别说，姑苏处处是美景，舟山村也不例外。它坐落在穹窿山脚下，南临太湖，近村的大路还都是新修的，笔直宽阔，一幅社会主义新农村美景样子，让人心旷神怡。

入得村内，到处都是核雕广告。民国时期，苏州“光福镇核雕”已经非常有名。而光福艺人，历史上属于传统的“香山帮”。此香山，非广东那个“香山”。江苏“香山”区域概念，是指香山西南地区，主要范围如下：东以胥口、胥山（清明山）为界，以穹窿山为天然屏障；东南为白马岭，西南两边，一直延至太湖沿岸（包括长沙岛），面积大约 40 平方公里。而闻名遐迩的舟山村，也在香山区域之内。此村得名，源于春秋战国时期，吴王曾在此地建造战船、训练水师。

“香山帮”这一传统工艺帮派，源于春秋，成形于唐宋，盛行于明清，原本是一个具有鲜明个性和丰富文化内涵的建筑帮系。从明代开始，“香山帮”数位大师就曾参与北京紫禁城的设计营造，名闻朝野。舟山村作为“香山帮”嫡系，自古就以雕刻工艺著名。根据《香山小志》记载：“香山梓人，巧者居十之五六。又有雕工，专将竹根、竹节、黄杨、紫檀，以及象牙、牛角、桃核、橄榄核，刻山水人物、花卉鸟兽等玩品，精巧有致，雅俗称赏。”显然，从明代开始，舟山村就是一个以精雕象牙出名的“雕刻之乡”。

民国时期，光福镇第一代核雕高手殷根福，本来在上海从事竹雕和牙雕，偶然间，他用橄榄核雕刻消遣，忽然大有所悟。经过悉心琢磨，他在传统核雕“核舟”题材之外，创立核雕罗汉头像。为了使自己刀下罗汉逼真，这位匠人还多次前往东山紫金庵罗汉堂临摹，细细观察，终于形成自己卓尔不群的核雕人像风格。奇而又特的是，殷根福雕刻核雕罗汉从来不需要事先在橄榄核上画图打草稿，独创“吃准五刀法”，即拿来一颗橄榄核，看两眼之后，马上动手，鼻头一刀，眼睛两刀，耳朵两刀，作为“定位”，所雕罗汉，神态各异，传神异常。

后来，殷根福把自己的核雕技艺传授给儿子殷荣生、女儿殷雪芸以及徒弟须吟笙等人，并在舟山村形成了有组织、小规模的生产。当时，村内大概有 50 多个人从事核雕制作（还谈不上创作）。上世纪 70 年代，殷根福弟子须吟笙和钟年福等老一代艺人言传身授，进入当时吴县东山雕刻厂，并和上海工艺品进出口公司合作，使得舟山橄榄核雕开始销往香港、澳门及东南亚市场。即便做了“公家人”，当时工匠们也仅仅能够赚取微薄工资，聊以糊口而已。

上世纪80年代市场化之后，舟山核雕和许多传统厂家一样，基本处于关门状态，许多核雕艺人纷纷改行做象牙雕、竹雕等工艺，舟山核雕处于自生自灭状态。

2000年左右，一串现在属于“名家大师”雕刻的橄榄核罗汉头，最多也就卖个二三百块钱。后来，由于北京、天津、上海玩家的热捧，核雕价格忽然飙升，随便一串有职称的青年工匠作品，每每都要几千元，名家作品更是动辄上万，还需要提前多日预订才可能拿到真货。

水涨船高，作为核雕原料的橄榄核，十年间竟然上涨了200倍！如今，无论是广东增城还是广西一些地方，从前论斤收购的核雕原料橄榄核，现在都按每枚收购。个大状奇者，动辄成百上千一枚。

有钱可赚，有利可图，自然引人趋之若鹜。近年以来，舟山村几乎家家户户都在生产核雕，从业人数近2000人，小小橄榄核，每年生产销售总量能达亿元。为此，附近一些从前从事木雕的艺人也纷纷转入核雕制作，舟山村周边的陈华、塘村、蒋墩等村，都以舟山核雕传承人名义加入核雕制作行列，当地形成了全国最大的橄榄核雕产业链。

和河北涞水出产文玩核桃的那些村落大不相同，舟山村很有南方山清水秀气息，让人甫一进村就有进入风景区的感觉。当然，按照指示牌左兜右转，到达所谓“核雕城”，还是让我有些失望——比起宜兴丁蜀镇那巨大无比的“紫砂城”，舟山村内零零散散的两三个“核雕城”，就小之又小了，基本是简易平房一片，密密麻麻，监狱小号一样排列的小作坊，每家每户有一两个人在内，工具齐全，货品有些不足，大多都是假模假式坐那里做雕核状，吸引外来客人购买正宗“舟山核雕”。

虽然才五月下旬，苏州天气反常至极，气温高达31度。冒着酷热走了许多路，着实汗流浃背。看了许多核雕，我倒也深有感悟：核雕之所以能独成一系，确实有其创作载体的独特性。以橄榄果核为创作原料，使得核雕一下子就同玉雕、石雕、牙雕、根雕等雕刻艺术产生极大区别。这门工艺在创作时随意性很小，工匠们必须在极其有限的方寸小核上，展现他们丰富的想象力和创造力。创作，以无限囿于有限，所谓戴着镣铐跳舞的感觉。

“如切，如磋，如琢，如磨。”相比雕玉，核雕完全不是简单工艺，匠人需要掌握浮雕、透雕、圆雕、线刻以及磨制等种种技艺。核雕虽然属于微雕范畴，但这门工艺与同属微雕的米刻、发刻又有很大区别——核雕，乃三维创作；米雕、发雕，属于二维平面刻划。为此，小小核雕，难上加难！

舟山村内，近距离观察匠人的手工刀具，长短粗细，各不相同。刀口刀刃，也是多种多样，直的、圆的、斜的、尖的、三角的、带钩的，种种用处皆不同。嗞嗞声中，艺人们刻之，镂之，钻之，切之，割之，冲之，剥之，让人眼花缭乱，可谓艺中有技，技中有艺。

橄榄核确实太小了，所以核雕一定要凝神屏气，这种工艺，对工匠手臂、手腕、手指的力气要求很高，特别是核雕工匠的手指头，在感觉度、灵敏度方面，肯定要超出常人数倍。所以，好的核雕作品，一定要慢工出细活，心浮气躁，根本做不出好作品。如果没有坚韧的毅力，没有良好的审美情趣，就只能雕些拙劣的摹仿货。

村内一处出租房，有一位原籍广西的年轻女士，大概二十五六岁年纪，正聚精会神进行创作。作坊虽然小，但她的作品我觉得却很“大”。询之，她原先学木雕，如今转搞核雕，具体而微，也能融会贯通。

我站在她身边，见她凝神静思，真正做到了“以神遇而不以目视”，移意于刀，意在刀先，刀尽意在。显然，她是在用“心”去镌刻。刀锋刀尖，似乎成为她神经末梢与橄榄核相交的中介物，艺术与情感的火花，恰在那刀核相触之时迸现！

在现场观看工匠亲手制作核雕，是一种享受，也是一种“折磨”。白刃起舞之处，眼看刀锋收放，俯仰，开合，宛转，钻镂，疾徐有度，巧匠了然于心。核雕质地硬度，其实和象牙差不多，不是想象中植物果实般柔软。在一个橄榄硬核上雕刻人物或繁琐山水题材，用刀技法非常关键。工匠手中之刀，有时候其实只是针尖般大小。以如此尖细刀刃，角度宛转，刺刻斜倚，人物、山水树木，随刃而出，瞬间可见神态各异，活灵活现。但稍不留意，往往一刀误下，就会造成切削厚度过大，会把大块核料崩掉，造成不可挽回的损失。

细看那位女工匠执刀方法，很似执硬笔书写。她的左手大拇指、食指和中指三指虚开，呈钳形捏住橄榄核，然后以无名指和小指抵于掌下；右手呢，则以持硬笔姿势仰锋入刀，同时，她以无名指和小指紧抵果核，防止滑刀。她刨削随意，善于捕捉瞬间灵感，有时直线，有时曲线，细细切削，顺势用刀，核屑迸飞，犹如彩色音符婉转于毫厘之间，让人赏心悦目。

蚂蚁搬山，不屈不挠。刻镂久之，硬硬的果核才会出现大致轮廓……

舟山村似乎不是很大，可如果要在村里家家户户作坊式铺子里面选购核雕，那可真要花费时间了。一路看，一路买，几个小时下来，我带去的几沓现金都化为乌有，变成了大大小小的橄榄核雕，被我放进了兜子。

此行，我自已买了数串核雕，价值不菲。顺便，也给老友常务志带了几串，最贵一串，要属“五伟人”核雕，每个人物核雕2000块，五个加起来总共10000块，分别雕着孙中山、毛泽东、朱德、周恩来和刘少奇五个人。此种核雕，为当地一位匠人独创，所雕伟人眉目清晰，真能用“栩栩如生”形容之。

花了近一整天的时间，我只逛了舟山村大概四分之一不到的地方。喉咙冒烟，胸内有火，几乎有中暑的症状。感觉不妙，我赶忙撤退，坐车赶回苏州所住酒店将息。

到晚间，我忍不住嘴馋，在街上一家饭馆又吃了一大盘苏州当地的名菜炒鳝丝，致使内火更旺。转天一大早，我发现自己两只手的手指上都长满了透明的水泡，又痛又痒。平生第一次，出现这种中了高级湿毒的症状。

饶是如此，转天上午，我依旧冒着高温，前往苏州文庙古玩城转了一大圈。恰恰在那里，我盲目的、不可遏制的核雕购买欲，终于在一家象牙店铺得以暂时消歇——这家店铺店主，原本就是舟山村人。他先前学过核雕，店里依旧有不少核雕作品在卖，从名家一万多一条的到北工一百多一条的，应有尽有。他对我所说一席话，让我茅塞顿开：

"您看，核雕这东西，不就是橄榄核嘛，怎么能比象牙雕刻贵这么多！你看看，我这里这么多核雕，只要能赚点钱，有一点利润，我马上就卖！哪天你们北京人、天津人、上海人不喜欢核雕了，这些橄榄核，肯定都会成为废物砸在手里。眼看着这些东西天天涨价，我心里一直害怕……橄榄核再金贵，竟然能贵过象牙料！我百思不得其解啊……你瞧瞧，精雕的这串象牙手串，十八罗汉吧，一串才8000。同样的东西，舟山村名人雕刻的橄榄核，竟然要卖18000！想不通啊，再怎么样，这些象牙东西窝在手里我心不慌。而这几串过万的核雕串，多留一天，我就心慌一天……"

听这位店主一说，我也有恍然之感。掂量久之，在苏州的文庙古玩城就没再买核雕，最终顺了几串苏工象牙手串和圆雕念珠回深圳。半年多时间内，细算这些象牙制品，涨了将近一倍多的价钱。

临走之时，路过一个装修堂皇的店铺，眼贱脚贱，踏入观瞧，马上为一件玳瑁团扇所迷，又开始走不动路，呆呆伫立，爱不释手。

女老板是一位50岁左右苏州本地人，能言善辩，大夸我识货："……这么大的玳瑁团扇，太少见。您想想，制作扇面的玳瑁原料，现在哪里能够找出这么大料的，老金贵老金贵了。你看，上面这么多精雕细刻的云纹，还有八只仙鹤，每只仙鹤都能动，纯粹苏工嘞……"

唉，苏工，玳瑁，大料，能动的仙鹤——禁不住诱惑，老板开价12000，最后我以9800拿下。

临走，我又看到店铺的玻璃柜子里面还有两个黑乎乎的核雕，就向女老板询问。

这次女老板真爽快，探手拿出那两个核雕，递给我说："老弟你买东西真爽快，交个朋友吧。这两个东西，看看，是清朝春宫核雕，就当礼物送给你了。真真正正老东西啊，我前几年专门收苏绣，在一个旧时大户人家里面收了一堆苏绣，当时，这两个核雕夹在那堆苏绣里面。别瞧它们黑乎乎，百分之一万是真的……"

仔细观察，这两个核雕挺有趣。其一，刻划细腻，房舍之中，有一对男女就榻快活；其二，树阴之下，有两个梳辫子的男子在玩“断背”。细看人物的开脸，古意盎然，应该是清朝中早期的作品……

望峰息心叹精工

回到深圳，显摆完我自己的收获之后，就给老友常务志兄“交货”。对于我给他带回的几串货真价实的核雕，他非常满意。待我把自己苏州买回的玳瑁团扇交给他欣赏，他却大摇其头，很懂行地马上就鉴明我这玳瑁团扇“高仿”的，是一种类似塑料材质做的。

“这种东西，我五年前就上过当。高仿玳瑁，市面上不多见，但数量也不少。如果是真玳瑁，这么大这么厚这么好雕工，怎么也要几万块。我告诉你啊，真玳瑁里面的黑颜色，拿起来对着光看，黑色还是透明的。你这把扇子，瞧，背着阳光看，也都是黑得不透光……这把扇子，看着雕工特别精细，都是河南人用机器整块压制出来的，那几个仙鹤稍微难一些，需要刻下来之后再插进去，其实工艺一点不复杂，只是你不懂而已，把河南工当成苏工了……”

听常务志兄一席话，看着手里这把玳瑁团扇，我真是欲哭无泪。9800，还不如当时在舟山村买串好核雕呢。

心有不甘之余，我拿出购买玳瑁团扇时买一送二的两个核雕，清朝核雕。待我们两个人仔细研究苏州黑心女老板送我的两个老春宫核雕，一致确定确实它们是原汁原味清朝老核雕。

上网查拍卖信息，这黑乎乎两个春宫核雕，竟然在2008年香港一次拍卖中，一个就拍出5000港币的价格。也就是说，虽然我那把玳瑁团扇吃了大亏，但女老板“赠送”的这两个老核雕，足能把损失弥补回来。

“唉，那个女老板肯定不太懂核雕，阴差阳错，骗了你，又白送好东西给你……”常务志一声长叹息，不知道是叹息我上当受骗，还是叹息女老板不懂行而“吃亏”。

失之桑榆，收之东隅。不冤不乐啊。收藏，果真大有乐趣。

老友赵天授看到我这两个春宫核雕，也爱不释手。“我能借你这两个核雕玩几天吗？我家里有个十年前购买的羊脂玉玉雕行乐春宫，两个小人儿抱一块儿，和你这两个老核雕题材简直一模一样，我回去凑凑对儿，拿这三个东西拍照一下，做个纪念……”

多年老友了，借去玩玩肯定没问题。加上当时我感觉自己没上大当还几乎捡个大便宜，就马上答应赵天授老兄，让他把两个春宫核雕拿回去拍照。

言而有信。也就隔了一周时间，赵天授老兄全须全尾把两个老核雕还回给我，还拿手机给我看他存下的“艺术”照片——两个老橄榄核春宫和他自己那个羊脂玉春宫，被红绳串在一起，挂在一个假红木的博古架上，相得益彰，美轮美奂。

“你看，为这三件东西，我还让深圳一个书法家给我家里书斋写了一个堂名——三春堂！”赵天授兄洋洋得意给我显摆，又调出手机中的书法作品给我看。

“呵呵，好，好，‘三春堂’，对你而言，不过是三个春宫雕品聚会，而对于一般人来说，还以为你多孝顺你妈呢……”我笑言。

“这是咋说？”赵天授老兄愕然。

“唐朝诗人孟郊有首五言古诗《游子吟》，耳熟能详，开始起句就是‘慈母手中线，游子身上衣’；接下去，‘临行密密缝，意恐迟迟归’；再接下去，就是‘谁言寸草心，报得三春晖’！所以，你给自己书斋取‘三春堂’名，别人不知就里，以为你的书斋暗合孝顺慈母之意了嘛……”

哈哈哈哈！赵天授兄恍然大悟后大笑不已。

手中有了舟山村购买的正宗核雕，我很自得。不久之后去北京，我腕子上面戴了两串核雕，遛逛十里河、官园市场等专门售卖把玩物件的地方，也敢招摇一二，基本不怕懂行识货的商家笑话。

毕竟，咱腕子上面的东西，都是从苏州舟山村正宗核雕产地请回来的啊。

货真容易得青睐。好几家核雕专卖店的老板，看过我的核雕，无不啧啧称奇。真正源头货，雕工就是正宗。

相比这些店主，从进货渠道方面讲，我真比他们都“专业”——他们都是靠二道贩子转手，我是直接到货源地购买，可谓货真价实得不行。

在十里河雅园国际古玩城，我有位相熟的安徽店主。他的店铺专门售卖葫芦、橄榄核雕以及文玩核桃。这位爷姓曹，眼神极好，看我腕子上面有新东西，他特别赞那串达摩头橄榄核雕手串。个个捻来，仔细揣摩后，他忽然低声说：“坏了，你这串核雕裂了！”

我不信！天天戴在自己手上，虽然没细看过，哪里会裂！我在舟山村购买的时候，每个核雕都一一用高光电筒和放大镜检查过，个个完好无缺。

待我接过来仔细看，嗬，真裂了，还裂得不轻——八个达摩脑袋，本来都是神态传神，小脸精妙的，现在却开裂了六个！

“哥们，你从苏州买回深圳，气候潮湿温和，肯定不裂。现在，你忽然把这两串核雕戴到北京，我们这里多干燥啊，你又没经过油养，不裂才怪！”安徽店主痛心疾首说。

哦，我从前一直听说过橄榄核保养不小心会裂，还以为是卖核雕的人为了显示核雕金贵故意忽悠。今天，裂核悲剧实实在在发生在自己身上，才知道所言非虚。但凡秋冬日到北京几个古玩市场购买核雕，稍稍细心的店主都会提醒买主：注意防裂，油养之前不要在外面冷空气中打开塑料袋。如果打开袋子后再进入暖气房间，核雕十有八九会开裂。而且，儆戒之语已经告知，出门概不退货！

如果是秋冬时分，我可能会小心些。哪里知道，春夏之际，腕上戴的核雕也会裂。南北气候差异，太害人了。

悻悻之余，我难免唉声叹气。

“这串达摩头核雕，你多少钱买的？”安徽店主问。

“8000。”我据实相告。

“你原价卖给我吧。”

“卖给你?！”我大惑不解。怎么着，买卖人变成活菩萨，肯出原价买走我已经开裂的核雕?

“呵呵，你这串东西雕工真好，你卖给我，我找人修补，根本看不出来，还能卖个好价钱！”

哦，原来如此。

“怎么修补啊，核雕这么小的东西？”我好奇。

“你这串核雕，裂痕不大，可以直接用 502 胶粘一下。用针尖仔细把胶水塞挤进去，胶水干后，用 1000 号砂纸打磨，上油；再用 2000 号砂纸打磨，裂痕就基本看不出来了；最后，用 5000 号砂纸打磨，那时候，你随便用放大镜看，裂痕也完全消失！如此这般，接着上油，然后上手盘玩几个月，这串达摩手串，还能卖个 16000！”

哦，神奇，神奇，商家真是无所不用其极！俯首之间，我暗自思忖，从前我从这个店铺里面购买的文玩核桃或者是葫芦，是否哪件东西也有这般动过手脚呢?

当然，缺德亏心的事情肯定不能干，我自然不会原价把这串开裂的橄榄核手串转卖给这个安徽店主。唉，就当交学费了。回到深圳后，我把这串达摩头手串拆散，一一送出，都给身边朋友、同事当手机吊坠了。

也真奇怪，到了南方湿润空气下，原本在北京看上去比较明显的裂痕，基本消失不见。如果不细看，根本看不出任何开裂。

自己吃了核雕开裂的亏，回到深圳，我赶紧找来老友常务志、赵天授等人，祥林嫂一般，警告他们，务必严防橄榄核雕开裂危险。

"现在橄榄老核很少了，工匠都用橄榄新核雕刻。新核不稳定，特别容易开裂。新买的核雕，怕风，怕水，怕晒。"我谆谆教导，"所以，买来的新核，一定要上油！上油也是功夫，千万不能上太多，应该把油抹在指尖上，然后用牙刷蘸一点，慢慢刷在核雕上。这样做，油才能上得较均匀。"

"上啥油呢？"赵天授兄敏而好学。他刚刚让苏州老家的舅舅给他带来一串核雕，也宝贝似的天天攥在手里，使劲捏转盘玩。

"最好是硅油，护肤油也行，千万别用橄榄油和核桃油！核桃油和橄榄油，不属于干性油。如果上这两种油，油性很快就蒸发了，沉淀物还黏黏糊糊，一点好处也没有。给核雕上油，就为了防止干裂，橄榄核有一定油润度了就可以了，千万不要上太多的油。北京商家告诉我，如果核雕上多了橄榄油或核桃油，日子久了橄榄核颜色会变得发黑。如果上硅油或护肤油，核雕就不会变黑……新买的核雕上油，慢慢有一层包浆后，就要用汗来养核。我们身上的汗水，含有一定量的盐分。干燥季节，盐分可以吸收空气里一定量的水分，这对保持橄榄核一定量的湿度大有好处。如此，盘玩时间长了，用汗和自身的油保养出来的核雕，颜色会透红色，也就是琥珀色，那才是正根儿！”

赵天授听我一席话，顿时色变。“唉呦，坏了，我就是用家里橄榄油养核，一天涂几遍啊。照你这么说，日后会变黑？！”

没等我回话儿，常务志嘿嘿笑了。“你那串核雕，据说是你苏州舅舅带给你的？依我看，不过是北工核雕，一串的价钱也赶不上我们这一粒的价钱，别那么金贵，黑就黑了……”

“我这串核雕，绝对是我苏州舅舅从苏州本地买的，百分百苏工，南工，精工！”赵天授赌咒发誓般，咬牙切齿。

见老赵十分认真，我也劝他说：“现在玩核雕的人都有思维定势了，以为南工、苏工就是好工，以为廊坊、潍坊的北工就是差工，不一定！舟山村名家多，整体水平肯定高些，但好的北工雕刻匠人做出的东西，其实也不差。南北核雕最主要的区别，就是南工都是全手工使用刀子雕刻，北工主要先用手电钻刨活儿。验看一件核雕好坏，主要看最后找齐精修的活儿做得好不好。北工刨活儿用手工钻，其实省时省事，效率高。如果最后再用手工细雕好了，一点不比南工差！

“我在舟山村就听说，村里有店铺为了赚钱，就低价从北方进成品货，放在舟山村铺子里面，专门卖给慕名而来的买核人。

旅游者都有思维定势，以为在产地买的东西都是真的。呵呵，商家脑子可活了……根据我的眼光和经验，你舅舅从苏州买的这串核雕，你看看，这罗汉鼻子的刀工，生硬，一点都不细腻，肯定是北工，不是苏州当地南工……”

老赵腮边咬肌滚动，混浊大眼喷出仇恨火花，也不好发作，兀自举起手中核雕仔细对光验看。

常务志肉佛一般，稳稳坐在沙发上，两只手都不闲着，各自盘玩一串核雕，发表他自己的“高见”：

“梅大王啊，你刚才说新核容易裂，根据我这些天上网搜索的知识，根据我盘玩核雕的经验，也不尽然！橄榄核老料不容易裂吗？玩不好也会裂！我看网上一个玩家说过，他从增城买到手的 5 年橄榄核老料，直径 2.5 厘米，长 5 厘米，800 块一枚原核，真正增城乌榄核，买回家自己一玩，也裂了！为什么呢，就是因为原先的藏家把老核一直放在玻璃柜子里面，柜子里面一直有碗水用于保湿，所以湿度还是较大。买回去盘玩，还是会裂！买家把这样的老核拿到手里之后，他马上捏在手里，人体温度肯定比橄榄核高，这就相当于暖气一样，忽然不停给橄榄核加温，那颗大橄榄核自身湿度就很快消失。湿度一消失，原核马上就会开裂。速度非常快，好像也就是仅仅拿在手里捏盘了三个小时，大核就裂了！所以，不管老核还是新核，买来的核雕，最要紧的事情，就是马上上油！梅大王，你刚才有件很重要的事情还没说，没告诉我们！”

“我啥事没告诉你们啊？”听常务志老兄语带责备，我有些愕然。

“呵呵，你知识还是不全面！这些天，我没事就和‘文玩天下’网站的商家打电话聊天，对于橄榄核雕的保护和盘玩知识，比你多多了！”常务志一脸自得，“新核虽然需要上油，但需要特别注意的是，要先薄薄只上一层，不能马上放入塑料袋包裹，还要仔细观察。如果新核表面有花点出现，要立刻用纸巾把油擦干。用手盘玩差不多了，然后再上油。然后，再仔细观察。否则，核雕花了皮，一分钱都不值了！”

常务志真细心，有关给核雕上油会花皮这方面的延展知识，我还真有许多不知道的盲点。

这位常务志常爷，真是一位天生大玩家，玩什么爱什么，爱好几乎和我同步，但总稍后一步，目的就是汲取我失败的经验。和他相识这么多年，唯一他先我一步吃了小亏的，就是玩核雕这次。当时他在深圳黄宝岭古玩城第一次先我出手，就误买了做旧的一串油炸核雕。

爱上核雕之后，不仅托我给他从舟山村捎货，常务志自己也在网上和商家、玩家不停交流、购买，故而相关知识迅速提升。他手上盘玩的东西，应有尽有，什么黄花梨手串，文玩核桃，菩提子手串，包括核雕，每天都换新东西，恨不得把他自己变成千手观音，能天天同时把玩所有的东西。

大大小小，常务志也是一个公司的老总，有权啊，于是，他就把自己玩不过来的东西发给下属盘玩。只要去到他公司，可以发现，上上下下几百号人，凡是长相肥头大耳的，人人手中都有东西——大肉手核桃叮当响，肥手腕串挂核雕串，肉脖子乱挂菩提子。

常务志之所以让他公司的那些胖人养玩那些东西，主要因为他认为那些人身上油多脂厚，养东西快且容易。

于我而言，感觉还是很有些恶心。我觉得，那些本来应该自己把玩的东西，这位常兄让他公司那些司机啦、保安啦、厨师啥的进行快速“包浆”，真有些过分，很似古时候变态大官人把美妾送给仆役先用的感觉。

脏油腻汗，哪里能包出好“包浆”呢。把玩之物，脏脏乎乎，根本成不了清玩！

不过，人家常务志老兄就喜欢别人盘玩过的东西，我也劝说不动他。唉，这就如同有人就爱娶寡妇，人家好这口儿，再说再劝也没用。

喝着好茶，吧唧着肥嘴，常务志志得意满，忽发惊人之语：

“现在玩核雕，人人都知道苏州舟山村，你梅大王还亲自去那里买核雕，其实啊，我们深圳附近，也有一个大大的核雕产地，只不过别人不知道不注意罢了……”

“哪里？”不约而同，我和赵天授发问。

“远在天边，就在眼前！增城！”

哦，增城，确实距离深圳很近，很近。开车走高速，不到一个小时就能到。

呵呵，我笑了。“增城是出橄榄核的地方，乌榄产地，可不是核雕产地啊……”

“梅大王，还历史学家呢，呵呵，终于露怯了吧！增城核雕，曾经和广东牙雕、广东刺绣一样，都是岭南有名的传统工艺！毕竟增城啦，广州啦，都距离香港近，你们知道吗，在1973年，当时工艺品出口特别好。那时候，增城兴办过艺雕厂，叫作‘增城二轻艺雕厂’，有四五十技术工人，年产核雕多达2500枚。当时每枚核雕，甲级品都能卖到6块钱。别笑，我知道现在说6块钱大家会笑，可当时是向香港出口一只鲜鸡的价钱啊……据说，增城核雕厂规模一度达到100多人，好景不长，到了上世纪90年代增城核雕就卖不动了，厂子也关门了……”

闻此语，我真感到吃惊，增城，近在咫尺的地方，我从来没听说过这个出产橄榄核原料的地方还曾经有人搞过核雕。“咦，增城的核雕还有甲级品，是什么东西呢？”

常务志显然经过细致研究，如数家珍。

“增城当时核雕厂出产的甲级品，是指人物和景物核雕，比如嫦娥奔月、松鹤延年等题材。这些‘高级’品种，单价6元一枚，在当时属于很贵很贵的了；而当时最便宜的东西，乙级品，就是我们课本上所学的那种‘核舟’，叫‘乙级双门船’，1元一枚。橄榄核个头大些的，也就3元一枚……上星期，我还专门开车去过增城一次，仙村的乌榄原核最好，我50块一斤，买了20

斤，先存起来再说，说不定日后还能涨价呢。不过，大个橄榄核真贵，直径2厘米以上的，4厘米长度的，四花四棱的，都要200块左右一枚原核。怪核更贵，有1000块一枚的！听当地人说，从前仙村到处都是橄榄，从地上随便捡起一个剥开取核都能雕刻。现在，找出能雕的大核太难了，越买越贵，越卖越贵！”

“既然从前增城搞过核雕，现在应该还有人弄这个，我们有空去那里仔细寻摸一下，或许能够找到核雕厂的老工人，雕几个，我们也珍藏一下……”听常务志如此说，我也来了精神。

“嗨，我都找了，仙村那个地方只产乌榄，从前核雕厂的工人，根本一个也找不到。据说原先厂长还活着，姓黄，可是那人住在新塘，我都到当地文化馆去找了，一时也找不到人……算了，我们还是近水楼台，先收藏些增城橄榄核再说吧……”

听常务志如此说，赵天授也面露崇敬，对常务志大竖拇指：“你真专业！买啥学啥研究啥！难怪你每次让梅大王带货都照单全收，也不怕他抽水加价乱带东西。你识货啊，你做功课啊，真货假货，产地高手，你都预先门儿清啊……”

“呵呵，老赵，你不能这样说，小人之心，小人之心。人家梅大王四处寻摸替我们买东西带东西，其实还是挺辛苦的。不过呢，他有时候确实太冲动，傻买。我挨骗挨多了，喜欢不出门在家里学习，在网上学习，买书学习。提前钻研，就不会上大当……”

“唉，常爷确实人精一个，玩一行，爱一行，学一行，钻哪门成哪门专家！”我由衷赞叹。

听我和赵天授如此夸赞，常务志也兴奋，大脸涨红，唾沫横飞，接着说：

“看看现在橄榄核雕，无论新老玩家，都张口闭口说舟山村哪位大师如何如何，一串东西卖1万、2万，好像多值钱似的。真正去查大公司拍卖的橄榄核雕，价格最贵的，也是增城核雕大师所雕！知道不，清朝时，增城有个核雕大师叫湛菊生，他存世作品现在有十多件。2004年，香港佳士得秋拍，湛菊生一件榄核核舟，约4.5厘米长，舫中雕有七人，这一颗作品，就拍了90多万港币！2005年，北京翰海春拍，他的‘先贤人物串’，成交价近140万人民币！你们想想，当时的140万，数目可是不小啊！当然，‘先贤人物串’有108个人物，相比起来，他的那颗核舟单核核雕最贵，现在也没人破这个纪录！”

听常务志如此说，我忽然觉得有了印象：“我从一本公司的拍卖图录上看过一系列的核雕拍卖，记得清朝有个叫‘湛谷生’的大师级核雕家，东西确实不赖，当时我还以为他也是苏州匠人呢，难道他和湛菊生是兄弟吗？”

常务志胖手一拍：“不是兄弟，就是一个人！湛菊生，原名湛茂兰，号谷生，本来是个秀才，八股文考试总考不上，失意之余，才去潜心搞核雕。文人不同于纯匠人，这个湛菊生所用刀具都是特殊精铁锻制而成，在家中书房里面专门有一窗东开，每天旭日初升之时，他才临窗雕刻榄核，一过中午就收工。为什么呢，人家就是认为精力已耗，从不赶工！这种精气神做出来的东西，能不好吗，能不精吗！他的作品文人气十足，所以，才价格高昂啊……”

经常务志一番言语启发，我对增城核雕和岭南大师大感兴趣。过后细看《广州府志》、《增城县志》以及《湛氏族谱》，发现这位湛菊生确是一代名家。而《广州府志》中所记载他的核雕作品，尤为传神：

> ……尝见其刻十八罗汉，山石树林，布置皆极疏落，罗汉亦各有神态。尤异者，中有罗汉手托一钵，上有一鸽，头向内，足站钵沿，鸽细小如初生之虱，而头足皆具，看确是鸽。真疑鬼斧神工矣！末有一牌，是双合而成。其边悉用工字雕通，一边刻有观音在莲花座上，左为“善才”，右为“龙女”，上边空处，左刻一瓶，上插杨枝，右刻一鹦鹉，口衔十八子念珠一串，有牌有珠。一边刻《多心经》全文，后有落款。图书皆阳文。牌后有二珠，一圆一尖，皆榄核所成。而珠中皆凿孔，孔内各藏一佛，观之不背，摇之则响。

而后，我找到2005年北京翰海春拍上那串拍得近140万人民币的核雕“先贤人物串”，更对湛菊生作品叹为观止：图画之上，那108粒核雕，包浆红润，颗颗大小匀称，每颗橄榄果核上都雕有一个中国历史上著名人物，或是忠臣良将，或是诗人儒士，从秦汉到明初，人人有来历，个个有故事。

每颗果核上面，人物都是高浮雕，不仅面目清晰，神态也无比生动，精雕细刻，微中见大。人物所穿衣着，刀法线条流畅，每个人物都有背景相称，或殿阁，或山石，或林木、树木，都与历史典故背景相符。每枚核雕上，还有阳文雕出的历史人物姓名，每字约2毫米大小。和舟山核雕字体稚拙风格不同，湛氏文人出身，字体清晰规整，极有唐宋小楷遗韵。

后来，找个周日闲暇，我和常务志、赵天授三个人开车，专门去一趟增城博物馆，见到了一枚湛菊生大师核雕实物，乃博物馆藏的湛大师于咸丰四年（1854）雕刻的《苏东坡夜游赤壁舫》：

在长45毫米左右的核雕小画舫上，桌案齐全，人物细致——东坡峨冠博带，他和两个人围案而坐，旁边蹲着一个小书童正在煮茶。茶香笑语，似在目前；船舱雕镂成两层，每层都“拾级可下”；船后，还有一位美丽船娘在摇臂把舵，风神秀丽；核舟两旁，有八扇通花雕窗，皆可自由开合；船头缆绳，也以“日”字技巧雕成，环环相扣，鬼斧神工；船底，还刻有苏东坡《赤壁赋》全文，总共537个字，蔚然大观！

睹物息心，窥谷忘返。天涯何处无芳草！

自从近距离看过了增城核雕大师湛菊生作品实物，我和常务志、赵天授等人对于核雕的购买欲渐歇。

人比人得死，货比货要扔。到过增城开过眼，再看各自手中这一年多来花费重金所买的当代核雕，几成鸡肋！

…………

人“鬼”情未了。距离初次见到那位腕戴“生命之源”核雕的网上闻人“肥淫僧”一年之后，再次有幸，我在深圳重见此人。

这次见面，非常具有戏剧性。本来，我陪同一友人前往一房地产公司新开发的房地产去看房。车刚停稳，正当我摇下车窗和友人说话之际，一辆宝马7系忽然风驰电掣般开来，“唰”的一声，忽然停下，恰恰顶在我汽车正前方，真吓了我一大跳。

正当我怒目扬眉之际，从那宝马车上下来一人，哈哈和我打着招呼。仔细一看，原来正是“肥淫僧”。

一年多不见，这厮已经变成了真胖子，从前那张霉气十足的猥琐瘦脸，在猪油膏里面浸润了一样，又肥又红，还剃个几乎见青青头皮的板寸。他那两只老鼠一样的小眼珠子，烁烁放光。现在，如果再称他为“肥淫僧”，很妥帖不过。

据说，“肥淫僧”来深圳之后混得不错，在那个房地产内刊做了一阵子之后，就投附了昔日地产大亨“王十块”手下一个副总经理，帮助那个人真名信、匿名信写了不少，投诉“王十块”贪污受贿啥的。最后，竟能逼得“王十块”不得不远走哈佛以“读书”为名避难。

副总经理变成总经理，为酬其劳，“肥淫僧”也被授予肥差，开始在那个房地产公司专门主管物业，实打实当起了高级管理人员，不再作内刊主笔以及文案策划等虚活儿了。人五人六，这东北爷们终于混成人物了。

传闻不如见面，今日得见这位爷，果真精神爽利，气势猖獗。

“哈哈哈，梅大王，我这宝马撞你奔驰，明天肯定上报纸，车当轮对，顺便也替房地产做广告了！”拍着我的车窗，“肥淫僧”笑语和我寒暄。

瞧瞧“肥淫僧”紧紧顶在我车头前刹停的宝马车，看车牌看品相，都挺有岁数的，但毕竟是宝马7系，乍人眼目。

低头再瞧，这哥们腕子上面依旧戴着一串“生命之源”。奇怪的是，这串核雕颜色黄黄的，干涩无光。按照常理，一年多不见，他手腕上这串核雕应该越养越红才对啊。

“咦，大哥，您手上这串‘女性生殖器’，还是去年我看过的那串吗？怎么没啥变化呢？”好奇心盛，我问。

“那串啊，我去年就转给别人啦。唉，先前我在北京呆了好几年，没事儿就爱戴养核雕消遣，玩嘛。嗬，您猜怎么着，一旦养润养红了，我就卖掉。怎么着，梅大王，这串你喜欢不？我们是哥们，卖你便宜，12000……”

…………

图书在版编目（CIP）数据

闲情偶尔寄/梅毅著.—上海：上海人民出版社，2013
ISBN 978-7-208-11239-1

Ⅰ.①闲… Ⅱ.①梅… Ⅲ.①收藏-中国-文集
Ⅳ.①G894-53

中国版本图书馆 CIP 数据核字(2013)第 027764 号

责任编辑　齐书深　黄玉婷
封面设计　陈　楠

闲情偶尔寄
梅毅(赫连勃勃大王) 著
世纪出版集团
上海人民出版社出版
(200001　上海福建中路 193 号　www.ewen.cc)
世纪出版集团发行中心发行
浙江新华数码印务有限公司印刷
开本 787×1092　1/32　印张 13.75　插页 21　字数 267,000
2013 年 3 月第 1 版　2013 年 3 月第 1 次印刷
ISBN 978-7-208-11239-1/I·1096
定价 45.00 元